新理性時代系列

靈魂紀元四萬年

靈魂源始

張開基 著

目錄

靈魂源始

靈魂紀元四萬年

人類靈魂與文明同步進化論（代序）

我們都知道也相信「因果關係」，原始的「因果論」認爲凡事都是有因必有果，有果必有因，但是，事實上，「有果必有因」是正確的，因爲沒有「因」，「果」是不可能憑空出現的，而「有因必有果」可就未必了，譬如栽培果樹是因，收成果實是果，但是，萬一中途遇上颱風、乾旱或嚴重蟲害，可能就無果可收了。

因此，「靈魂」的出現是「果」不是「因」，但是，我們迄今只看到「果」卻尙未找到「因」，至少在極少數屈指可數的純學術靈魂學研究者中，包括筆者在內，迄今仍然無法確定「靈魂」的成因，只知道人類「靈魂」是長期進化而來的。同時我們也非常的確定：

- 「自然」是至高無上，最大的存在。
- 自然就是「自然而然」，除此之外沒有任何「超自然」的存在。

- 「天地不仁，以萬物爲芻狗」，在自然宇宙中，一切生物與無生物同時並存，大自然皆是一視同仁，並不獨厚任何生物。
- 自然宇宙沒有善惡、對錯、好壞----也不存在「愛」和「仁慈」。
- 地球的生態舞台只容許優勝者盡情發揮生命的壯麗，所有劣敗者只會一一消失在歷史的洪流中，有如垃圾一般的被掩埋而腐化。
- 人類是地球生態舞台上前無來者的霸主，在當下及未來可預測的空間裡，尚無任何對手。
- 人類來自「自然進化」，在基因上與其他靈長類或地球最原始的生命有著不可切割的臍帶關係，但是，人類卻心智自主的成爲自然演化途徑中的主流，並獲得了「永生」的能力。
- 「靈魂」並非來自任何恩賜或創造，而是人類在生死存亡的關頭，偶然的機遇下獨力進化而來的另一種生命型式。
- 「靈魂」是地球所有物種中，人類所獨有的，生前是附屬在肉體中另一套「感知系統」，死後脫離肉體形成另一種生命型態；除了人類，其他物種都未能擁有「靈魂」。
- 「靈魂」是一種仍然持續在進化的生命型式，並非最終極的存在型式。
- 「靈魂」會進化爲「純能量態」的生命型式，唯有如此才能與自然宇宙同壽，也是人類生命最終極的存在型式。

本書得以完成付梓出版，須感謝聖彬先生的鼎力支持，慈慧小姐協力部份文稿聽打，有粱先生校正及資料提供，當然也得感謝所有家人的支持，讓我無後顧之憂的全力以赴，還要感謝讀者和網友的互動和支持。

地水火風中的誕生

原本的敘述：「------背景是花蓮的「北濱公園」，有後現代的建築物，有很多很大的繭，繭中有一些人形，都是女體，一直沒有太大動靜，我也不期待破繭而出；

然後，我自己開始用「心智」去改造；

火山熔岩從拼花地磚上的一個大浴缸中噴發出來，水龍頭流出的也是熔岩，然後慢慢凝固成爲肉色的黏土塑型；

改變材質爲金屬，還有各色寶石------明明是硬的，卻被風吹出縐摺波動，風是看不到的，只能從縐摺波動感覺出來；

我最喜歡的蜂鳥被洗臉台中的甜美果汁吸引而來------

然後這些原本的無生物開始有了生命，紛紛扭動或者探頭探腦的在打量這個世界；

然後我有點累，就躺下來，沉沒在地磚中休息，並且看著這些奇異生命的誕生。」

事實上，這是一幅「自畫像」；

爲什麼沒有看見我本人？

我畫的不是外在的「我」，而是「靈魂的內我」。

西方鍊金術說的「地水火風空」五大元素，中國古人說的五行「金木水火土」也是構成這個宇宙天地的基本元素。

迄今為止，我們還不是非常清楚的了解最原始生命是如何起源的？但是，大多科學家傾向認爲應該是來自火山熔岩的硫酸濃湯，一些有機物質被不停的閃電激發，開始會膨脹收縮和輕微蠕動------生命開始了，從「地水火風」中誕生，並且包含了「金木水火土」所有的元素，然後開始因併吞其他無機或有機物質而壯大，然後分裂來複製自己，從無性生殖慢慢進化爲有性生殖。

我來自同樣自然的祖先，從靈長類的猿類進化而來，先進化爲直立猿人，再逐步進化爲智人、現代人，原先只擁有各種元素構成的肉體生命，但是，我們的肉體包含了一般物質和精微物質，充滿在全身所有的細胞之中，在700萬年人科靈長類進化爲20萬年前的現代人，我們的腦容量大幅增加，我們的雙手更加靈巧，逐漸累積結晶了最原始的「靈格」，並且形成可以一再遺傳的「預設模式網路」。

七萬五千年前由於印尼蘇門答臘島上的「多峇超級火山」的大爆發，形成小冰河期，所有地球生物幾乎死亡殆盡，人類也面臨了即將滅絕的「種群瓶頸」，頂多只剩下東非那區區數千人而已。

爲了覓食謀生，這數千人前前後後紛紛逃離了非洲，因爲尋逐食物而遠走他鄉，逐漸散布到了全世界。不過，這時的人類在心智能力上也不比其他靈長類親戚高明多少。

直到四萬年前，因爲地磁大幅減弱（註1），使得「太陽風」長驅直入，各種高能帶電粒子強烈穿透地球，也穿透了所有人類，使得人體中所有原本散亂的粒子因爲感應了電荷而有序的重新排列，並且因此激活了沈睡已久的「預設模式網路」，我們的心智活動劇烈變化，幾乎是一夕之間開了靈竅，心智能力大幅增強，在基本「認知系統」之外形成了一個額外的「感知系統，「內我」於焉產生，也就是靈魂的雛形，然後在個人與人類族群的互相交流增長中，人類有了地球生物界獨一無二的「靈魂」；同樣的，我也是這樣擁有「靈魂」的。

從地水火風中的誕生，不但擁有「金木水火土」等等所有一般物質和精微物質，我也擁有了靈魂的內我，所以，我的自畫像畫的不是皮相的外我，而是靈魂的內我，內我並不具備與外我一模一樣的形貌，甚至是可以自由變化的。

是我的「感知系統」賦予我這樣的創作靈感，是我的靈魂內我這樣詮釋。

而事實上，每個現代人也都是這樣誕生，都是這樣擁有「靈魂」的。這正是本書的主旨所在—「靈魂源始」，迄今紀元四萬年。

註1：四萬年前地磁是否逆轉，眾說紛紜，莫衷一是，但是，逆轉與否不是重點，地磁大幅減弱才是關鍵所在

（註：下圖爲油畫 80 號作品，乃本書作者 2004 年所繪）

靈魂的源始

緒論　死亡與靈魂

在這個世界上可以說所有的生物基本上活著都是不公平的，尤其是人類，我們每天接觸的都是人類爲主，就以爲例：有人生下來就是含著金湯匙出世生在富豪之家，不愁吃穿所謂富二代，一輩子就是不用工作也不用擔心有沒有錢花，會不會敗光是看他自己。但也有人一出生就是在很貧窮的家庭，在台灣來講的話當然也有，但是在國外的話更多，譬如說像在印度在非洲，在印度一出生就在貧民窟或者就是賤民，他們一出生就是在垃圾堆裡打滾，吃的是垃圾用的也是垃圾。有的人生來就世身強體壯人高馬大，有人生來就很虛弱矮矮小小的，也有人生來長得很美麗很漂亮很英俊很帥，也有人一生下來就長得很抱歉甚至很醜陋，也有人一生下來就殘障，不管各方面的殘障肢體的殘障甚至腦袋的殘障，要說「公平的是很難的，幾乎人從出生到死亡，處處都是不公平的，但是，這是沒有辦法的事情，誰也改變不了這個真實的情況。

但是這世界上唯一很公平的事情就是，所有的生物都會死，人類也一樣會死亡，而且每個人都會死，這才是最公平的，不管早死還是晚死總是會死，從來沒有人長生不老永生不死，那麼死亡其實這件事情說起來很簡單，兩眼一閉兩腿一伸就死了，甚至騎摩托車出去一撞就死了或者坐飛機掉下來死了，甚至走在路上不小心從後面被酒駕開車撞到也死了------

死亡其實說簡單是簡單，但是如果認真去想說起來也是很麻煩的事，怎麼說呢？所謂人生自古誰無死，還有一句話千古艱難爲一死，爲什麼千古艱難爲一死？因爲大家都很害怕死亡，死亡好像都是代表痛苦的，因爲不管怎麼死，生病死也是痛苦、被殺死也是痛苦、意外死亡也是痛苦，事實上，我們對死亡又了解多少？死亡真的那麼痛苦嗎？另外還有一個問題，死亡是一個幾乎無解的，沒有辦法解釋的疑問，因爲死掉的人不會回來告訴你死亡到底是什麼樣的滋味？死亡到底是怎麼回事？而且到今天爲止，科學上還沒有辦法證明死後是不是有靈魂？當然這個問題在科學上在目前來講是沒有定論或者甚至是沒有答案，但是，對我來說，對我這樣一個長期作靈魂學研究工作的人來講那是很肯定的！死後靈魂一定存在，也就是說我們死亡以後我們原來的那個性格和習性以及智慧形成的靈魂它還是繼續存在的，那問題只是說它存在什麼樣的一個境界而已；所以靈魂這個問題對我來講那是非常肯定的，我從來沒有去懷疑這個問題過，因爲在我研究的過程中有太多的證據證明死後的靈魂是存在的（註：必須再次鄭重聲明：我沒有任何宗教信仰，只是純粹專業學術性質的靈魂學資深研究者，當然，我也深入的研究各種宗教神學與靈魂學，但是，我絕不偏頗或傾向任何宗教）。

現在的問題重點並不在靈魂存在與否；或者說會存在一個什麼樣的境界？因爲這些課題我都已經寫在我的前一部書—「廣義靈魂學」上下冊裡，內容及所有實證都非常清楚，如果有興趣的讀者可以去看這部書，書裡拿出了很多證據，因爲我本來就是研究實證靈魂學的（兼及理論靈魂學）。

所以現在這本書要談的重點是在於靈魂的起始，也就是靈魂是從什麼時候開始存在的？靈魂是在大約多少年以前；或者說多久以前才開始發生的？當然有很多宗教或者即使不信宗教的人在觀念裡，如果他相信靈魂是存在的話，卻有很多這類人士誤以爲靈魂是從開始有人類就有靈魂的，然而，這點是說不通的，因爲我們都知道真正的人類從遠古時代從人類直立開始，算到現在來講已經經過幾百萬年了。是不是從這時候開始就有靈魂呢？當然不是，假設是從這時候開始的，那麼那時人跟獸並沒有太大的差別，差別只是人可以直立行走而已，那時所謂的「直立猿人」和其他靈長類或野獸也沒多大差別；我們都知道人類是靈長類，靈長類有猴子有猩猩，這些在跟原始的人類來比差別只是人類從樹上爬下來走進了草原裡，卻也不是長期生活在草原裡，依然是住在樹上，他們只是偶然下來可以直立在草原裡行走，目的還是在尋找食物，如果爲了覓食而只會直立行走，那麼這時候跟猩猩跟猴子差別有很大嗎？當然沒有很大，我們能夠說直立以後就有靈魂了嗎？因爲猩猩跟猴子沒有靈魂，所以他們從爬下樹以後靈魂就出現了嗎？這是講不通的。或者有宗教信仰的人說靈魂是因爲神對泥土做的人，吹了一口氣所以就有了靈魂，這個就叫做「神話」了，因爲這是沒有證據的，只不過是聖經裡面寫的一句話而已，這種東西是靠不住的，因爲沒有任何辦法證明有這回事。

那麼靈魂到底是從什麼時候開始？我想這點真的非常重要，不管是從人類走下樹直立開始行走就產生了，或者說萬物通通都有靈魂，甚至連無生物石頭、山河大地、桌子、筷子通通都有靈魂；如果這樣擴大解釋的話，就很難去談靈魂到底是從什麼時候開始了，我們總不能說是宇宙一爆發，所有物種產生了以後就通通都有靈魂了，這也是說不通的，我們可以這樣來推論；就從事實來說無生物怎麼會有靈魂呢？靈魂一定要有靈魂的表現，甚至就算生物包括是靈長類，牠們是不是有表現出具有靈魂的一些特徵呢？那我們就先來談從靈魂的特徵來講；包括自我的認知跟環境認知能力，在所有人類以外的動物裡面，目前已經知道的有海豚有白鯨有大象還有猩猩，他們會有自我認知也就是說特別是鏡像認知的基本能力，擺個鏡子在那裡，猩猩去照了幾次之後，一開始會很驚訝？但是很快他就會發現他的一些動作鏡子裡的會跟著他做，然後慢慢他就會發現原來鏡子裡的就是他自己，白鯨也會海豚也會，還有大象也會，你在大象頭上抹上顏料他去照完鏡子以後他會覺得很奇怪？跟別人不一樣會試圖用鼻子去擦拭，慢慢他也會了解到鏡子裡的影像就是他自己，鏡像認知基本上就是初步的一種自我認知。但是人類還有一個最重要的事情就是人類還有一種自我感知能力，我們沒有辦法去想像動物是否能夠自言自語跟自己對談，但是很顯然的目前來講所有的研究裡面沒有這樣的報告出現，應該說只有人類才能夠與自己自言自語，當然這種自言自語不是一定要發出聲音，我們現在談的是內在的是沒有聲音的，也就是說跟內在的自我對談。其實每個人都會，只是程度差異而已，比如一個小孩子他想要去做壞事的時候，他的內在可能會有一種聲音在警告他，但是警告也可能是一種回想：他的爸爸媽媽或者老師教他說你不可以去這件事情，譬如不能去偷採別人的水果也好，或者是偷拿商店裡的糖果等等。在這個時候可能會有一種聲音會去阻止他，當然他會不會成功自制那是另外一回事，這個聲音是確實存在的。

我們更進一步來講更成熟的是跟自己對談很多事情，譬如說要做一些策略要決定某些事情，在這個時候我們常常會跟自己對談，也就是說會產生一些正反的意見，也許你會說很喜歡很想做，但是有一個聲音會阻止你；跟你說你這樣去做你可能會失敗，或者你要做一個生意，你那樣投資下去的話可能會血本無歸種種----這些事情或者喜歡一個異性，她可能很吸引你，在認知的世界裡你是喜歡她的，很單純甚至是很生物性的；可能只是她很性感或者是說在某些方面很吸引你，可是你的內在可能會告訴你：這個異性不太好，雖然他長得很漂亮很吸引你那可能只是性的方面，但是她的品行不好，或是這個男的很帥可是風評不好種種種種----這些越來越複雜，這些對談其實是這裡面來講是屬於感知的這一個部份，我們可以把他當成靈魂也可以說成靈魂的一個部分這樣都可以，那到底這樣一種對談方式或者說靈魂的存在是從什麼時候開始呢？其實到現在是沒有定論甚至連很多人是連想都沒想過，甚至根本從來也沒有人能夠站出來講靈魂的起始。

那麼靈魂究竟是從什麼時候開始的？在我個人的研究結論；我能確定人類的靈魂是進化而來的，他跟我們的語言能力很相似，甚至於應該說是很相關，也就是說我們知道現在做人類語言研究的人，認爲人類的語言差不多是在距現在二十萬年前開始變的豐富的，也就是說從那時候開始人類有了語言，不是指語言能力而已；其實很多動物也有語言能力，像猩猩也有一百多種詞彙，但是總是沒有人類這麼多，人類承繼了從靈長類猩猩猿類進化而來的語言能力，但是這些語言都是很初級的，只是一些吼叫的聲音而已，只是聲波，聲波不一定代表某種意義，不像我們人類的詞彙這麼多。在二十萬年前人類的詞彙慢慢的在那個時代變得比較豐富起來，現在的研究人類的語言能力是因爲我們在大腦有一個預設模式網路，

這個預設模式網路讓我們具備了這個能力的基本條件，但是並不表示我們一定會擁有這個語言能力，爲什麼？因爲他有一個時間性，通常是在十來歲以前這個能力一定要被開發，因爲我們的大腦雖然很大，雖然可以做很多事情，但腦容量畢竟是有限的，所以他有限的資源當你去使用它的時候它會被開發出來，當你不去使用它的時候它會被封閉，然後被移到做其它的用途，關於這點來想想看；在不見天日的地下岩洞裡面有所謂的盲螈或盲魚，因爲裡面沒有光線，它們不需要有眼睛，因爲沒有光線它不會反光，它看不見任何東西，所以它的眼睛等於是瞎了、盲了，但是盲了眼睛的這些視覺神經就完全沒用擺在那裡嗎？當然不是，而是它移作其他用途去了，關於這點我們也可以看到很多盲人，他的觸覺觸感會特別好，或者他的聽覺會特別好，爲什麼？也就是因爲他的視神經可能受傷或者說他的視覺因爲某種原因失明了，他的視覺不能用了，不能用了以後這些相關的神經系統或者說他的那些細胞會移作其它的用途，所以他的聽覺或者觸覺這方面就會變得比較敏感來補足失明的障礙。那同樣的當你語言也是同樣狀態；在傳說中有所謂的「狼孩」，就是被狼養大的小孩，他除了會學狼叫以外他不會講人話，而且他的年齡一旦超過十來歲以後，就算你在怎麼教他，他也不會說話了，爲什麼呢？因爲這個預設模式網路系統已經被關閉了，也就是你再也打不開了，這就跟我們電腦一樣，簡單講也就是某個軟體會有個試用期，在這試用期裡面你去試用它，那你覺得 OK 你可以去買正式版的，然後就可以長期的使用。但是你沒有去試用它也不會想要去買，可能會覺得這對你是沒有用的軟體，試用時間到它就關閉了。

同樣的靈魂也是一樣，如果我們把語言的預設模式網路視爲一個格式，或者一個軟體的系統，那麼靈魂也是有一個格（靈格），我們常常說電腦要格式化，電腦或硬碟把他格式化以後，你才能夠使用他。同樣靈魂也是必須被格式化，所以靈魂我們已經了解到變成說他是從遺傳得來的，因爲語言的預設模式網路也是從遺傳來的，我們從父母這邊遺傳下來這樣的一個模式網路，然後我們才有語言的這種能力。當然人類會語言還有一個包括韌帶喉頭地方是跟靈長類不一樣的，使我們有更優厚的語言能力。

那麼靈魂也是一樣，也是一個預設模式網路，也是從父母這邊遺傳來的，這個預設模式網路給了我們一個靈格，這個靈格基本上也可以說是一個儲存的系統，因爲語言也是相同的，會講話之後詞彙越來越多，一直儲存起來，然後想到的時候就可以拿出來用。同樣的靈魂也是有一個基本靈格，可以說是從嬰兒出生甚至是當他還是胎兒時就開始形成，然後在他出生以後他就已經具備了靈格，但是具備了靈格是否就有靈魂了呢？那也未必，因爲靈格他只是一個空間，你必須要把很多東西存進來，把跟靈魂有關的東西存進來；也就是我們講的感知系統，感知系統是從哪裡來的呢？是從我們的認知系統來的，因爲我們從認知系統去認知外界的各種事物，包括我們的視覺，包括我們的聽覺、觸覺、嗅覺、味覺還有我們意識的感覺等等——這些東西我們會存在一個所謂認知系統的儲存空間，但是感知系統會過濾這些東西，因爲有些東西是沒有用的，我們會接收進來很多雜亂的東西，尤其現在是資訊爆炸的年代收到的資訊太多，如果不過濾的話人的大腦會爆炸的（發瘋）。感知系統會把他過濾，過濾掉一些沒有用的，在感知系統裡認爲是有用的，但是在認知系統進來的有很多感知系統覺得有用的，他才會留下來。認知系統覺得有用的感知系統未必覺得有用，所以感知系統會做出過濾這些東西。存在靈格以後才慢慢慢的形成了靈魂，所以在我的研究過程裡面發現到一個事實；那就是通常這感知系統一定要儲存的夠多，然後他自己在裡面發展，自己在裡面運作，然後形成了一個非常強烈的自我感知，這已經高出自我認知許多，這就是成型的自我感知系統了。

很簡單講；你注意去看嬰兒嬰兒，雖然他也有一個本能的我、我的東西、我要、我得不到我哭----但是事實上嬰兒對「我」這個意識沒有那麼強烈，他一定要到一個年齡以後，他才會很強烈的感覺到「真正自我」的存在。就像笛卡爾說的：「我思故我在」。一定要到能夠我思故我在這種狀態下，靈魂才開始運作才開始成立了，這個時候才有了靈魂。所以很多民俗傳說中的嬰靈這是不可能的事情，沒有嬰靈這回事，因爲嬰靈是不可能存在，他根本就沒有形成，沒有形成一個我思故我在的狀態，所以嬰靈是不會存在的。

在人類沒有靈魂之前的歷史時代裡幾百萬年沒有靈魂，那你說這些死去的人去了哪裡？沒有去哪裡他就不見了、消失了，他就如所有動物植物一樣煙消雲散，死亡後就什麼都不存在了，一定要有靈魂之後；這個靈魂或者說這個自我感知的形成與自我認知系統的部分結合起來形成了靈魂存在以後，死後他才存在，如果還沒有靈魂死後他就不會存在。

譬如講起來是很不幸的；世界上有些重度智障者，重度智障要到什麼程度，假設他還有自我認知的話，不是初級的，不是看鏡子知道這是我，不是這樣還要再進一步的自我認知，那還有可能會形成靈魂。如果完全沒有只是生物性知道吃喝拉撒睡其他什麼都不知道的，這種是不會形成靈魂的。因爲基本上的預設模式網路第一是損壞的第二是根本不存在，也就是說他沒有一個靈格可以儲藏，那麼他是沒有靈魂的，死亡以後就什麼都不存在了。

那麼靈魂的源始到底從什麼時候開始？是從能夠直立開始？從五百萬年開始？三百萬年開始？一百萬年開始？人類進入到石器時代開始？銅器時代開始？人類進入到鐵器時代開始？其實不能用這樣來分，因爲我們必須要知道靈魂要存在一定要有些特徵，一定有些外在的表現，必須從這些去推斷靈魂是從這時候開始。當然我必須講的很誠實真正要講很確定靈魂是從哪一個年代開始，我可以告訴大家我不知道！我確實不知道！因爲我們現在的資料還是太少，對這方面的研究太少，我蒐集到的資料太少，根本沒有辦法去拿出一個確切的「物證」來確定靈魂到底是從哪一個年代開始？（更何況「靈魂」並非一般可見物質）。

但是大致上還是可以知道的，因爲我們在那樣的時代，我們人類所表現出來的從外在表現出來的各種行爲，或者留下來的古物古董這些東西上面，我們去研究還有留下來的這些用品，還有人類在這段時間發明了什麼東西，人類在這時候做了哪些事情，我們所知道的可以從這裡來斷言大概靈魂是從什麼時候開始，人類如果真的有七百萬年，爲什麼在這個時候才開始有靈魂呢？爲什麼不是更早爲什麼不是更後？當然他有一定的原因，同樣我也必須要講的很坦白這個原因老實講我也不知道？因爲沒有什麼特殊的狀況我們可以去設定說因爲這件事情發生，所以靈魂產生了，這真的不是很確定？但是我唯一能找到的還是可以與大家談，這是我找到的一些原因有可能是這樣，這當然是一個推論，但是這絕對是一個合理的邏輯推論；

我們現在來談人類是做了哪些事？人類發明了什麼東西？人類智力爲什麼在這時候大爆發？或者說所謂人類的認知革命從什麼時候開始？這些通通累積起來一共有將近廿項人類的成就，在什麼情況下剛好集中在這樣的一個時段？在這個時段裡我個人合理的邏輯推論；靈魂是從那時候開始的，因爲只有這樣我們才能夠解釋後面的事情。當然這是一種推論，很多的科學都是先有推論出來的假說，然後經過反覆驗證最後變成一個定律。到現在爲止我也必須很感慨的說這條路我走的很孤單，因爲沒有共同研究的同伴，或者說能夠走在我前面能夠指導我的前輩，有人可以教我嗎？當我的老師嗎？我也不想自誇我單獨的走也許我走的比較前面，也許我想的比較多，所以我才去找到這樣一個關於靈魂起源的結果，我分享給大家即使是推論或者我的推論是錯的，那後人也一定會指正我的。就算愛因斯坦也會犯錯，他的理論也不是完全正確，霍金是當代很偉大的物理學家，他的理論也不是全對，大霹靂是否真的存在到現在爲止也沒有定論？只是大致上是這樣，未來說不定也會遭遇更新的挑戰？

譬如霍金他在 2010 年曾提到若遇到外星人要不要跟外星人打招呼？要不要跟他們聯絡？他是在前幾年才說盡量不要，因爲是危險的，因爲一個先進的文明來到了落後的文明通常都是在劫掠甚至殺戮甚至整個占領，他這個理論大家開始瘋傳。其實他這個理論我在二十幾年前就率先撰文寫出了「看見外星人要不要說哈囉？」一文，我也是完全反對地球人類主動與外星人接觸的。（註：原文二十多年前同時發表於「神祕雜誌」及「飛碟探索」二本雜誌，目前可以在「天地自然人網站看到原文：網址：

（http：//www.cwnp.net/forum.php?mod=viewthread&tid=413&page=1&extra=#pid608）

看看西班牙人到了新大陸不但帶去疾病還把所有人殺光，而且爲了要傳教毀壞掉人家所有的文明，那同樣的外星人來到地球的話，如果他比我們先進如果他像西班牙人這樣的話，那對地球人是不是一個大浩劫？那要認真講的話，我比霍金更早了二十多年就預見了這個人類未來的大隱憂，那麼是霍金還是我比較更有先見之明呢？我比他還要更早二十多年就看到了這個問題，所以並不因爲霍金是大名鼎鼎的物理學家，他講什麼都對，難道只是因爲我比較默默無聞，同樣的隱憂我先意識到而且我先講出來，我就一定是不對的嗎？（「先知」不是神仙，一樣是普通人，只是比一般人更有先見之明而已，至少在這個議題上，我比霍金更早一步預見罷了）。

所以，我現在對於「靈魂起源問題」所看到的所了解的我把他先講出來，那是對還是錯呢？這是一時無法定論的，我覺得這個事情讓後人去評論，我們現在不必去談，除非你能馬上舉出實例實證來證明我是錯的，那我就非常心悅誠服的公開承認我錯了

靈魂確實是進化而來，這點是很確定的，靈魂絕對不是無始之始前就已經存在，不是什麼上帝什麼母娘丟到

地球來，然後我們每個人都有靈魂都有肉體，這是不對的，靈魂是進化來的，跟我們肉體一樣，我們肉體也是進化來的，我們大腦也進化了，我們也想很多事情並且發明了很多東西，我們的物質文明、精神文明、心靈文明也都是進化來的。

在這個緒論中我是想要告訴大家，而且是很誠實的告訴大家這是我個人的一個推論，我沒辦法拿出很確切的物質證據告訴你靈魂是從什麼時候開始擁有的？從什麼時候開始起始的？但大家可以往下看我舉出的這些例子，究竟合理不合理這才是重點。

（註：本書為了支撐證明我的基本觀點，基於研究的目的，所以合理的摘錄引用了不少重量級人物的部份文字段落及新聞訊息及圖片，謹供與筆者個人的發現和認知兩相比對之用，特此聲明）

1 生命與人類的起源

關於地球上各種生命物種的起源，目前有四個主流思想：

1．神創論：這是人類在其他「起源說」尚未出現之前，最主流的一種思想，在西方源自《摩西五經（Pentateuch）》，也是希伯來聖經最初的五部經典之中的《創世記》一章，敘述了「神」（或稱爲上帝、耶和華、天主）在六天之內創造了天地萬物，也包括創造了人類的始祖「亞當」與「夏娃」，從此逐漸繁衍成了今天全世界眾多的人口。而之後的「天主教」與「基督教」將《摩西五經》稱爲《舊約聖經》以有別於記載了「耶穌四福音書」的《新約聖經》。同時「伊斯蘭教」也接受了天地萬物是「真神安拉」所創造的觀點，同樣認同亞當夏娃是人類的始祖，而「亞伯拉罕」（伊斯蘭教譯爲「易卜拉辛」）是先知。古埃及人具有複雜的多神信仰，一些古埃及人將「拉」神視作造物主來崇拜，特別是在赫利奧波利斯城。他們相信，人類是出自拉神哭泣的眼淚。這些信徒認爲，拉神自己創造了自己。在東方，中國古人相信「盤古開天闢地、女媧創造了人類」，印度教相信是「梵天」創造了天地萬物。

2．演化論：達爾文在1859年發表了《物種源始》一書，主張所有生物都是經過不斷演化而來，演化論（theory of evolution），Evolution字義有演變和進化兩種概念，查爾斯．達爾文演化論使用演化概念，是用來解釋生物在世代與世代之間具有發展變異現象的一套理論，從原始簡單生物進化成複雜有智慧的物種。當今演化學絕大部分以查爾斯．達爾文的演化論思想爲主軸，是當代生物學的核心思想之一。

3．外來說：最具代表性的就是「彗星帶來生命說」：一切生物的遺傳物質均由DNA和RNA組成。被認爲更原始的RNA據信是在地球上出現的首批具有生命性質的分子之一。科學家們長期以來一直在探究這些生物化合物的起源。一些人認爲，是含有構成此種分子所需的基礎材料的彗星或小行星給地球帶來了生命的種子。日前，科學家們首次證明，核糖能夠存在於彗星的冰中。這不僅證實了一種長期存在的理論，即地球上的生命可能來自太空，還增強了在宇宙中其他地方發現生命的可能性。這一研究是在法國尼斯化學研究所進行的。

4．智能設計論：智能設計論（英語：Intelligent design，簡稱智設論、ID）是一個有爭議性的論點，認爲「宇宙和生物的某些特性用智能原因可以更好地解釋，而不是來自無方向的自然選擇」。這一假說的主要支持者包括「發現研究院」等基督教智囊團體，他們認爲智能設計假說是同等重要的科學理論，甚至比現有科學理論對生命起源問題的解釋更加合理，但是也有人認爲這是一種「僞科學」的思想。目前只有自然選擇可解釋物種的起源，因此科學界並沒有把智能設計放在解釋物種起源的理論裡面。另外智能設計論者曾在美國以創造論的名目來出版相同內容的書籍。智能設計在二十世紀被看成是試圖改變科學基礎、顛覆演化論的現代神學變形。隨著演化論被用於解釋越來越多的現象，智能設計假說的論據也在變化，但是其根本觀點沒變：複雜的系統必須有一個設計者。智能設計運動是在基督教智囊團體「發現研究院」（Discovery Institute）的指導下，有組織的新創造論活動，目的是推動宗教日程，呼籲在美國的公共領域進行廣泛的社會、學術和政治變革。這個運動的總體目標是，「擊敗以進化論爲代表的唯物主義世界觀」，令科學與基督教和神學信仰相對立。

5．改造說：這是單單針對「人類」而言，部份人士；特別是一些「飛碟與外星人」感到興趣著迷者；其中有很大一部份深信「有著更高科技文明的外星人」曾經多次造訪過地球，並且對於猿類生物進行徹底改造，變成地球特殊物種的「現代人類」，但是，這種思想並沒有足夠的證據，所以，目前並不能成爲主流思想之一，因此筆者不將之納入探討之列。

針對以上的各種思想及宗教信仰，我們可以通過合理的邏輯思辨來加以解析：

其一，關於「神創論」（或稱爲「創造論」），人類有歷史記載的，最早的當然要屬埃及的主神「拉」，雖然有些古埃及人相信「拉」是自己創造了自己和人類，但是「普塔赫」（Ptah，也叫普塔）的信徒認爲，拉神是由普塔赫創造的，這也是爲什麼赫利奧波利斯城的古王國金字塔崇拜者很少提及拉神的原因。之後羅馬凱撒大帝及屋大維的大軍相繼征服了埃及，當基督教成爲羅馬的國教之後，埃及的多神教崇拜遭到禁止，古埃及人的信仰首當其衝，到了「查士丁尼」大帝在位時期，最後的伊西斯女神廟被強行關閉了，最後一批會識讀聖書體文字的祭司也老死獄中，這時候不用說文明和信仰，所有古埃及文化都基本絕傳，等後來阿拉伯人攻入埃及的時候，那片土地當時已經是基督徒的天下了。然而直到西元640年，阿拉伯人完全征服埃及，埃及才真正開始阿拉伯化。原本的傳統信仰，徹底被摧毀，埃及人在之後伊斯蘭教統治的一千多年間，信仰的主神自然變成了「真主阿拉」，迄今也未曾再改變，由此可見，人類之間不同文化族群的戰爭勝負，不但會改變原本的文化，更能徹底改變原本信仰的「主神」，因此，我們不妨以此爲例來試問：那麼人類究竟是「拉」還是「安拉」創造的呢？相信現代普遍信奉伊斯蘭教的埃及人一定不會再說是「拉」。

同樣的，在「美索不達米亞」（兩河流域）也曾有過可以媲美埃及的古文明，從「亞述帝國」、「巴比倫帝國」到後來的「馬其頓帝國」，這裡都有過輝煌的文化成就，隨著帝國的更迭，在信仰上，主神從「安」轉換爲「恩利爾」，再轉換爲「馬爾杜克」，但是，因爲氣候的變遷，此地從所謂的「肥沃月彎」逐漸變成乾涸的陸地和沼澤，最後終於全部被伊斯蘭文化所佔領和同化，反而成了「伊斯蘭教」的主要信仰地區，主神當然也變成「安拉」。

還有，現今的土耳其在伊斯蘭軍隊入侵前，是基督教的世界，其境內的「伊斯坦堡」，古代叫做「拜占庭」（後來改名爲「君士坦丁堡」），曾經是東羅馬帝國的首都，信奉的當然是基督教，但是，在西元 1453 年鄂圖曼帝國征服該城之後，它成爲了伊斯蘭教的中心和鄂圖曼帝國哈里發的駐地，人們自然被迫改信伊斯蘭教，同樣的，主神從基督教信仰的「上帝」也變成了「安拉」，而「耶穌基督」也不見了蹤影。

其次看看中亞各國，包括現在的中國新疆和古代所謂的西域諸國以及阿富汗，原本全是虔誠信仰佛教的，但是，一旦被伊斯蘭教軍隊征服，同樣徹底的改變了「主神信仰」，佛教原本是沒有「主神」，也不相信「靈魂說」的，之後全部變成伊斯蘭教虔誠的「穆斯林」（意指「順服者」），也有了「真主安拉」的信仰，而阿富汗更成了「基本教義派」的大本營，才會發生「塔里班」軍隊用火箭炮和高爆炸藥摧毀「巴米揚大佛像」的驚世之舉。

再看看美洲的馬雅、印加、阿茲特克等印地安文明，原本全部是信仰「自然神」，尤其是「太陽神」，也相信天地萬物和人類是由「太陽神」創造的，更是天地的主宰，甚至不惜每日以活人作爲犧牲來血祭「太陽神」，以平息其怒火，解其亙古之渴，祈求太陽能夠日日昇起使得風調雨順；但是，當 16 世紀歐洲人來到美洲後，逐一征服了這些文明，並且強迫他們焚燒掉幾乎全部的古書，摧毀各種圖騰和神像，並且強迫他們改信基督教，同樣的，「主神」開始變成了「上帝」。

另外，在印度，原本人們相信「梵天」創造了天地萬物和人類，所以尊其爲「創造神」，並且和「濕婆神」、「毗濕奴神」並稱爲印度教的三大主神，但是，後來又出現另一種常見的形象，則是「毗濕奴神」橫躺在千頭巨蛇「舍沙」（阿難陀龍王）身上，從肚臍中長出來的蓮花誕生出創造神「梵天」，這樣的說法難免會讓信徒莫衷一是，但是，原本三大派就經常爭辯甚至互相征戰不休，直到西元八世紀，經由「商羯羅」巧妙的調和爲現今的「印度教」，顯然，原本誰創造了天地萬物和人類也是有不同主張的。

也因此，從歷史的殷鑑，讓我們清楚的可以知道；對於一些文明古國或者古老的民族，不論他們原本信仰什麼樣的「主神」，相信任何「神」創造了人類等等的說法，那都不可能是永恆不變的，只要一旦國家被異文化征服，信仰就會徹底改變，「主神信仰」更是徹底更換。

還有一點就是；西方人和東方人因為文化背景的迥然差異，所以，在宗教信仰的心態上也有著很大的不同，其中最大的差別在於西方「亞伯拉罕系統」（包括「猶太教、天主教、基督教、伊斯蘭教」）的信仰者是完全相信「神創論」是真實的。而東方的中國人卻一向把「女媧造人」當成神話傳說，並沒有任何人信以為真。就算印度教徒，由於神話的影響，崇拜「濕婆神」、「毗濕奴神」為大宗，雖然大家都承認「梵天」是創造神，卻極少人去崇拜或祭祀「梵天」，目前在全印度境內，最大的「梵天神廟」僅有一間，顯然的，世界第三大宗教的印度教信徒，還是比較重視能庇護自身的「毗濕奴神」和畏懼能毀天滅地的「濕婆神」，對於創造神「梵天」既然已經完成了創造任務，也就被扔到一邊冷落去了。

而且西方的「神創論」可以說頂多只是《摩西五經》或《舊約聖經》中的一個章節，尤其是「上帝造人」只是寥寥幾句話，從來沒有其他任何實證，我們必須了解《摩西五經》原本只是「希伯來人」（也就是後來統稱的「猶太人」）的經典（而且最重要的是《摩西五經》和「耶和華」根本只是「猶太人」的經典和神，祂只保佑猶太人，並不包括其他民族。），對於這種「一神教」的信仰是有其時代背景的，在三千多年前，眾多猶太人在埃及討生活，地位非常低落，被埃及人當成奴隸來驅使，「摩西」長期目睹自己的族人受到這種非人的待遇，非常痛心疾首，他自稱受到希伯來人的「上帝」（耶和華）神喻，將帶領所有猶太人離開埃及，回到他們的祖國，也是上帝應許「淌著牛奶和蜜的樂土」（迦南，巴勒斯坦的古地名，在今天約旦河與死海的西岸一帶），籌劃要重建以色列國。

但是，許多猶太人才剛剛離開埃及，因為缺衣少食就開始後悔，並且埋怨起「摩西」來，尤其當「摩西」獨自攀登「西乃山」去接受「上帝」的寶訓時，一部份猶太人基於惶恐和心理需要；開始又崇拜起原本埃及的多神來，四十天後當「摩西」帶著二塊鐫刻了「十誡」的石板下山時，看到這種情況，不禁勃然大怒，將石板砸毀那些猶太人正在膜拜的偶像，並且嚴厲的重申「上帝是唯一的真神」，除此之外再沒有其他神。在摩西的強勢領導下，猶太人終於擺脫了奴役的悲慘生活，學會遵守猶太十誡，並成為歷史上首支尊奉單一神宗教的民族，然而，雖然後來「摩西」又重刻了「十誡石板」，但是，據說因為之前他砸毀了原本的「十誡石板」，以至觸怒了上帝，責罰他在「西乃沙漠」迷途而流浪了四十年，自己至死都無法親自見到上帝的「應許之地」。關於《摩西五經》，儘管猶太人咸信是「摩西」親筆所寫，不過，經過考證，應該是他親信的隨從甚至後人所寫，那麼關於「上帝以六天時間創造了天地萬物和人」確實只是《摩西五經》第一章「創世紀」中寥寥幾句話，之後，所謂的「亞伯拉罕信仰系統」的「猶太教、基督教、天主教、伊斯蘭教」雖然也都因此深信不疑，不過，這純粹只是宗教信仰上的一種主觀的見解，理性的來評論，為什麼《摩西五經》的內容就一定是符合事實，絕對真實無虛的，就算是「摩西」當年親口如此說的，他的話就一定必然為真嗎？除此而外，還有任何實證嗎？

沒有！從西元前十三世紀，就是距今 3300 年之前迄今，以上四個主流宗教，從來不曾拿出過任何實證可以證明「上帝創造論」，而且，更可笑的是 18 世紀，愛爾蘭聖公會主教「詹姆斯．烏舍爾」（James Ussher）以《聖經》中記載的族譜為基礎，結合歷史事件發生的時間推算得出：上帝創造我們這個世界的日期是在西元前 4004 年 10 月 23 日星期天夜晚來臨前的那個傍晚。也就是距今 6000 年前，可是，別說目前已知的考古證據，證明地球已經有 46 億 5 千萬年的歷史，單單埃及的歷史，在西元前 3150 年，法老「美尼斯」建立了一個統一的王國，在接下來三千年中，一系列的王朝統治著埃及。在這個漫長的時期，埃及文化蓬勃發展，並且保持著其獨有的宗教、藝術、語言和習俗。這個歷史事實也足以戳破「詹姆斯．烏舍爾」的主張，更何況現代科技的發達，各種考古年代的斷代越來越精確，除了宗教狂熱者，沒有人會相信天地和人類的歷史只有區區 6000 年，這樣的謬論卻也恰恰證明了宗教，特別是《舊約聖經》以及《摩西五經》至少在「創世紀」一章中的敘述是非常不可信的。就算退一萬步來說；假設天地真的是6000年前創造的，距離「摩西」的時代也是2700年前的事，「摩西」又是如何知道的？他不可能親眼看見，如果「摩西」說是「上帝」親口告訴他的，或者是希伯來人自古這麼傳說的，那也都是聽說或者他自己說的，而且據他自己說：在「西乃山頂」只有他獨自一人見到「上帝」，顯然是無法證明必然爲真的。

事實上，在《舊約聖經》記載中「摩西」率領了六十萬「男人」，經後人推估，若加上老弱婦孺，總數應該有200萬之眾，想想，這麼一大群人的遠距離大遷徙，單單吃喝拉撒睡就會是一個大問題，而且人多口雜，不可能萬眾一心，所以「摩西」不得不採用「神權思想」來遂行獨裁專權的制度，而原本受到埃及「多神教」的影響，如果各自有著不同的崇拜神祇，大規模遷徙行動是絕難統一的，所以，「摩西」強勢的推行「一神教」，只信奉上帝（耶和華）爲唯一真神也是絕對必要的；因此「摩西」把上帝推崇到至高無上的位階，聲稱祂是天地萬物及人類始祖「亞當夏娃」的創造者，這樣才能讓所有猶太人樂意追隨他離開埃及，回歸上帝應許的「迦南地」。但是，神話歸神話，事實上，「摩西」卻率領猶太族人在沙漠中迷途了四十年，始終沒能如願或自己對所有族人的承諾：將率領他們回歸上帝應許地，結果他自己是死在半途中，同樣，也因此證明了「摩西」所謂的神喻並沒有真正實現，那麼，關於《摩西五經》中的內容，包括「創世紀」以及他自己口述在「西乃山」見到上帝（耶和華）的經過，又有多少可信度呢？再看看所謂「十誡」的內容，前四誡竟然全是「上帝」在強調自己的唯一性，如此刻意的強調「一神信仰」，應該是人（指「摩西」）才會做的事。當然，如果非要再追根究底，那麼在「創世紀」一章中還能找出許許多多與真實自然宇宙運行方式完全悖離的記述，甚至相當荒腔走板的內容。令真正有理性能獨立思辨的人很難相信「神創論」爲真。

我們也可以從另一個角度來看看關於「神創論」的疑點：從古到今，一共只有三個可以證明確有其人存世過的「人」宣稱自己見過「上帝」或「真主」，一個是「摩西」，一個是「耶穌」，一個是「穆罕默德」，至於在猶太人記載中也見過「耶和華」的「亞伯拉罕」，那也只是猶太人的古老傳說，無法證明他這樣親口宣稱過，而且「摩西」宣稱在「西乃山」接受「十誡聖訓」時，看到的也只是一棵熊熊燃燒中的樹，而非如人形象的「上帝」（《舊約聖經》中說：神是依照祂的形象造人）；這樣不是很奇怪嗎？目前對於全世界宗教信仰人口的統計：信奉基督教和天主教人口的總數為21億，信奉伊斯蘭教的人口總數為13億，再加上信奉猶太教的大約1千2百萬人口，可說相信「神創論」的人數達到了34億多，佔了全球人口近半數，但是，真正宣稱親眼見過「上帝」（或神、真主、耶和華）的只有3人，而且，都是自己這樣宣稱的，如果「上帝」真如「十誡」中前四誡這麼在乎人類相信不相信祂的話；從古到今為什麼只肯讓3個人見過，卻不肯讓更多的信徒見到呢？而這3個人的「宣稱」卻又竟然能讓全世界近半數的人相信「神創論」為真，這豈不是也太不可思議了嗎？

此外，最離奇也是最讓人無法信服的就是：

其一，既然「耶和華」（上帝）是猶太人虔誠信仰的真神，猶太人又自稱自己是上帝的選民，那麼為什麼「耶和華」從來沒有好好保佑這麼虔誠事奉祂的選民呢？從古代，猶太人就歷經好幾次的亡國，因此不得不流浪世界各地，而猶太人之所以會成為埃及人的奴隸，也是因為他們的祖國發生了饑荒，上帝命令「亞伯拉罕」率領全體族人去埃及「就食」，之後，猶太人始終不能復國，而且為了等待預言中的救世主「彌賽亞」，一等就是三千年，迄今還未見蹤影。試問萬能的神為什麼會讓猶太人陷入饑荒的絕境呢？又為何會讓他們成為埃及人的奴隸呢？

其二，並且幾千年的流浪生涯，使得猶太人在全世界都受到歧視、排擠甚至殺戮，處境就如同「吉普賽人」，差別是猶太人本身比較精明，又有較高的文化水平，擅長商業經營，所以比較富有。但是，在社會地位上並不高，而且一旦發生任何災難時，往往都會成爲替罪羔羊（包括中世紀的黑死病和一、二次大戰之間的經濟大蕭條），單單二次大戰在納粹集中營就被屠殺了 600 萬人，那麼「耶和華」何在呢？祂爲何沒能讓自己的選民過得更安居樂業，更幸福美好呢？單純相信「耶和華」（上帝），祂就一定真實存在嗎？祂爲什麼竟然能冷眼看著 600 萬猶太人遭到毀滅性的大屠殺？這樣殘酷無情的神值得信仰嗎？那個沒有任何保證的「彌賽亞」還要繼續等待嗎？

至於其他所有古文明信仰的「創造神」也一樣僅只是來自古久人們口授心傳的神話，有文字記載也是完全脫胎自神話傳說，從來沒有任何實證。否則中國人古老的「女媧造人」神話，不但人人耳熟能詳，也一樣有古籍記載此事，爲什麼中國人本身就從來沒有人信以爲真呢？

其二，關於「演化論」：達爾文並不是最先提出演化觀念的人。在達爾文之前，有一些學者已具有進化思想，從古希臘時期直到 19 世紀的這段時間，曾經出現一些零星的思想，認爲一個物種可能是從其他物種演變而來，而不是從地球誕生以來就是今日的樣貌。達爾文的祖父伊拉斯謨斯·達爾文。法國生物學家拉馬克在 1809 年發表了《動物哲學》一書，系統地闡述了他的進化理論，即通常所稱的拉馬克學說。書中提出了用進廢退與獲得性遺傳兩個法則，並認爲這既是生物產生變異的原因，又是適應環境的過程。但長久以來沒有科學證據可以證明「用進廢退」和「獲得性特徵可遺傳」的假說，然而近來有研究表明，過往的生存經歷會一定程度上改變修飾遺傳基因，從而影響後代的神經系統。1858 年，達爾文接到在馬來群島調查的博物學者華萊士有關物種形成的文章；華萊士對於物種形成的看法與他有很多相似之處，增加了達爾文對其學說的信心。於是兩人在 1858 年的倫敦林奈學會中，以兩人共同署名的方式，發表有關物種形成的看法。接著達爾文在 1859 年發表了《物種源始》。

達爾文的演化論以天擇說和地擇說爲進化理論基石。達爾文晚年將演化論加入性選擇，有別於天擇，以強調交配競爭對於進化的重要性。由於各種基因的變異，同一個族群中，不同個體的生存方式和繁殖方式有所不同，當環境發生改變，便會產生天擇作用。天擇並非如基因漂變或基因突變一樣隨機，當環境改變發生時，將只有某些帶有特定特徵的群體能夠通過環境的考驗。若這種特徵性狀具有優勢或劣勢，劣勢者不利於生存而被環境淘汰，優勢者得以繁殖而將優勢性狀遺傳後代。地擇說則說明了同一物種受到地形障礙分隔，比如地殼大陸移動或海洋隔開的島嶼，在夠長時間之後，物種產生了性狀特徵的差異，比如亞洲象和非洲象。

有許多人把「演化論」認定為「進化論」，但是，也有不少人反對，認為「演化論」應該包括「退化」，事實也證明有許多生物，包括人類生理上確實有許多「退化」的殘留痕跡，但是，筆者卻認為「演化」可以等同於「進化」，因為生物的某些生理器官的退化，其實是為了適應環境的變遷，並且把多餘已經無用的資源空出來給予「進化」之用，因此，總的目標是不停的「進化」，才能達到「物競天擇、適者生存」的目的，否則任何「退化」都將決定己身的生死存亡的關鍵。

達爾文的《物種源始》一書；其理論重點如下：

物種並非一成不變，而是會隨環境變動而改變。

生物的演化是長時間連續性的緩慢改變，不是突然性的劇變。

同一類生物有著共同的祖先，例如哺乳類是由同一個祖先演變而來，由此可引申出人類與猿類有著共同祖先。

生物族群會隨著繁殖而擴大，並超過其生存空間與食物供應的極限，引起個體間的競爭；不適應環境的個體會被淘汰，適者才能生存，並繁衍後代。

但是，在《物種源始》一書中，重點是在探討論述地球生物是經由不停的「演化」而形成如今千變萬化的樣貌，卻並沒有針對最原始的生命起源多所著墨；那麼依據一直以來生物學界幾乎一致的認定：目前已經發現的「藍綠藻」（或「藍綠菌」）距今已經有35億年的歷史，但是，仍然不是最原始的生命，應該還有更早的生物存在，只是人類尚未發現。（註：由於科技的日新月異，也已經有生物學家質疑「藍綠藻」的身份，認為可能是原本發現者誤判，將形式生物的太古岩石痕跡誤認為「生物」，不過，目前尚無明確定論）。因此，本書仍依就舊說而論。不過生物在地球上出現的年代並不是絕對的重點，如何發生才是最重要的。因為依照現代生物學的研究和認知，地球最原始生命應該是類似「無中生有」的，也就是應該是從「無生物」突變成了「生物」，也就是「生命是突然出現的」，當然不是「神」一手創造的，也許是在火山熔岩形成的「渾濁濃湯」中，也許是在海底火山口的熱水煙囪邊緣，也許是閃電偶然擊中了「渾濁濃湯」中一些物質，自然合成了生命必須的「氨基酸」物質，然後，偶然形成了最原始的單細胞生物，因為移動和覓食加上會不斷成長，所以被稱為「生物」，之後又能夠自行複製並分裂為另一個生命個體，由此慢慢繁衍出了單細胞生物族群，再進化為多細胞生物，爾後才逐步演化為高等生物------

在「維基百科」中有以下的敘述：「遺傳物質出現-----幾百年過去，這些物質越聚越多分子間互相影響，而形成更複雜的混合物，在這其間來自外太空的隕石也可能帶來一些元素參與變化，RNA在生命最初的演化中扮演了一個重要角色。RNA比DNA的結構更加簡單，而且是一種更加有效的化學催化劑。因此這就意味著RNA構成的生命比DNA生命更容易出現。DNA有兩項特質：第一，它能通過轉錄產生mRNA，而mRNA則能夠轉譯出蛋白質，第二，它能自行複製，DNA這兩項特質也是細菌類的有機生物的基本特質，而細菌是生命界最簡單的生命體，也是目前我們可以找到最古老的化石。

DNA的複製本領來自其特殊的構造，DNA為雙股螺旋，細胞的 遺傳訊息都在上面，然而DNA在複製過程中也會出錯，或是分子群的一小部分出錯，如此複製工作就不盡完美，製造出來的蛋白質也可能完全不同，也就是如此演化便開始產生，一旦生命有了不同的型態，自然才能實施淘汰和選擇的法則，生物才能一步步的演化下去，我們從化石中得知三十億年前那些類似細菌的有機物之間，已有顯著的不同。」

其三，關於「外來說」：不論是彗星或者小行星，也不論它們是來自浩瀚宇宙的何處，顯然，其來源處必定是已經有了生命，那麼這些遠方的生命其起源為何？又是怎麼來的呢？如果是在某個「類地行星」上自然發展出來的，那麼問題不是和探討「地球生命如何產生」的疑問一樣？如果又是來自其他彗星或小行星，那麼豈不是又變成一個循環的「蛇環悖論」；就如同雞生蛋，蛋生雞，問題永遠沒完沒了？因此，這種立論頂多只能當作參考，無法深入探討，而且也不會有任何明確的解答。

其四，關於「智能設計論」：這些拼命推廣宣揚智能設計者，他們在立論時非常小心地使用世俗的詞彙，並刻意避免指出設計者的身份。菲力普・約翰遜聲明，在論點中精心避免高調的神學術語、用世俗的語言播下模糊的伏筆是必須的首要步驟，最終重新引入基督教概念的上帝為設計者，是其目的。約翰遜強調「第一件要做的事就是把《聖經》從討論中排除」，「我們把唯物主義的偏見從科學事實中分離後，才是可以討論《聖經》問題的時機。」約翰遜特別呼籲智能設計假說的支持者克制宗教動機，以免智能設計假說被看作「另一種包裝的福音派信息。」多數重要的智能設計支持者是基督徒，並且聲明生命的設計者就是上帝。也因此，這種新興思想觀點只是換湯不換藥的「神創論」變種，只是刻意讓古老的神話戴上了「科學面具」而已。

事實上，這種理論假說並非什麼創新的發現或構思；因為過去的幾千年，哲學家們在思辯大自然的複雜性是否意味著存在超自然的設計者或創造者。第一起有記錄的關於自然設計者的討論來自古希臘哲學。哲學概念中的「道」(Logos)由早於亞里士多德的哲學家赫拉克利特(公元前 535－公元前 475 年)在現存的零散文件中表露過。柏拉圖（公元前 427－公元前 347 年）在其晚期哲學著作中闡述了具有至高智慧和能力的自然造物主概念。亞里士多德（公元前384—公元前322年）在其著作《形上學》前言中也發表了宇宙的創造者思想。

關於超自然設計者的推理常用來證明神的存在。有關討論的一個著名形式是由十三世紀神學家托馬斯・阿奎納所闡述。1802年威廉・派里（William?·?·Paley）出版的著作《自然神學》裏使用了鐘錶匠類比，但也被用於智能設計假說。

關於「一個鐘錶匠」的例子，大意是我們如果在路上碰見一塊石頭，會毫不猶豫地想「它本來就在那兒」，倘若石頭換成一隻鐘錶的話，就沒人會這麼想了，而一定明白背後有一位鐘錶匠，因爲直覺告訴我們：它的發條和齒輪走得那麼準確，不是天然就能形成的。爲此他感到不平，並且提醒說「每一個巧思的徵象，每一個設計的表現，不只存在於鐘錶裏，自然作品中都有；兩者的差別，只是自然作品表現出更大的巧思，更複雜的設計，超出人工製品的程度，難以數計」。

換言之，既然承認了「鐘錶匠」，爲什麼就不能承認「石頭匠」、進而承認所有自然產物的「匠」呢?·要知道，威廉・派里在著作中的措辭是非常生動和看似理性的，因此頗有說服力，1868年達爾文談到這個問題的時候忍不住也說「我不能相信，一個錯誤的理論能解釋這麼多的事實」，因此「鐘錶匠類比」在《物種源始》發表了將近一個半世紀後的今天，仍然被創世論的奉行者們視爲有力武器。

理查・道金斯（Richard?·?·Dawkins），是牛津生物學教授，達爾文之後最有影響力的進化論思想家之一，1986年發表了一本書談論地球生物究 竟是如何誕生和演化，所用的標題就是《盲目的鐘錶匠》（The?·?·Blind?·?·Watchmaker）。道金斯在這本書中指出，自然界根本沒有所謂超自然的鐘錶匠，如果一定要有一個這樣的角色的話，

「自然選擇」無疑是唯一的選擇，只不過它並無先見來設計齒輪發條，卻不過一個「盲目的、無意識的、自動的過程」而已。

這個「鐘錶匠」的譬喻或者一直被「創世論」、「智能設計論」奉爲犀利武器以用於攻擊「演化論」的論點；簡明一點來解說：就是大家都知道「瑞士」是生產各種名貴精準鐘錶的國家；不只是有許多國際知名的大工廠，還有許多小型的手工鐘錶作坊；故事開頭說道：有一天有位鐘錶工匠的助手，捧著一個大圓盤，盤子裡鋪滿的剛好是一隻名貴手錶的所有零組件，他正要橫過一條有著下坡道的馬路到對街另一個名家鐘錶作坊，交給這位著名匠師把手錶精密的組裝起來；不料，一個不留神，踢到一塊石頭跌了一跤，結果盤子整個打翻，所有零組件全部掉落在下坡的馬路上，四處滾動起來，結果神奇的事發生了，這些零組件竟然在不停往下坡道滾動的過程中，恰巧非常有秩序的，依序自動把時分秒的指針、大大小小的齒輪，以及發條還有上下錶殼以及旋鈕完全組裝的絲毫不差，而且馬上就變成一只已經完成的手錶，可以準確的走動了……

從威廉・派里開始，這些「神創論」、「智能設計論」就用以上這個「不可能的例子」來質問支持「演化論」的科學家：這樣的情形，如果不是「背後」有一個設計者或組裝者（指「鐘錶匠」）來有計劃的作爲，這樣奇特的事可能會發生嗎？奇妙又井然有序的大自然種種事物，用這樣的「自然選擇」說可以成立嗎？

其實這是一個非常荒謬的比方，而且輕易就能戳破；想想，如果宇宙萬物以及人類若是「上帝」（或「神」）、一直隱身幕後的「智能設計者」（也許是更高智能的「外星人」）所創造和監督管理的，那麼單單以「鐘錶」爲例，就是一個說不通的死胡同，我們來看看人類計時器的發明和演變過程：

古埃及把一天分爲二個部份，每一部份再分爲 12 個小時，並使用大型方尖碑追蹤太陽的移動。他們還發明了水鐘（water clocks）。Precinct of Amun-Re 很可能是最初使用水鐘的地方，後來在埃及以外的地方也有人使用水鐘；古希臘人就經常使用叫作 clepsydrae 的水鐘。約在同一時間，相信商朝已使用洩水型水鐘—漏壺；而漏壺可能早在公元前 2000 年，從美索不達米亞傳入。其他古代計時器包括有蠟燭鐘—在中國、日本、英格蘭，和伊拉克使用；日晷—在印度和西藏，以及歐洲一些地區廣泛使用；此外，還有沙漏，運作原理和水鐘一樣。

但是，現代的「機械鐘錶」；元初郭守敬、明初詹希元創製了「大明燈漏」與「五輪沙漏」，採用機械結構，並增添盤、針來指示時間，其機械的先進性便明顯地顯示出來，時間性電益見準確。

到十四世紀，西方國家廣泛使用機械鐘。在十六世紀，奧斯曼帝國的科學家達茲・艾・丁（Taqi al-Din）發明機械鬧鐘。

假設「上帝」或「智能設計者」創造了「亞當夏娃」，那麼爲什麼沒有同時把「機械鐘錶」一起賜給他們，又爲什麼人類要經過「沙漏、水鐘」等等幾千年來，在無數失敗的嚐試之後一步一步研發和改進，直到十四世紀才有目前被世人廣泛運用的鐘錶前身—「機械鐘錶」被「人類」發明出來呢？難道無所不能的「上帝」或「智能設計者」不會創造製作鐘錶嗎？如果會，爲什麼要人類花這麼長的時間和這麼大的工夫來研發、改進才能擁有呢？再說從「沙漏、水鐘」等等到「機械鐘錶」、現今最先進的電子錶、電波錶、原子鐘以至功能最多的所謂「智慧錶」——在這漫長的幾千年歲月中，「上帝」或「智能設計者」究竟又扮演著什麼角色呢？有那一個階段或步驟中，我們可以隱約看見「上帝」或「智能設計者」那隱形的手曾參與過呢？

當然沒有，所有研發和演進的過程都是人類自行完成的，單單以這個「鐘錶匠」作爲比方甚至是攻擊「演化論」的主要武器，其實只是自打嘴巴，完全站不住腳的謬說悖論而已，毫無任何殺傷力和說服力。

再來看看先進的「遺傳基因學」的發展，使我們能夠回溯人類基因的來源；以「紅毛猩猩」來說；有98%的基因和人類相似；假設天地萬物都是「上帝」或「智能設計者」創造的，為什麼會發生這種情形呢？為什麼只是不到2%的基因差別，人類和「紅毛猩猩」的地位及智慧及能力會有天壤之別呢？試問「紅毛猩猩」會發明和組裝「鐘錶」嗎？當然不會？牠們會想要知道自己是怎麼來的？牠們會不會辯論自己究竟是「神創造」的或者「自然發生」的嗎？同樣也不會。

那麼，「上帝」或「智能設計者」創造了人類之後，為什麼還要創造「紅毛猩猩」？或者反過來說：既然創造了「紅毛猩猩」，為什麼又要創造人類呢？難道「紅毛猩猩」是第一代產品，「上帝」或「智能設計者」覺得牠是有嚴重瑕疵的，所以又創造了品質更好的人類嗎？而人類就一定是完美無缺的嗎？事實證明顯然不是的！那麼為什麼「上帝」或「智能設計者」沒有繼續創造第三代、第四代等等比人類更完美的產品來呢？

事實上，「智能設計論」只是「神創論」的借屍還魂，新瓶裝舊酒，而且比「神創論」要面對更多的質疑和嘲諷；譬如：

1．為什麼要選擇「地球」作為生命包括人類的生存場所，大家都知道「地球」還是一個仍然在持續變動中的星球，包括地下的熔岩，板塊的漂移導致互相碰撞擠壓，因此火山爆發、強烈地震、海嘯所對所有生命和人類都會造成嚴重傷亡。其他例如氣候的變化，造成地球數次大冰河期，以及每年都會發生的颶風、大洪水、山崩、土石流等等嚴重威脅生命的災害。

2．人類從古到今，戰爭就沒有停止過，尤其是近代武器的日新月異，帶來了更恐怖的傷亡，就以第一、第二次世界大戰來說：一戰有30多個國家和地區，約15億人口捲入戰亂。戰場上雙雙傷亡人數達3000多萬，還造成巨大的經濟損失。戰爭帶給人類空前的災難，第一次世界大戰打了四年多，最終以同盟國集團的德、奧等國戰敗而結束。二戰是歷史上死傷人數最多的戰爭，共有5500萬—6000萬人死亡，1.3億人受傷，合計死傷1.9億人。

3．最重要的還有一個恰好是與本書息息相關的；那就是「多峇火山巨災」，在距今7萬5千年前，印尼蘇門答臘的「多峇超級火山」發生了巨大的爆發，熔岩掩蓋了半個蘇門答臘島，而噴出的火山灰籠罩了整個地球上空，使得陽光被遮閉，因此形成了所謂「火山冬季」的小冰河期，結果造成全球生物大量的死亡，人類因爲直接原因的死亡，以及之後的饑寒交迫，幾乎死亡殆盡，據推估，最後全世界僅只剩下東非大約2000多人口（或者一說是2000—10000人），等同於人類的大滅絕，如果不是那些僥倖殘餘的數千人，地球上就不會有今天的人類存在，整個地球都會改寫，根本不會有「生命起源」的問題和「人類是否能夠永生」的問題需要討論。

那麼，試問：包括人類在內的所有生命是來自「智能設計者」所創造及監督管理的嗎？如果是，那麼第一、第二次世界大戰以及差點造成人類大滅絕的「多峇火山巨災」又將如何解釋呢？像「舊約聖經」中的神發動大洪水要消滅邪惡的人類，只留下「義人」嗎？難道只有東非那幾千人恰好統統個個是「義人」嗎？

綜上所述，我們當可理性的發現：「神創論」和「智能設計論」都是實證不足，非常明確並不可信的，而且兩者的關係也根本只是「粧前」和「粧後」的同一個說法罷了。而「外來說」也解決不了根本的起源問題，最後會變成一直兜圈子的「蛇環悖論」而已。

因此，筆者並非基於主觀的好惡或者單純爲了順應時代潮流，而是經過自身長期的探索研究，加上長期縝密的思辨，最終，接受的是「演化論」（「進化論」）中的「自然發生說」，認爲人類和地球其他生命物種是由地球本地，幾乎是無中生有的，從無機物質到有機物質，然後偶然因爲火山爆發及持續的閃電轟擊，而最先產生了單細胞生物，再經由長久的進化，一步一步進化爲高等生物，最後加上無數偶然的因素，才輪到人類登場，同樣人類也是經過長足的進化過程，生理方面和其他物種有了大幅的區別，又因爲有了物質文明，再產生精神文明，直到進化出了「心靈文明」，我們不但成爲地球物種中食物鏈的最高層，也成了地球上唯一沒有競爭對手的霸主，更同時絕無僅有的進化出了「靈魂」，也是唯一能在肉體傷亡或老死之後，繼續以「靈魂」這另一種的生命型態，繼續存活在「靈界」的特殊物種。

2 靈魂的實存為何如此重要？

是的！「靈魂」的存在與否是非常重要的！因爲，「靈魂」的存在關係到至少三個與人類息息相關的要點：

其一，當然就是人類的「永生」問題，因爲「靈魂」是人類在肉體死亡之後，還能繼續在自然界長久存活下去的一種生命型式，如果像一些無神論、唯物主義的科學家或者不論任何原因，不相信「靈魂」存在，並且認爲人死如燈滅，人類的肉體一旦死亡，就如同灰飛煙滅，什麼都不在存在的這類觀點或主張，那麼，人類勢必沒有任何「永生」的可能，因爲世界上沒有不死之人，人類的肉體最多也只能活到 140 年（目前紀錄上最高壽的人瑞也沒有超過這個年歲），因此，即使有所謂的「永垂不朽」之說，也完全指的是其人的「虛名」而已，並非肉體的永遠存活。也所以，人類的「永生」當然不是肉體，而是在地球所有物種中；人類擁有了獨一無二的「靈魂」（註：關於「靈魂永生」的問題請參閱筆者另一部著作「廣義靈魂學」上下冊，有詳解說和證據，本書將不再贅述）。

其二，人類因爲進化出了「靈魂」，才能夠在大約距今四萬年前，有了一次空前的「智力大爆發」現象，並且因此由慢轉快的，從舊石器時代邁入了新石器時代，再進入銅器時代、鐵器時代，特別是在大約一萬年前，又有了驚人的第二次「智力大爆發」，使得人類很快的就進入了有文字的「歷史時代」，同時由此開始有如重力加速度一樣，人類的物質文明日新月異、突飛猛進，甚至以「幾何級數」增加都不能形容人類智力發展和物質與精神文明上的飛躍進化，也才能夠使得我們人類享有今日科技發達的成果。至於爲什麼人類必須有了「靈魂」之後，才會產生不可思議的「智力大爆發」呢，這正是本書主要討論的人類大課題。在之後的章節中，筆者會逐一解說並提出相關的事證。

其三，在人類產生「靈魂」之後，到靈魂發現「靈界」得以適存之間，足足有將近三萬年的時間，這期間，一直是「人鬼雜處」的狀態，許許多多的亡魂鬼靈總要有個棲身之處，最普遍的就是自身的墳墓，也就變成了後世我們所說的「守屍鬼」；

其實，「厚葬」以及「事死如生」的觀念絕不只是帝王、貴族、豪門大戶單純為了炫富的心態作祟，應該是亡魂鬼靈一次又一次的經由「巫覡」或者「托夢」的各種方式在向陽世的親友家人「索求」更高規格的墓葬形式；或者至少是定期的修繕墓室，以為死後長期居所，或者遷移不佳的墳地（譬如低窪容易積水），又或者要求各種供品，這也是後期各種陪葬品甚至各種活物殉葬習俗禮制的濫觴。而祖先墓葬風水堪輿能興衰後代子孫的習俗技能也同樣因此產生；在中國，家庭中牌位供奉先人以及大型氏族祠堂的興建等等，其實都是為了因應這樣的需求，而祖先降災不肖子孫，以及無賴鬼魂作祟活人的事件，無不是基於亡魂鬼靈的需求。

然而，亡魂鬼靈「奪舍轉世」的現象也幾乎是相當普遍的，因為不知何去何從？亡魂鬼靈重新轉世投胎也是一種方式，這種方式其實對人類智力和文明的發展無寧也是益多於害的；因為古人短命，壽命只有 30 多歲至 40 多歲，正是智力及一些生活技術經驗巔峰時期，如果遽然而逝，許多經驗無法有效傳承，勢必逐一失傳，人類文明的進步勢必形同牛步；然而，若經由轉世及前世記憶，這也是一種另類的「薪盡火傳」的有效方式，除了自身有如天才極幼即有各種才華，又能及時將這些技能或智慧發現傳承後人，顯然，這是我們後世「靈魂學」研究者不可河漢輕忽的一個非常重大的可能性。

3 人類「靈魂」產生的斷代之一

前一章已經簡單說過，「靈魂」的實存對人類是有著非常重大意義的。

關於人類的起源，已經有許許多多的考古研究報告，在本書將不再浪費篇幅來討論和贅述，只是簡單的談談人類「靈魂」的產生與人類工具發展的歷史關係；

人類對於歷史有不同的劃分方式，比較常見的譬如依據工具的材料發展史：將人類分為石器時代、銅器時代、鐵器時代、合金時代------

依據人類生活方式劃分為：採集時代、採集漁獵時代、農業時代、工業時代、原子時代、太空時代------

本書將以上述二種劃分法來探討人類「靈魂」產生的時代和原因。

通常我們把人類最早使用工具的時代稱為石器時代，當然這是因為「石頭」是容易被保留下來的考古證據，但是，人類一開始使用的工具肯定不只有石器，應該還有在自然界隨手可得的諸如樹枝、樹幹、樹藤、樹葉、草莖、動物骨頭、皮毛等等----不過，那些都經不起歲月的摧蝕而消失，極少留下考古證據，不過這並不是太重要，重要的還是有考古證據的諸多「石器」。

考古學家把「石器時代」劃分為「舊石器時代」、「中石器時代」和「新石器時代」；其中「舊石器時代」在考古學上是以使用打製石器為標誌的人類文化發展階段，是石器時代的早期階段。一般認為這段時期在距今約 250 萬年—約 1 萬年前。地質時代屬於上新世晚期更新世。時期劃分一般採用三分法，即舊石器時代早期、中期和晚期，大體上分別相當於人類的直立人階段、早期智人階段、晚期智人階段。

當然，這樣的劃分也算合理，只不過，這應該已經進入到「人類懂得製作石器」（更精確的說應該只是「初步略加改造」）的時代，在這之前，應該還有更長一段歷史是「人類懂得使用自然石器時代」，我們都知道不只是人類，其他不少動物都會「使用工具」，譬如猩猩會用細長的樹枝或草莖，探入蟻穴中，抓出幾隻螞蟻來食用，會用石頭敲碎堅果以取得果仁來食用，海獺會把大石塊放在腹部，用來敲碎鮑魚堅硬的外殼，烏鴉也會使用工具等等，但是，會使用工具跟能夠初步改造工具是兩回事，跟依照「構想」製作工具更是有著十萬八千里的差距。

因此，人類懂得「初步略加改造」工具，在智力方面已經勝過其他物種，然而在進入真正「依照構想製作工具」時期，那時的原始人類肯定已經是地球所有物種中唯一的佼佼者。

所謂的「舊石器時代」延續的時間非常漫長，竟然高達 249 萬年，直到距今一萬年前才進入「新石器時代」，真的讓人很難理解，原始人類為什麼需要花費這麼漫長的年代才突然「變得聰明起來」，原本一直只會用敲擊的方式來製作石器，整整花了 249 萬年都不曾進步，直到一萬年前才開始懂得在敲擊之外再加上琢磨的方式製作出更精細的石器？

關於這點，我們有必要來想像一下「舊石器時代」原始先民對於石器的使用和發展狀況：

1．原始人在草原上採集覓食時，突然遇到有敵意的毒蛇猛獸，身邊沒有任何武器的狀態，如果附近地面上有些天然的石頭，順手拿起來投擲，目的只是驅趕毒蛇猛獸，當然，如果是遇到體型比較小的蛇類、野兔或者蜥蜴之類的，或者可以砸傷砸死牠們來當成食物。又或者順手揀塊石頭，只是用來砸開堅果的外殼、砸開動物大骨來取得果仁和骨髓，也或者順手撿拾一塊石頭來砸斷一些較長的樹枝，用來作爲薪柴等等，這是一回事。

2．四處尋找或順手偶得揀起一塊有銳角的石塊，帶回來作爲特殊的工具，這是一回事。

3．雙手捧起一塊較大的石頭猛力砸裂地面上一塊中等的石頭，爲了在碎裂的石頭中找尋一塊比較趁手有銳鋒的石塊作爲某種工具，這是一回事。

4．腦中有點簡單的構想，用一塊石頭砸裂另一塊石頭，而且是雙手並用，反覆的敲擊，使用的力道有大小之分，目的是把其中一塊石頭敲擊成自己腦中想要的形狀，以便當成不同用途的石器工具，這是另一回事。

5．把天然的石頭依照腦中的構想，敲擊出近似的形狀，然後將這塊石頭和木棒或動物的大骨用繩索綑綁在一起，變成一件更爲趁手的「複合式」武器或工具，這又是另一回事。

6．千方百計的尋找天然的「燧石」；或者以物易物的方式，與其他部落的族人交換「燧石」，「燧石」中質地比較純淨的，或者稱爲「玉髓」，是一種瑪瑙質地的半寶石（成份是二氧化矽，也就是所謂「天然水晶」的隱晶族「堂兄弟」，有條紋或夾雜不同色澤的稱爲「瑪瑙」，純色的稱爲「玉髓」），因爲質地堅硬又細緻，其天然或人工劈面非常銳利，不輸給玻璃裂面或鋼鐵，

銳利的燧石刀鋒用來切割肉類，與鋼鐵製的刀不相上下，差別只是質地比較脆而已，但是，好好保存妥善運用，幾乎根本不用打磨，也能保持其鋒利度很長久，這種「燧石」製作的石器工具，大概是原始先民最喜愛最珍貴也是第一等的石器材料。

在美洲印地安古文明中，即使進入了銅器時代，但是，製作精美，純用細心敲擊製作的「燧石器」仍然被視

爲珍寶，更是祭司殺人獻祭神祇的必要工具。而且在銅器時代之前，用各種燧石打製的「箭鏃」，可算是最鋒利的武器，再沒有其他材料的「箭鏃」可以比擬，甚至殺傷力也可以比美金屬箭鏃，這當然又是另外一回事。（註：燧石和鐵器擊打會產生火花，所以也爲原始民族及古代人用作取火工具，中國古代常用一小塊燧石和一把鋼製的「火鐮」擊打取火，所以燧石也叫作火石，直到廿世紀中葉，火柴尚未普遍時期，仍有許多地區的人一直沿用鐵器或小刀敲擊「燧石」來起火，包括吸煙斗，而最早期的火器「燧石槍」也是利用扳機擊打火石引發火藥的。目前也仍有一些偏遠地區，不容易購買到火柴、打火機的原始民族部落，仍然在使用鑽木取火或者燧石擊打起火的情形。）

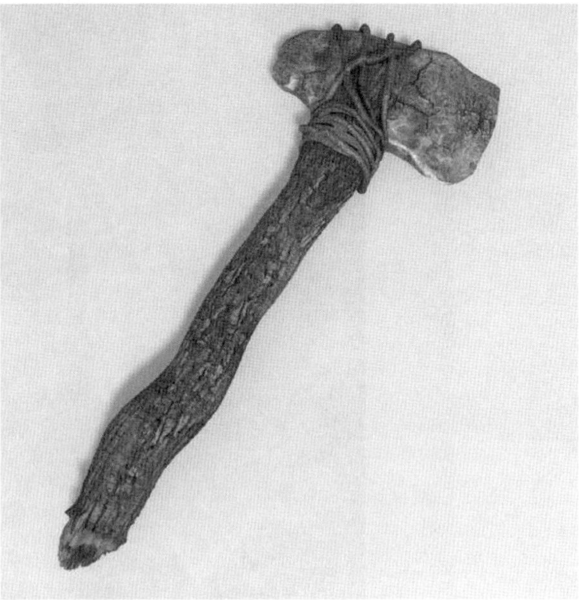

在「舊石器時代晚期」之後，人類進入了「中石器時代」，在距今大約二萬年前，最後的冰河時期漸漸過去。人類亦開始改變其生活習慣。因爲自然氣候變暖，使採集和漁獵經濟有了較大的發展。而爲了在新的環境中能生存下去，新的發明、創造繼續出現，而且比舊石器時代時更多。這就是舊石器時代向新石器時代的過渡階段，也就是中石器時代。

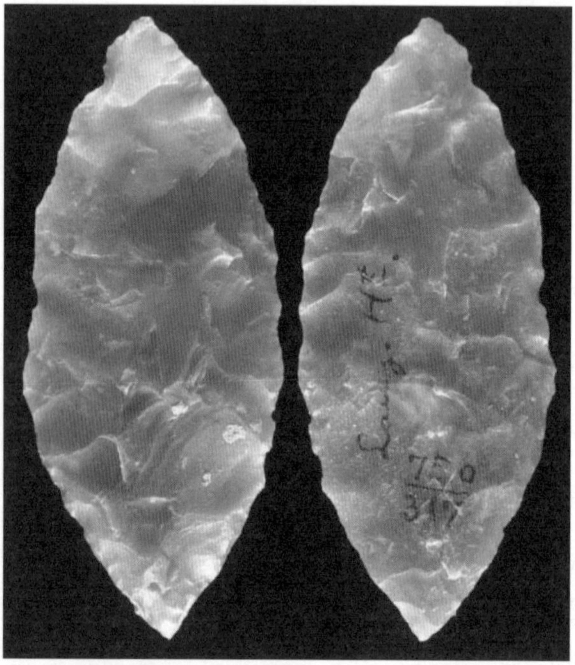

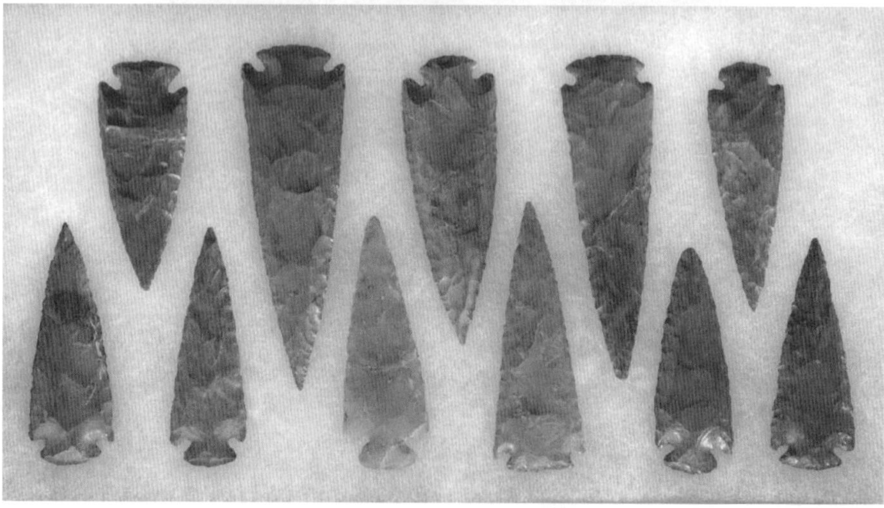

中石器時代的特色是用燧石組合成的小型工具。在某些地區可以找到捕魚工具、石斧(adze)、以及像獨木舟和槳這些木製物品。這個時代的遺跡並不多，通常都局限在貝塚。在世界上的森林地區，可以看到森林地開始被開發的跡象。森林地的急遽開墾是新石器時代的事情，因為農業而需要更多土地空間的關係。

筆者註：考古學家在「新舊石器時代」之間硬生生嵌入一個「中石器時代」，筆者認為這是非常畫蛇添足的行爲，因爲，人類在全世界各地的文化進展程度有很大的差距，譬如所謂新大陸的中南美洲印地安文明，在西元後仍在大量使用石器，那麼他們算是「中石器時代」或「新石器時代」呢？而且不論任何書籍或「維基百科」等網路資料，對於所謂「中石器時代」的石器及生活特徵，描述得幾乎和「新石器時代」一樣，連年代也重疊，因此，在三、四十年前的中學教科書，單純只以打擊、琢磨石器不同的方式來劃分「新舊石器時代」，反而還比較妥適。因此，本書中只引用，但是，不同意也不強調有所謂的「中石器時代」。

而距今大約 12000 至 10000 年，人類已經進入「新石器時代」，這個時期與「舊石器時代」最大的不同，尤其是考古學上的分野，所謂的「新石器時代」就在於人類開始使用精細琢磨的方式來製作各種石器，當然，一開始採集或挖掘到的石塊，仍然要經過初步敲擊的方式來製作出一個「腦中」想要的外型，然後就在質地較粗礪堅硬的「磨石」上，細心又耐心的慢慢琢磨，使得石器外表一些銳角和凹凸不平的表面，打磨平滑，也當然已經慢慢有了一如今日不同粗細程度的「磨石」，可以逐步加工，把石器琢磨得非常細緻光滑，這類「琢磨石器」在全世界各地都有大量的出土，尤其是一些文明古國，諸如埃及、亞述、中國、印度、羅馬、希臘、歐洲各地，中南美洲各印地安文明，都有非常精美的石器出土，大多是各種工具和武器，更甚至有精美絕倫的玉器和寶石器出土，有些宗教祭祀用及人們裝飾用的玉器、寶石飾物，在製作的精美程度方面，即使與近代以電動工具製作的相較，也毫不遜色甚至有過之而無不及。

除了製作石器的方式產生了革命性的改變，人類也是從「新石器時代」進入了大面積耕種的「農業時代」，同時大部份人類從原本逐水草而生，採集漁獵放牧等非定居的生活形態，慢慢在世界各地的耕地附近定居下來，而也因爲「農業」的耕種必須長時間定點照顧，人類於是在水源最充沛的河流附近定居，尤其是全世界幾個大河流域，因爲人類在大河兩旁聚集成爲聚落，慢慢形成一個又一個的城邦，而定居的生活形態及聚落的密集人口，使得人類之間的交流、溝通、交易、語言發展、文化習俗同化等等的活動，擴大了人類的視野，啓發出了更高的智力，尤其是因爲物品交換買賣的商業行爲，從定期「擲販集市」演變出定點的商店模式，因爲利之所趨；也因此更吸引了人們由山野、農村向城市遷移，這也是各地大型都市的形成主因。

很快的，「符號文字」也因應人類的需要而快速產生，可以肯定的，人類的語言豐富之後，卻有「隨時間消逝無蹤」的缺點，因此，從結繩記事，圖象記事，隨著生活步調的加快，各種交易的頻繁，簡易的記事記數符號很快就應運而生，橫空出世，在最古老的兩河流域「亞述文明」的「楔形文字」就是典型的代表，目前出土的數萬片土坯上，壓印後再燒硬的楔形文字，多半是商業的「帳本」就可以證明，文字是因爲實用需要而產生的。

本章最主要的是要把人類原始石器時代前後一些特點簡單敘述，而重點階段是在「舊石器時代晚期」，因爲人類是在這個時期開始產生「靈魂」的，但是，我們不能本末倒置，誤以爲是「舊石器時代晚期」人類因爲物質文明的進展而發明了新的石器製作方式或發明了其他器物所致，相反的，依據筆者的推斷；是因爲人類在「舊石器時代中期」逐漸形成了「靈魂的雛型」，然後再結晶成「靈魂」，並且經由基因的「預設模式網路」一代一代遺傳下去，使得在「舊石器時代中期」將結束前，人類普遍的有了「靈魂」，然後才形成了一次人類「智力大爆發」，也才開始有了「舊石器時代晚期」突然各種發明爆增，石器出現革命性的改良，工具的多樣化，更導致生活型態的改變，人類也因爲武器的精良和一些新武器的發明，由此奠定了人類成爲地球霸主的地位。

4 人類「靈魂」產生的斷代之二

在本章中，我將重點放在「舊石器時代晚期」來討論爲什麼「靈魂」會是在這個時期才產生，而不是在更早期或者更晚期？

那是因爲這個時期正是因爲人類結晶了「靈魂」，才會快速的有了「舊石器時代晚期」的第一次「人類智力大爆發」時代。

這個理論並非憑空臆測就能解說的，而是發生了幾件重大的人類歷史事件，才會引發「人類智力大爆發」；

其一，人類進化的累積成果：是人類經過數百萬年的「生理進化」，在身體的外型、行走的方式，腦容量、雙手的靈巧程度，對於工具的改造及製作，早就與同爲「人科動物」的其他猿人分了家，當然就更別提其他靈長類的那些近親；如黑猩猩和紅毛猩猩了。而且人類連染色體也少了2條，變成46條（註：猩猩有48條），進化成了「人類」這支特殊的物種。這些生理方面的進化當然連帶也影響了智力的發展，特別是腦容量的大幅增加。這些影響是長期累進的結果，也可以說，雖然人類的進化史大約有700萬年之久，然而，卻直到大約4萬年—4.5萬年前，才進化出「靈魂」，其實這點並不奇特，因爲「靈魂」的產生和高超的「心智能力」是有絕對關係的，即使兩者也有著相輔相成的關係，但是，最基本的「心智能力」仍然是必須的，或者我們可以打個比方：假設海豚或者章魚能夠發展到一如人類「舊石器時代中期」的智力程度，那麼一樣有可能在某種特殊因素刺激（或撞擊）之下，會激發出「靈魂」的結晶。但是，當然，事實上，在人類成爲地球霸主之後，其他任何物種都無法與人類競爭，因此也失去進化出「靈魂」的機會。（註：關於考古學家認定的「舊石器時代晚期」，大約是從4.5萬年前—約1萬年前，代表文化有奧瑞納文化、梭魯特文化、馬格德林文化、山頂洞人文化、薩拉烏蘇遺址、印尼蘇拉威西岩洞壁畫。這些人製作出了骨尖，鹿角，燧石工具。他們畫可能最早的洞穴畫圖。）

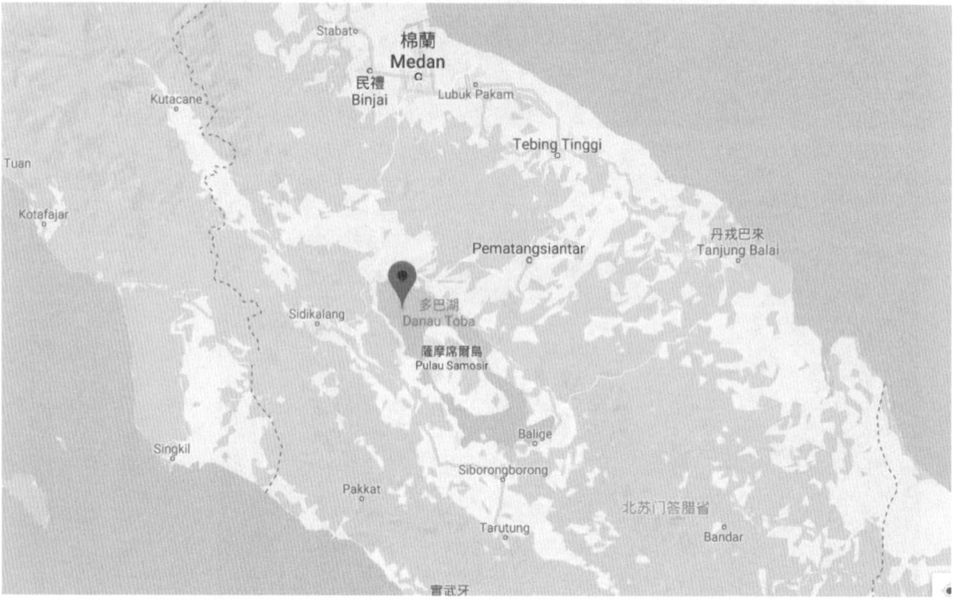
Stabat
棉蘭
Medan
民禮
Binjai
Lubuk Pakam
Kutacane
Tebing Tinggi
Tuan
Kotafajar
丹戎巴來
Tanjung Balai
Pematangsiantar
多巴湖
Danau Toba
Sidikalang
薩摩席爾島
Pulau Samosir
Balige
Singkil
Siborongborong
Pakkat
北苏门答腊省
Tarutung
Bandar

其二，人類「種群瓶頸事件」：雖然，在距今10萬年之前，第一個人類從海德堡人演化及在非洲出現。人類生活在南非及以色列。人類經兩個途徑進入亞洲：經中東往北行，及從衣索匹亞往南走，經紅海及阿拉伯南部。突變造成皮膚顏色的改變，以吸收最有效的紫外線。種族開始成立。非洲的人口基因仍然較爲分化。人類已經遍布在非洲、亞洲、歐洲及中東和南亞一帶（美洲和澳洲尚無人煙），但是，他們卻不是現代人真正最接近的祖先，只能說是人類的遠祖，因爲，在考古研究上，曾經出現一個「古人類斷層之謎」，這個時間在距今10萬年到4萬年之間，全世界考古學家都不曾挖掘出這大約6萬年間的「人類骸骨化石」？當然，這絕對不是因爲全世界的人類同時滅絕了，而是在距今7萬5千年前，發生了一次「種群瓶頸事件」（註：種群瓶頸效應或人口瓶頸是指某個種群的數量由於突然的災難所造成的死亡或不能生育造成減少50%以上或者數量級減少的事件。種群瓶頸可能促成遺傳漂變。種群瓶頸發生後，可能造成種群的滅絕，或種群恢復但僅存有限的遺傳多樣性。），這個異變使得全世界人類差點全數滅絕，僅剩餘大約2000人—10000人左右的幸運兒倖存，而這些僥倖的存活者正是今天全世界70億人口的祖先，這個重大事件也就是目前流行的理論—「多峇巨災理論」（註：此一理論請見後續的詳述）。

其三，人類大遷徙與非洲起源說：正因爲「多峇巨災」的發生，倖存的少數人類基於氣候劇烈異變，覓食求生困難，其中有大部份被迫離開非洲，沿著海岸線，分別向北和向南分爲三支，逐漸向全世界各地遷徙，依據學術上主流解釋人類起源的「非洲起源說」，因爲「多峇巨災」發生之後，全世界只有非洲倖存了大約2000人—10000人，所以，非州以外的人類是經由少數幾次的移民潮，從非洲出發進而分佈到全世界，澳洲原住民的祖先可說是第一批從非洲遷徙的人類。而美拉尼西亞人與澳洲原住民比較接近，同樣屬於第一批移民的後代。現代的歐洲人、亞洲人、美洲印第安人，則是第一批之後，分爲多次從非洲遷徙到世界各地的人類後代（註：此一理論亦請見後續的詳述）。但是，今天的非洲仍然存在現代人基因起源的「布希曼族」，這個族群應該是一直留在原地，未遷徙他處。

其四，拋射武器及弓箭的發明：（詳情請參見後續章節）

其五，航海技術的突破：人類第一次移民澳洲，大約是在4.5萬年—5萬年之間，是在「多沓巨災」之後，受生活所迫，從非洲出走長途跋涉大遷徙的第一批移民，向南方沿海岸線一面覓食一面遷移，在經過印尼時留下部份人口，但是，其中一部份冒險航行到達澳洲，也成了澳洲原住民的祖先。這是澳洲第一次有人類的足跡，同時，這個時間點，也是「靈魂」出現的「斷代點」，原因會在之後繼續詳述。

其六，人口的成長證據：10萬年前，地球上的人口總數約爲320萬；7萬年前，地球上人類祖先們的總數不過1.5萬人。1萬年前，也才不過幾十萬的人口規模。

2000年前的西元初年，約3．2億；到17世紀中葉工業革命開始之際有5．5億；19世紀末竄至17億，200年內增加了11．5億；二戰後，全球人口已升至25億，50年裡增長13．5億；1980年全球人口達44億，30多年裡增加了19億；回溯19世紀時，地球的人口終於突破十億。據聯合國人口基金的統計 顯示，世界人口從10億增長到20億用了100多年。但在20世紀，人口增長的速度突然開始加速，就像一隻越走越快的時鐘，從20億增長到30億僅用了 32年。從1987年開始，每12年就增長10億。1999年，在波黑出生的阿德南．梅維奇被聯合國封爲「第60億人」，紀念儀式還歷歷在目，但在2011年 10月31日，人們已經開始關注「第70億寶寶」——小女生達尼卡在菲律賓的降生了。

其七，藝術創作及宗教雛型：在舊石器時代晚期，人類開始了最早的藝術創作，並開始涉足宗教和精神領域，如葬禮和儀式。

其八，尼安德特人的滅絕：尼安德特人大約在 3 萬年前滅絕，過去有現代人類帶有古代人類尼安德特人（Homo neanderthalensis）的基因一說，現在科學家從一名 5 萬年前在西伯利亞（Siberia）一個洞穴生活過的尼安德特女子身上的 DNA，發現 可能是尼安德特人跟現代人類祖先最遠古的雜交記錄，並將目前已知的雜交時間提早至 5 萬年。該女子居於俄羅斯跟蒙古邊境的阿爾泰山區。科學家從她的 DNA 中發現，現代人類祖先（Homo Sapiens）跟該女子的祖先於 10 萬年前曾雜交。這發現比目前已知這兩種人類的最早的雜交時間，推算提早達 5 萬年。尼安德特人與現代人由數十萬年前的進化樹中分裂，而現代人的祖先在數萬年至 10 萬年前曾經與尼安德特人雜交，使多達百分之四的現代人可能繼承了尼安德特人的 DNA。現代人也因此增加吸煙上癮的風險，同時影響被診斷患上抑鬱症的機會。

一個理論的建立，不是單憑個人主觀的臆測或推斷就能成就的，最重要的就是證據，以上這些因素，是人類各領域的專家學者孜孜不倦，長期賡續的努力探索研究，才得到的共同結果，其中諸如生物學家、古生物學家、靈長類學家、人類學家（包括：文化人類學家、考古人類學家、語言人類學家、生物人類學家、體質人類學家、法醫人類學家）、物理學家、化學專家、地質學家、生理學家、遺傳學家、基因學家、原子學家、歷史學家、火山學家、氣象學家、環境生態學家、民族學家、藝術史學家、宗教學家、心理學家、文字學家、醫藥學家、病理學家、天文學家、海洋學家、航海學家、族群遺傳學家、遺傳疾病學家、基因圖譜學家------等等等等。

5　人類文明的「大躍進」與「靈魂」的關係

人類從幾百萬年前與其他靈長類猩猩分了家，第一次「大躍進」是成為「直立猿人」，第二次「大躍進」是成為會地球上唯一會使用「火」的物種，第三次「大躍進」是懂得用敲擊的方式開始製作實用的石器，目前最新的考古證據大約是在330萬年前；

但是，人類使用製作石器的時代也就這樣維持了幾百萬年，正因為人類懂得使用「火」和用石頭來製作武器，單單這樣就足以和其他「掠食動物」一較長短，不再是任憑宰割的孱弱物種，所以，需要是發明之母，人類的「進步」卻因為暫時沒有急迫的需求，反而長期的呈現停滯狀態，而這種以「敲擊方式」製作石器的所謂「舊石器時代」居然延續了整整300萬年以上，嚴格說來，除了覓食、交配一如其他動物，唯一的成就不外是傳宗接代、接續香火，使人類這個物種沒有絕種而外，幾乎毫無其他的偉大成就與建樹。

但是，距今最近也是影響最深遠的「大躍進」卻是發生在距今4萬年前。

在進入主題之前，我們必須先了解，人類在距今7萬5千年前先歷經了一次「種群瓶頸」的滅種危機，這就是「多沓火山巨災」，當時全球進入「小冰河期」，雖然為時不長，但是，全球生物卻因為這個「火山冬季」，火山灰嚴重長期遮蔽了陽光，使得陸地上的動植物幾乎死亡殆盡，而海中生物也殘存不多，至於人類，距推估，僅殘存了東非大約2000—10000人（註：因為目前確實無法正確估計，所以，只能勉強以平均值5000人來當作一個基本數字）

由於生存的本能，這僅存的5000人群，因爲所生存的地域不同，分裂爲幾個族群，各自有不同的「求生想法」，所以，只有極少一部份留在原地或作小規模的遷徙，其他族群則分別向東北方及北方遠距離的「求生遷徙」，但幾乎都是選擇最鄰近海岸線的方式一路覓食前進；後來，最早離開非洲的一支是經由海路；經由南亞印度、經過印尼群島，率先登陸澳洲，時間大約距今45000—50000年前，另一支經由中東進入歐洲，一支經由印度轉進東南亞，其中一部份滯留下來，一個分支則進入現在的中國大陸，另有一支經由中東半島進入中亞，再分支進入西伯利亞，成爲有名的「愛斯基摩人」，最後經由「白令陸橋」進入北美洲以至中南美洲-----

這次的地球大浩劫，使得地球生物幾乎死亡殆盡，人類也差點絕種，而在東非倖存的這5000人，絕對不是「天擇」的結果，只能說是「非常偶然」的僥倖逃過這次劫難。

當然，現在我們無法實地去觀察這東非的5000人究竟是如何得以倖存的，但是，經由合理的邏輯推理；或許可以相信這是一個或數個氏族部落，居住並活動在一個大型動物眾多的草原或谷地，因爲當時的人類已經擁有較進步的「可拋射式長矛」甚至是更銳利的「燧石器」，所以，原本就已經成了所有「掠食動物」中數一數二的佼佼者，所以，不但可以獵捕諸如大羚羊、山羊、野牛、野鹿等草食性動物，也能合作圍獵肉食類的猛獸，還能挖掘一般動物無法取得的深根類植物的塊根等等爲食，加上早已懂得「取火用火」，所以能夠比其他「肉食動物」更進一步的能夠煮熟因爲冰凍而堅硬如石的一些動物屍體，凡此種種生存的技能，使得他們能夠倖存。

也就是在一面覓食求生，一面被迫大遷徙的過程中，在每一個暫時可以落腳喘息的地點，總是會有些人選擇滯留，有些人選擇繼續前進，爲了尋找更適存的新天地，所以，也才會在每一個朝向不同方向遷徙前進的路程中與最後落腳的終點站之間開枝散葉的有了人類的聚落。

然而，也就是在這樣不斷的大規模長程遷徙中，從第一批最終落腳在澳洲的人類開始，到一萬多年前才進入美洲大陸，後又南下至中南美洲的「印地安民族」，雖然等於分散到了全世界各地，包括一些原本從來沒有人類到達的地方，譬如澳洲和南北美洲等等，全世界各地的人類不論是中途滯留定居的，或者仍然在四處遷徙尋找有充足食物「樂土」的人類物種，卻幾乎同時期發生了一次人類史上最大也是影響最深遠，迄今尚未平息的「大躍進」，那就是距今4萬年前的「神祕事件」。

依據全球所有考古的證據以及歷史的考證，人類在4萬年幾乎是「一夕之間」突然變得「非常聰明」，與4萬年前的人類相比，雖然同樣是「智人」，但是，不論是思想、行爲、語言能力以及想像力和創造力，特別是在一些實際的發明物方面都是用「士別三日，刮目相看」也無法形容的「超神祕大進化」。

我們可以參考「第三種猩猩」（The Third Chimpanzee）這本書作者「賈德・戴蒙」先生（Jared Diamond）在該書第2章「大躍進」一文中所述的內容來看：『我們與黑猩猩兄弟——』

那麼，究竟是什麼原因促成了人類的「大躍進」？

在人類的進化史中，一切的進化歷程都是依序漸進，而且斑斑歷史目前都是有各種充分證據可以足資證明的，然而唯獨人類4萬年這次「神祕的超級大躍進」的原因卻是迄今無人知曉？可以說直到今天，全人類所有相關的研究人士，不論是各領域著名的專家學者，大家雖然都承認人類確實是從4萬年前真正脫離了蒙昧時期，不能再稱爲「原始人」，不但和其他靈長類甚至同爲「人屬」的猩猩們分道揚鑣，更與「尼安德塔人」也揮手拜拜，成爲地球上唯一一種「人類」，而且也成了地球的霸主，也是地球上唯一一種最獨特的生物。

那麼，究竟是發生了什麼事呢？

當然絕對不是尋常小事，否則，不可能對當時全世界各地的人類同時作了改頭換面，重新洗牌的大革命，而且，如果是尋常小事，也就不至於迄今還沒有任何人能夠說出一個所以然來？

所以，必然是發生了一樁驚天動地的地球大事。

那麼，筆者也是一個尋常人等，又有什麼通天本事能夠知曉究竟的答案呢？

依據最新近的科學研究指出：在距今4萬1千年間，地球發生了「磁極逆轉」的大變動：以下是研究的結果：

『「在41000的冰河時期，地球曾遭遇了一場磁場逆轉所導致的全球性災難。」這是前不久德國科學家發現的驚人事實。

德國波茨坦地球科學研究中心的科學家對黑洞沉積物樣品進行了分析，他們發現早在41000年之前，地球磁場發生了整體性快速顛倒，該時期正處於最後一次的冰河時期，磁性分析結果顯示當時黑海處的指南針正南方向為現在的北極。

此外，研究數據也來自諾伯特．諾瓦奇克博士與黑爾格．阿爾蘇教授的研究小組對北大西洋、南太平洋和夏威夷的考察結果，證明了地球磁極顛倒是一個全球性的大事件。

那麼地球磁場逆轉對地球會造成哪些不良影響呢？針對這一問題，科學家就表示，地球磁極倒轉造成的後果相當嚴重，將影響整個自然界。專家們指出，最大的災難莫過於強烈的太陽輻射。平時，這些宇宙射線在太空中就被地球磁場吞沒了。

然而地球兩極倒轉過程中一旦地球磁場消失，這些太陽粒子風暴將會猛擊地球大氣層，對地球氣候和人類命運產生致命的影響。這一天如果真的到來，一些低軌道人造衛星也將完全暴露在太陽電磁風暴的吹打中，不久就會被完全摧毀。

另外，許多靠地球磁場導航的生物，諸如燕子、羚羊、鯨魚、鴿子和趨磁性細菌等，都會迷失方向。有的科學家甚至因此懷疑，地球磁極倒轉會是古人類文明覆滅的原因。

據科學家們介紹，在黑海地區沉積物中發現地球數萬年前存在磁極顛倒事件已經將近45年了，而第一次發現則是對克萊蒙費朗 Laschamp 村莊附近幾處熔岩流遺蹟的磁化現象進行分析探索的結果，當時的磁場與今天的磁場方向存在較大的區別。

自從那時候以來，科學家將地球磁場全球性顛倒的事件命名爲 Laschamp 事件，這裡的數據代表了在冰河時期一些控制站位的地磁場數據，而且在黑海地區繪製出來的新數據給出了完整的地球磁場圖像數據，可通過較高的解析度顯示出來。

除了對黑海地區沉積物樣品進行分析以提供 41000 年前地磁場逆轉的證據外，來自波茨坦的地球學家也了解到關於黑海地區與氣候突變等諸多變化因素，因爲我們已經從格陵蘭的冰蓋中知道氣候發生了變化。科學家最終將黑海地區和格陵蘭地區的兩處數據進行同步精確分析。

而說到引人注目的關於地磁偏轉的速度，與今天的南北磁場方向指向所不同的是當時的磁場不僅方向相反，而且持續時間只有 440 年左右，磁場強度也僅有現在的四分之一。極性變化的持續時間爲 250 年左右，如果我們從地質學的尺度上看，這種變化的時間跨度是非常短的，也說明了其變化速度是相當快的。在此期間，磁場的強度的也非常地弱，根據最新的計算數據顯示，四萬多年前的地球磁場僅爲現在的百分之五。

由此可以推出，當時的地球在失去磁場強有力的保護下失去了對應宇宙射線的屏蔽能力，使得地球上的輻射環境大大增加。科學家對來自格陵蘭冰蓋上該時期放射性鈹(10Be)的研究結果顯示，地球磁極在該時期發生了全球性的顛倒。鈹 10 與放射性的碳 14 受到類似的影響，比如來自宇宙空間的高能質子與地球大氣原子所發生的碰撞事件。』

另外，依據地球物理學家認爲：磁極倒轉過程漫長 可能產生新的生命進化；因爲地球磁場的存在是地球生物體系存在必不可少的屏障，在目前的地磁場形態下，宇宙空間的高能離子射線接近地球時，由於地磁場的作用而被隔離在高空，很少能抵達地面，從而避免了對地球生物體系；包括人類造成傷害。

如果地磁倒轉發生，地磁場能量將減弱，甚至會出現短暫的地磁場形態紊亂。此時大量的宇宙空間高能粒子就可能會到達離地面更近的地方，甚至穿透到地面，從而對地球生物體系造成嚴重的影響。

部份學者認爲地球生物曾經發生過大滅絕，而這些都與地磁反轉在時間上有吻合之處，是否是由於失去地磁的保護導致生物滅絕也很難說。

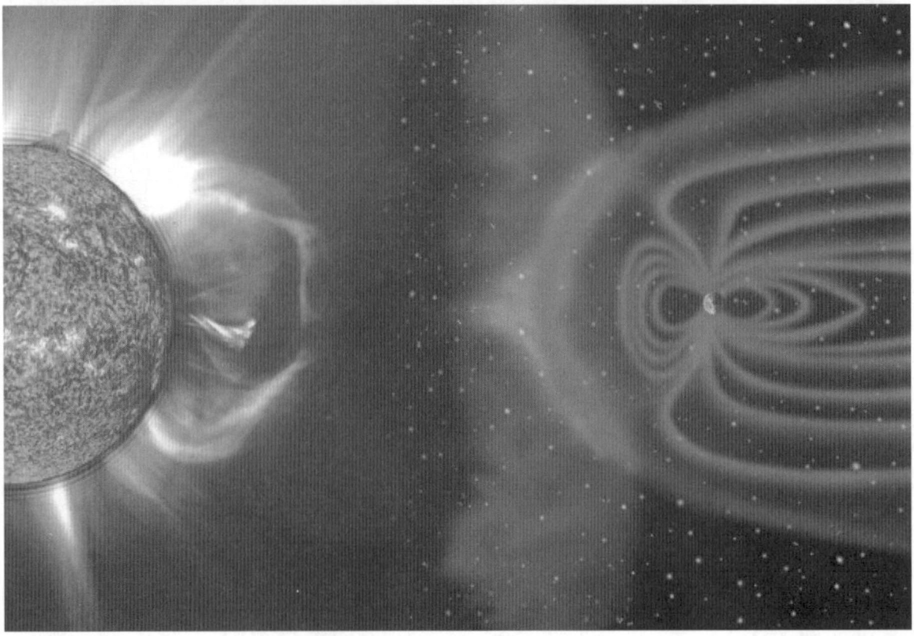

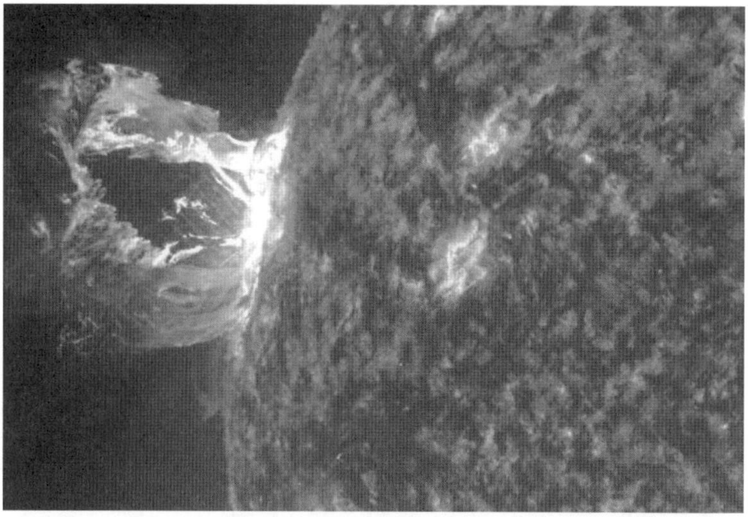

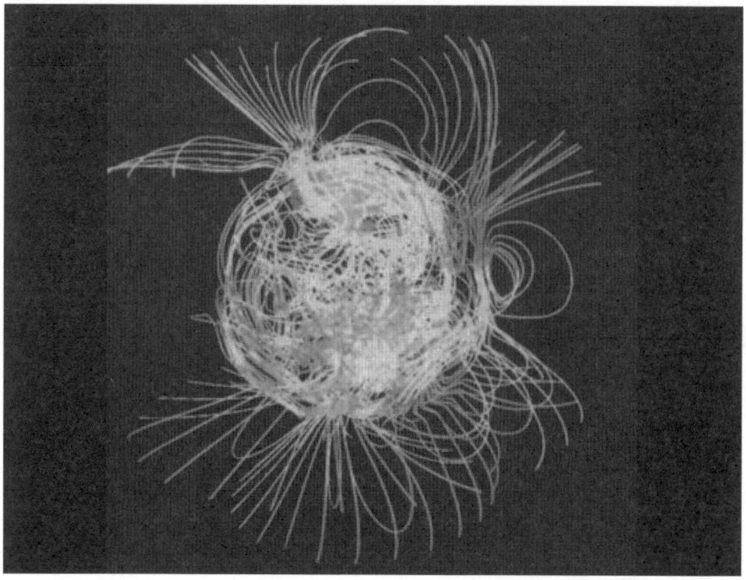

磁極倒轉是在很長的時間尺度上發生的，原本的舊研究資料最近的一次倒轉是在 78 萬年前，但是，最新的研究證據卻發現其實最近的一次是發生在 41000 年前。目前對於磁極反轉的數據並不充分。另外，利用現在技術進行模擬磁極倒轉；因爲規模大到人類科技目前根本不可能做到，因此無法確知磁極倒轉的影響。對於地球生物體系的演化過程而言，地磁倒轉的過程漫長。在此過程中，自然界的各種生物包括人類都可能逐步適應地磁變化，還可能產生生命進化的新契機。

6　人類靈魂進化的6把鑰匙

第一，　直立：人類是所有哺乳類動物中，唯一長期以「直立」方式只靠後肢行動的物種，尤其是長距離的行走與奔跑。

第二，　靈活的運用雙手：人類雖然不是唯一會「使用」工具的物種，但是，卻是唯一一種可以非常靈活運用雙手來使用各種工具的物種。

第三，　想像力與創造力：為了生活之必須，人類依靠比其他物種更豐富的想像力，先改造後創造了各種形形色色的工具。

第四，　地球物種中唯一懂得使用火，並發明了各種「取火」的方法。也因此成為唯一「熟食」的物種。

第五，　遠射武器的發明，也因而使得人類不必直接接觸到獵物就能捕獲或殺死獵物的物種；而「弓箭」則是人類成為地球物種食物鏈最高層的「終極武器」，也是目前唯一能稱霸地球的物種，更因此能夠幾乎全面掌控所有物資為己所用。

第六，　「自我認知」的「心智能力」開始萌發。

以上這6項關鍵的鑰匙，和人類物質文明、精神文明的進化發展，可以說是完全重疊的，也是「人類」和其他地球所有物種從此「正式分家」的重要關鍵。

但是，差別只在「弓箭」發明之後，所有物質方面的發明，包括其他宮室、舟車、農耕、編織、銅鐵金屬工具、符號文字、火藥、造紙、印刷術、以至所謂的文藝復興、工業革命、原子時代、太空時代、電腦時代等等，對於「靈魂」的進化非但已經無關緊要，沒有更大的影響，相反的，更因爲「靈魂」的進化才促使人類的物質進化腳步越來越快。

7 火

火，人類智慧與文明的曙光。

所有的地球物種，沒有不怕「火」的，植物怕火，動物也怕火。

唯有人類，除了不可收拾的火災，人類可說是唯一不怕火，能夠有效的使用火，更發明了各種「取火」方法的物種，而且幾乎隨時隨地都能「取火」，不論是製造一堆「篝火」或者如現代人單純只是用來點燃一支香煙，從最早期的「鑽木取火」到現在「USB 充電的電弧打火機」，基本上目的都是在有效的「運用火」來滿足需要。

火，改變了人類的原本作息時間，改變了人類的生活方式，改變了人類的飲食習慣;從生食逐漸變成「熟食」，而「熟食」使得人類更有效率的從各種食材中獲取養分，促使人類在生理上獲得大量的營養而更加健壯，促使人類的腦容量快速加大;並大幅擴展了大腦的工作效率。從而使得人類更具有豐富的想像力和創造力，產生了地球所有物種唯一的物質文明，並因此發展出驚人的精神文明，更重要的是也因而發展出了「心靈文明」，並因而超脫了因「肉體衰老死亡而灰飛煙滅」必然消失的宿命，能夠以另外一種生命型式在自然界長久續存。

原始人類使用「火」，一開始應該是受到環境所迫，極可能是自然引發的「森林大火」，火山爆發、打雷閃電擊中大樹、隕石落地、長期乾旱、煤和天然氣，甚至沼氣的自燃等等，都可以形成天然的火。不論規模大小，對於開始在森林和草原兩地覓食活動的原始人類，都會發生重大的影響;

在人類開始「熟食」之前，有幾百萬年的漫長歲月，人類從草食被迫雜食，從單純的採集植物果實、嫩莖和塊根，某些可食的草葉樹葉，當冬季植物稀少時，可能一開始也吃些小昆蟲、蟻卵、蜂蜜或者蜜蜂的幼蟲、鳥蛋等等，當食物非常匱乏之時，人類不得不變身爲禿鷹一般的食腐動物，但是，與其他掠食類猛獸相較，人類是如此的孱弱，不但動作緩慢又缺乏尖銳犀利的爪牙，根本無法和其他野獸猛禽一較長短來爭食，通常只能在草原邊緣成爲敬陪末座，最後偷偷摸摸還要冒險才能「上桌」的食客，而且能吃到的也只能是禽類獸類用爪牙無法撕啃吃到的「菜餘」，一些殘筋碎肉，甚而有時是已經腐敗發臭的，萬一生蛆，餓慌的原始先民，可能把那些蛆蟲收集起來，用水清洗一下，也是裹腹充饑的美食，至少也能提供人體必須的養分尤其是蛋白質。

當然，我們也不可否認，在這樣惡劣的環境中求生是非常不容易的，因爲覓食的艱難，許多植物，不論根莖葉片或果實可能有毒，那些腐肉必然有細菌或病毒和寄生蟲，因此，有些人類因爲只求果腹充饑，因而饑不擇食，囫圇而吞，結果因食物中毒或因細菌或病毒感染而生病，甚至因此死亡，但是，同樣是物競天擇，有些自身產生抗體而僥倖苟活，有些則慢慢懂得那些植物有劇毒，再饑餓也不能食用，這種情形同樣必然維持了相當漫長的時間，一方面在部族中變成一種口授心傳的經驗法則，另一方面則是在人類的石器工具逐漸改進，增加捕食或挖掘地下根莖食物的技能，再加上懂得使用火，慢慢開始熟食之後而有了改善。

相信在「天地不仁，以萬物爲芻狗」的自然法則下，自然界的所有物種都是公平的活在這樣的法則中自由競爭，大自然絕對不會獨厚人類，生存原本就是艱苦的，對於生理競爭力相對極弱的人類尤其艱難困苦，但是，非常奇特的是；人類並沒有往生理體力方面發展，反而是往增加智力方面來發展，我曾經以「花螳螂與僞裝蟹」爲例，來解說在進化的過程中，往生理結構進化與往智力發展的優劣比較，特別是在世代的時間方面，往智力方面發展的結果可以節省更多的時間，減少需要進化的世代，而且擴充性和發展方向也更大，所以，往智力發展的族群往往較容易適存。

人類也正是如此，也或者是「自然而然」，一則是人類往高大強壯並牙尖瓜利的方向進化，能夠比「大猩猩」更強壯勇猛，也許能稱霸一時，但是，連「大猩猩」也差不多就是長期保持原狀，也沒有更突破性的進化發展，顯然，有些原始人種確實是在往這方面發展，即使腦容量都比現代人大，但是，證諸事實，最後終究還是成為失敗者而慘遭進化的天擇淘汰，事實證明，人類生理的孱弱可以依靠外在的工具加以補強和補足，而這些利用工具、改造工具、創造工具需要的只是「智力發展」即可。

因此，人類開始懂得使用工具的初期，與其他智力較高的「靈長類」如黑猩猩等大致差不多，使用的都是順手可取得的自然物，如樹枝、草莖、石頭等等，又同樣經過漫長的歲月，人類才脫穎而出的懂得改造工具，一開始也只是略微加以改造，關於這點，黑猩猩也會，譬如把掰斷的樹枝，用前肢或四肢並用的將多餘的枝葉去除，留下想使用的主幹部份，而石頭或許仍是投擲用的武器，或用來砸開堅果外殼的敲擊器，但是，人類卻更聰明一點的，把樹枝主幹，用石頭敲碎兩端，變成更方便使用的「棍棒」。把石頭敲擊出一端適合手握，一端較薄較銳利一些的「手斧」，便於砍斫樹木或便於把一些肉類和骨頭分離，便於食用或攜行。因此，在就地因材施工的改造工具能力上，人類還是比猩猩族群略勝一籌的。

可能更重要的是人類比黑猩猩等更聰明更進一步的是，懂得用大石頭砸裂砸碎一些大型動物的骨頭，取出骨髓來食用，這點是迄今尚存的其他「靈長類」仍未發現的行為能力。大家都知道動物骨髓是極富營養價值的，同時也不經意的提供人類賴以度過寒冬的熱量，同時也提供大腦快速發展的必要養分。

或許也因爲如此，人類和其他肉食動物在偶然的森林火災熄滅之後，在一片焦土中搜尋食物時，不但同時嚐到了焦屍上未完全燒焦的熟肉，甚至好運的拾獲只是燒熟卻未燒焦的各種禽獸的烤肉，但是，最大的差別是，人類敢去嚐試玩弄尚在燃燒的著火樹枝，也許燙傷甚至玩火自焚的悲劇也是在所難免的，不過，也因爲勇於嚐試，使得人類終於懂得嚐試「熟食」，並同時慢慢懂得使用「火」，從一起始只能偶然在森林大火中獲取「熟肉」，再從消極的守株待兔轉變爲利用未完全熄滅的餘燼來燒炙肉類，最後則是把「火種」大膽的帶回自己的洞穴保留起來。

從人類開始「熟食」起，改變仍然是「緩步進行」的，但是，當逐漸普及之後，人類才算脫離了「茹毛飲血」極端蒙昧的「獸類時期」，與其他物種及所有靈長類的近親有了明顯的區隔，應該說，「火」不但實質的給人類帶來光明，照亮了漆黑的夜晚，更露出了人類文明的曙光。

火的利用對人類的生活帶來很大的變化，例如火能用來照明，驅走猛獸，保護安全，烤熟食物，烤暖身體，驅走原本在黑暗中環伺於四周的猛獸，保護了人類在夜晚休憩睡眠時的安全，原始人還利用火來驅趕洞穴裏的野獸，爲自己爭得如良好的洞穴等居住的場所，避免餐風露宿的困苦。

當「火種」被帶回洞穴的行爲逐漸變成原始人類的常態之後，保存「火種」就成了非常重要的例行工作，原始人所用燃料應是易得的木頭和乾草，但是，找到火種並保持火種不熄非常重要。只有保持火種不熄，才能到需要用時使火燒旺，達到用火的目的。那時可能是用不斷續柴草的辦法來保持火種，在用火時多加些柴草使火燒旺。因此，在原始人遺址積聚的灰層可爲有用的證明。當然，在那時人類還在穴居的時代，互相友好的氏族人們寄居在不同的大大小小洞穴中，因此，保存火種可能慢慢變成由婦女專司其職，而各洞穴間的鄰居互相「借火」也是日常生活的重要工作，這種「借火」行爲直到19世紀初葉，火柴尚未發明普及之前，各地鄰居間「借火」點燈煮食的情形還很常見。

起始之初，人類在長居的洞穴中保留火種，最主要功能應該是爲了夜間「照明」便於繼續工作，其次是「禦寒取暖」，尤其是在大雪紛飛的嚴寒隆冬，以往許許多多的嬰幼兒及老年人及病弱者，因爲嚴寒失溫而死亡，但是，自從有了火堆可以取暖保持洞穴溫度適宜之後，這些孱弱的人類可以因此倖存，甚至，婦女懷孕和生育也不再受到氣候嚴寒的威脅。

當然，如果在以往的寒冬中，很容易因年老體衰失溫而死亡的「老年人」，因爲人們懂得使用火來取暖，特別是在嚴寒的漫長冬季，能夠在溫暖的洞穴中捱過，那麼老年人所擁有的各種生存技能或捕獵本事及製作工具的工藝都能更長時間的傳承下去，人類經由分享以及互相學習而變得「經驗普及」以及「智慧增長」，這和「火」都脫離不了關係的。而孕婦以及新生兒能夠捱過漫寒冬，使得人口也因此較快速的增加，人類整個族群也因此越來越強大。

其次是「熟食」，人類能夠保存火種之後，就不必消極的依賴自然的火災才能吃到「熟肉」，在自己的洞穴中也能燒炙各種禽獸的肉類，熟食不但縮短了咀嚼和消化的過程，同樣體積重量的肉類，熟食比生食更能吸收更多的營養，更重要的是事實上「烤熟的肉類」還能消滅細菌和寄生蟲，無形中也是在原始人類「不知不覺」中因此活得更強壯健康，許多因原本生食肉類造成的疾病甚至致死原因都因而減低和消除。同時，多餘的動植物食材，也可藉由慢火烘焙乾燥而得以長期保存，也形成人類能因爲攜帶「乾糧」的本事，可以擴大活動和遷徙的範圍。

另外，伴隨人類懂得使用火之後，隨之產生的「煙」相信也很快的被發現有著很好的實用價值，原始人類可以用嗆人的濃煙薰出原本躲藏在地洞或樹洞深處的各種小型動物，譬如鼠類、野兔、甚至小型的狐或狸，只要分工合作就能逮捕以前很難捕捉的小動物，可提供更多的肉類食物，也可以用來薰走蜂群，取得珍貴的蜂蜜和幼蟲等等……

而不論是空曠野地還是隱蔽洞穴中熊熊燃燒的火堆，在夜晚時可以有效的驅除環伺的野獸攻擊，同時也因為自然向火堆聚集的人群，人類在火堆旁取暖休憩的時段，也增加了人類的原始社交活動，這當然也是一項非常重要的改變，在沒有「火」的時代，日沒入夜之後，人類幾乎是完全不作任何活動的，唯一能做的只有「睡眠」，而且在黑夜中，人類的視力是遠不如一些夜行性猛獸的，相較之下，在野外活動被獵食的危險非常大，因此早早窩在比較安全的洞穴中睡覺比較安全。

但是，夜晚有了火堆，人類不只是膽子大了，同時活動也多了，而相同家族或氏族群組的社交活動，使得互相之間更為了解和親密，同時因為更多的溝通交流，為了充分表達，語言也因此逐漸發達，可以互相溝通表意的詞彙也不斷的增加，這和「無火時期」，白天忙著覓食求偶，夜間只能睡覺的生活有了革命性的改變。

人類與其他物種，特別是近親的其他靈長類動物分家，是由將近 700 萬年前的「直立行走」拉開序幕的，之後人類大幅的改造工具，特別是石器，最新的考古發現；大約距今 330 萬年前人類已經懂得以敲擊方法製作合用的石器，也是「舊石器時代」的開始，於是人類和其他靈長類近親分得更遠一些了，直到人類大約在距今的 150 萬年前開始懂得使用「火」並同時開始「熟食」起，人類和其他物種可說是「正式分家」，不再茹毛飲血了，也可視為人類文明的真正起始。

如果說「人之異於禽獸幾希？」，那麼答案就是人類開始用火和熟食，這是迄今尚沒有其他物種能夠自然懂得的本事（註：雖然經過實驗證明，經由靈長類學家刻意耐心的教導，黑猩猩也能使用火來烤熟食物並加以食用，但是，畢竟，那還是藉助人類的智慧來加以長期訓練，使黑猩猩先學會不怕火，再慢慢學會使用火來燒烤食物的，然而放眼全世界野生環境中的任何靈長類和其他物種，還是沒有能自然懂得使用火，更別說燒烤食物變成「熟食」的。而訓練過的黑猩猩雖然會點火柴和打火機，但是，牠既不會製造火柴和打火機，更不懂得其原理，這和人類的智慧差別是判若雲泥的）。

所以，人類（尤其是原始人類）可以最自豪的歷史發明，絕對不是電腦或者太空梭，而是「火」，單單用手中的火把也能嚇退一些恐怖的掠食猛獸，單單這點就能使得原始人類驕傲雀躍半天的了。而且，「熟食」促進人類的大腦快速發展，腦容量大幅增加，而火堆邊上的夜間或冬季社交活動增進了人類語言表意能力，語言能力的成長，又同時增進了人類智慧的累積，包括經驗的分享和許多生活技能的傳授和學習，使得人類共同文化普遍的增進。

更何況，「火」從「熟食」以後，對人類的貢獻卻是越來越多，越來越大，直到今天，科技再發達，也沒有那個人類能一天離開「火」。現代人甚至一些尚未完全開化的原始部族，也無不是「熟食者」，純生食的人類根本不存在了。

還有一件人類與火最緊密關係的就是「原始人類」的「岩洞壁畫」，在歐洲諸如法國、西班牙各地和新近在印尼發現深邃幽暗的岩洞中竟然有保存完好，而且畫得栩栩如生的各種野生動物及人類的壁畫，還有清楚的「手印」等等，這些洞穴即使在白天也是非常陰暗的，因此不論是夜間或者白天，如果沒有火的照明，是不可能作畫的，而且在作畫的工具和資料中，除了不同顏色的天然礦石粉末，還有最主要的就是未完全燃燒的「炭筆」，關於「岩洞壁畫」和「人類自我認知」及「對環境認知」以及「相互關係中的自我定位」，都和人類之所以產生「靈魂」有著密不可分的關係，因爲非常重要，所以將另闢一個章節來詳述。

談到「火」，除了取自自然的「火」並懂得保存火種固然重要，但是，這畢竟是消極被動的，如果因爲氣候或者天災的影響，必須長途遷徙居地時，如何攜帶「火種」而能夠長時間保持不熄滅恐怕是事關整個部族生死存亡的大事，因此，人類當然也就會千方百計的想要「自己取火」？可以經由合理的邏輯推理，人類第一次主動的「取火」，或者無中生有的「變」出火來，應該是意外發生的，我們都知道原始人類最早的「取火」方式有二種；一種是「鑽木取火」，一種是「燧石取火」；有些研究者認爲兩者可能是在同一時期發生的，不過，目前也沒有明確的證據；所以姑且存疑不論。我們就來看看「鑽木取火」可能會是怎樣發明出來的（使用自然火來照明、取暖、熟食可以說是一種「發現」，但是人類主動能產生火苗肯定是一種偉大的「發明」）；也許一個原始先民原本想用一根堅硬的圓木棒在一根較軟的木頭上鑽個洞，或許是方便互相用繩子牢固綑綁而已；一開始或許是用單手來鑽，後來發現如果用雙手來回搓動堅硬的圓木棒，鑽得會快些，也許這兩個木頭都足夠乾燥，因此，鑽動較快時，軟的被鑽木頭竟然會產生燙人的溫度，而鑽動更快速時，那個木頭的洞竟然會發出焦味並留下焦痕，於是原本鑽洞的目的可能被臨時改變成「取火」的實驗，也許就是在同樣已經有焦痕的洞中繼續快速來回搓動木棒，結果竟然先生出煙，然後可能因此引燃了旁邊的木屑或者自己身上的毛髮------最後也許因此被燙到；但是心情卻是無比興奮的，因爲竟然在無意間「製造」出人類第一宗「人造火」？？？

www.aroundyou.com.au

想當然的，這個意外卻是劃時代的偉大「發明」，必定會受到族人無比激賞和欽佩的，因此，說不定這個「聰明」的原始先民也因此被眾人推舉爲族群的領袖（在中國上古的傳說，這個人被稱爲「燧人氏」，就是「取火」的第一位發明者，曾經被尊爲「共主」）。

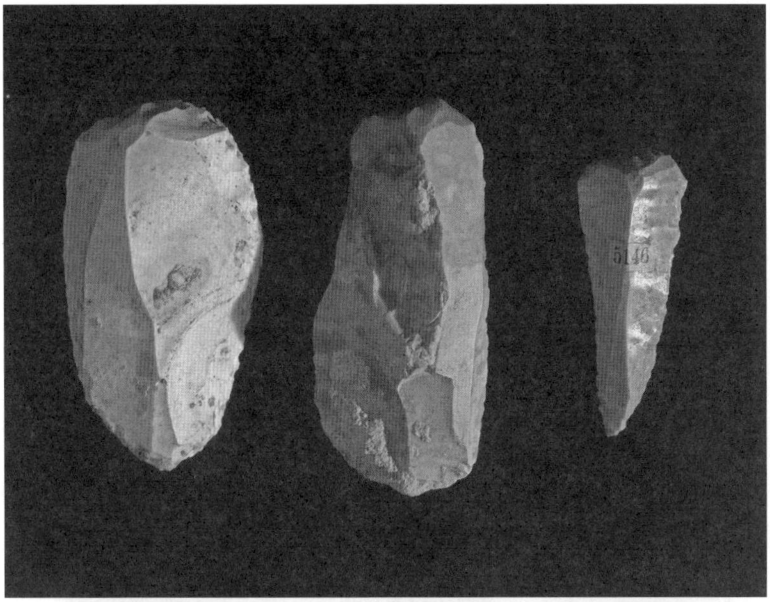

至於「燧石取火」，當然應該是人類進步到發現「燧石器」的好處，並拼命找尋甚至爭奪燧石礦源開始，因爲在敲擊「燧石」時會產生小小的火星，「燧石」也是因此得名的，因此，同樣可以合理的推論；「燧石取火」應該在人類懂得製作「燧石工具」的同時就產生了，因爲「火」對人類是如此重要，即使「星星之火」也是彌足珍貴的；因此，原始先民當然會想盡辦法也要把這星火擴展成可用的火苗，因此原本用來「借火」的乾草、羽毛、動物植物的乾燥絨毛、木片小碎屑等等，可能都成爲引燃更大火苗的燃料，也許經過千百次甚至上萬次的打擊，終究有可能因此引燃出了可用的火苗，與自然火完全一樣，人造的火對人類的貢獻毫無二致，但是，最重要的意義是；從此人類不必再依賴不可預期的自然火災，不用再死命的保留火種，只要在需要時，不論「鑽木」或者「燧石」都能取火，而且，「鑽木取火」也衍生出了更便捷更快速的方法，就是用弓弦纏繞圓木棒來轉動，而「燧石取火」後來也演變出尋找更容易打出較大火星的石材，以及改用金屬來敲擊的方式，也更容易引燃火苗。當然，到了此時，人類可以隨時隨地「取火」也就表示人類可以更自由更廣大的遷徙，不必再受制於爲保存火種到受到的地理限制。

至此，人類算是初步有效的掌握了用火和取火的技能，比起其他物種，人類的進化又向前邁進了一大步，同時，與其他物種包括靈長類的近親，分家也分得更遠了。

而人類除了用火來「熟食」之外，首先是「陶器的燒製」，一開始應該是偶然的發現；原本可能是用「稀泥」或者是加水的黏土來圍住火堆，結果發現高溫燒焦的泥土變得相當堅硬，而彎曲凹面的硬塊可以用來盛水或一些流質食物，然後進一步，原始人類就可能刻意的用黏土加水和泥捏塑成器物，用火燒成不同形狀的器皿，於是發明了燒陶的方法。燒製陶器技術，是人類第一次用火引發化學反應製造自然界本來沒有的原始陶器的生產方法，具有劃時代意義。陶器的大量製造和使用是新石器時代的一個重要標誌。更進一步的當然就是懂得用高溫燒製「瓷器」及「玻璃」，直到今天，我們日常用的器皿中，許許多多仍然是「陶器、瓷器、玻璃」製品。

再來就是金屬；首先是在距今 5000 年前，人類發現「自然銅」可以經由火燒變軟甚至變成流體，青銅器的出現跟用火技術與和燒制陶器技術密切相關。新石器時代中期，燒陶用火的溫度(大概大於 900℃)不僅用天然銅熔鑄銅器已成爲可能，而且能夠從還原溫度只需 800℃的孔雀石等銅礦煉出銅。而因爲燒熔銅來鑄造銅器，使得器皿的樣式和功用也擴大了，看看中國商周的銅器，表面上精美的紋飾，幾乎是窮盡人類想像力的創作，人類的智慧也幾乎達到極高的水平。

鐵器是繼銅器之後隨之開發出來的冶煉技術，甚至可以視爲因武器的進展而開發出來的新技術，人人都知道，人類的戰爭史基本上就是一部武器進化史，銅器民族打敗了石器民族，而鐵器民族又打敗了銅器民族，鋼刀又削斷了鐵刀；鋼鐵也成了金屬器具的主要代表，直到今天，鋼鐵在人類的食衣住行生活中仍然佔有主要的「材料地位」。

而中國古代四大發明中，「火藥」是其中之一，大約在 12 世紀 30 年代出現噴火器和火炮或震天雷。前者仍爲燃燒武器；後者則爲爆炸性武器。從此，用火技術又發生了一次質的變化，開始進入燃爆技術領域，從而導致火箭、火球、霹靂炮等火藥武器的發明。宋、元、明三朝，火藥在軍事上發揮越來越重要的作用。大約在 13 世紀，火藥技術西傳到伊斯蘭國家，不久又傳入歐洲，其傳播速度要比瓷器、造紙技術和印刷術的西傳快得多。而在 1453 年鄂圖曼帝國用巨型「火炮」轟垮了「君士坦丁堡」的厚重城牆，征服該城也滅亡了東羅馬帝國。而到了大航海時期，船堅炮利的歐洲各國則陸續征服了亞洲及美洲各國，開始了殖民時代。雖然對於被征服的殖民地人民，這是被奴役的黑暗時代，但是，廣義的來說，同時也造就了東西方文化的綿密交流，異中求同的融合出世界共通的文化潮流。

在與火相關的「燃料」方面，從最早的草木，到自然露頭的天然煤炭、石油以及天然氣，因爲「煤」及因之發明的蒸汽機促成了人類的「工業革命」，以大量機械化取代了密集的勞力，這次革命的公認起點是1769英國人瓦特發明蒸汽機，他把火的燃燒熱能高效地轉化爲機械能，解決了當時發展紡織、採礦、冶金和交通等迫切需要的動力問題，結束了主要以人力、畜力做動力的漫長的手工業時代，使人類社會開始跨入以大機械生產爲主要標誌的工業化新時期。而直到今天，煤在次級工業上仍是高污染的主要燃料。

自從以「石油」燃料燃燒產生動力的內燃機問世後，淘汰了蒸汽機成爲現代社會的一種主要動力機械，廣泛用於交通運輸、工農業生產、軍事國防、科學技術、發電等各個領域。直到現今廿一世紀初，「石油」也仍是各種交通工具不可或缺的主要能源燃料。同時因爲提煉石油的過程產生了許多副產品，尤其是各種「石化工業」幾乎成了「龍頭工業」，其中「塑膠製品」已經成了人類社會中各種器具主要的原料，幾乎是無處不在。

而「天然氣」也進入家庭作爲主要烹飪燃料許久時間了，最新的「氫燃料」的發展也正在日新月異的發展中，作爲新型清潔能源也將逐漸發揮重要作用。火箭發動機使用的液體燃料差不多都是液態氫。以氫做燃料的汽車已開始試運行。燃料燃燒所發出的熱能已被更直接地轉換爲機械能、電能等形式，從而得到更靈活、有效和廣泛的利用。可以說從原始人類懂得使用「火」開始，人類的生活就和「火」發生密切的關係，到目前人類現代化的生活仍然是樣樣都和「火」脫離不了關係。

本書的主題既然是「靈魂與文明」，當然，會提到「火」，自然是和「靈魂」的產生有關；其實，已經能夠縝密思辨的讀者，根本不用筆者再深入解析，單單從「人類」最偉大的發明「用火取火」以及與人類生理及在自然界地位的改變就能看出許多端倪；「火」不單只促進人類生理的進化，同時，也因爲腦容量的增加以及語言能力的增進，也能知曉，這些和人類「靈魂」的產生是息息相關的。其實，人類從長期「直立」行動開始，到能夠製造工具，再到能夠「用火取火」，都是環環相扣的，如果原始人類不能長期直立，而是把前肢當成行走或奔跑的輔助用途，偶而才用來採食果實的話，人類頂多和黑猩猩一樣，只能使用和略微的改造工具而已；如果人類不能大幅改造和創造工具，特別是一些用來和猛獸打鬥及獵捕動物的武器類工具，人類是不可能獲勝而成爲食物鏈最高層的，而人類如果不懂得「用火取火」而變成「熟食」，人類的大腦及其他生理方面不會進化得這麼快，今天的人類頂多只是會用武器狩獵的另類猛獸而已，不可能有任何傲人的物質文明，更別說精神文明和心靈文明。

從考古生物學家及腦神經科學家的研究交叉比對，已經可以證實已經滅絕的「尼安德塔人」的腦容量比我們現代人類要大，可能大上1/4，但是，腦容量的大小固然和智商有關，卻又不是絕對的，很大的腦容量未必就更加聰明，反而是大腦的縐摺以及神經元的數量才是決定性的關鍵；因此以現代人的直系祖先「智人」而言；早期智人可能是在距今20萬年前演化成型的，而現代人屬於晚期智人，在距今5萬年前才出現，這個年代是有非常意義的，因爲據筆者搜集到所有的資料證據，長期比對和縝密的反覆思辨，再經過合理的邏輯推理，人類的「靈魂」正是在「晚期智人」出現後不久開始產生的；而相關的證據也正是本書的要點，筆者會逐項解析的。

8 拋射武器的發明

人類並不是唯一會使用工具的動物，其他動物中，當然是同屬靈長類的猩猩算是人類以外最擅長使用各種天然工具的物種，單單以「扔東西」來說；猩猩會扔石頭或堅硬的土塊，目的是驅嚇敵人或者因爲憤怒而以石頭、土塊展開攻擊和發洩，有時也只是純粹惡作劇逗弄同伴；但是，猩猩扔石頭的本領並不高明，力道和準度都欠佳，所以基本上並沒有非常有效的殺傷力，也因此，當然猩猩也不曾使用這種技能來作爲獵捕食物的工具。

但是，人類就大不同了，人類從遠古時期就把拋擲石頭、木棒等等的本事鍛鍊得非常好，在石器時代尚未開始前，人類當然是使用一些自然的物體來作爲工具，這時和猩猩也差不多，但是，人類直立行走之後，空出來的雙手可以也必須做許多的工作，無形中也把雙手訓練得更爲靈巧，而「扔石頭或扔木頭甚至扔土塊」可能成爲基本自保的一種本能，因爲在毒蛇猛獸環伺的草原上討生活，人類不論奔跑速度和爪牙都是相對孱弱的，因此，一旦遇到毒蛇或者猛獸，在沒有任何武器的情況下，身邊附近如果有石頭或枯木等等，就會被拾起來做爲威嚇毒蛇猛獸的臨時自保工具；

這時對於中小型的蛇類而言，人類本來就不是它們的食物，只是雙方不小心狹路相逢而已，互相都害怕對方，因此，當人類舉起石頭或枯木棒，通常也能嚇退這些蛇類，如果遇上的是中小型猛獸，譬如山貓、狐狸、獾、貉、野犬或者落單的土狼、鬣狗等等，單單靠「扔石頭」也同樣能夠奏效，因爲，這類中小型肉食猛獸就算餓狠了也不願被石頭砸中，因爲在弱肉強食競爭激烈的草原「殺戮戰場」一般的環境中，不論草食或掠食動物都會盡可能的別讓自己受傷，因爲一旦受傷降低活動力的靈活度，嚴重一點的逃跑的速度也變慢，那就會淪爲其他掠食動物的大餐。

至於不幸遇到大型猛獸，那麼要是單獨一人，當然扔石頭或枯木頂多只能虛張聲勢而已，最後大概都難逃一死。除非是有好幾個人或十幾個人在一起，如果大家一起扔起石頭，而附近石頭又夠多的話，基於同樣不想受傷的理由，即使大型猛獸，如虎、豹、獅、熊等等，也許會考慮退出，也許會另伺機而動。

從基本功能而言，「拋擲石頭或木頭」都算廣義的「拋射武器」，因為在人類還不懂得打造和組合石器工具之前，找些「趁手」的石頭或一根枯木棒甚至一段樹幹，都可以作為自保的武器，而「扔石頭」如果勤加練習，越來越準之後，不但，可能因此嚇退較大型的掠食猛獸，甚至可以用來當成獵捕其他中小型的動物的工具。我們不妨想想現代的一位棒球投手，一顆棒球的球速有多快？準度又有多少？那麼把棒球換成一顆堅硬的卵石，如果在一、二十公尺之內能砸中任何一頭動物，中小型動物可能當場死亡，而即使大型猛獸只怕也會重傷，萬一砸中頭部要害，那後果只怕會更淒慘；同樣的，如果能有效又夠力的砸中牛、羊、羚羊等等，不論是砸中頭部或砸斷腿，那麼，這群人就有豐盛的大餐了。

當然，我們不能異想天開的去想像原始人類個個都是棒球好手，不過，不論投擲棒球或者扔石頭，不都同樣是靠長期練習才能拋擲得又快又準的嗎？更何況，除了毒蛇猛獸，人類與人類自己的戰爭也是從來沒有停止過，在單打獨鬥時或者部落與部落發生戰鬥時，赤手空拳是不可能打勝會拿木棒Ｋ人，拿石頭砸人的敵手的，因此，在原始人類的史前史中，部落小規模戰鬥中，一開始互相遠距離的扔石頭丟木棒的序曲拉開多少後繼的近身肉搏戰，真不知道凡幾？

我們更需要知道的是：人類與其他所有物種能夠有效甚至截然不同的拉開距離，獲得完全不同的食物鏈位階，全是因為人類不但懂得有效的使用「遠距離拋射武器」，而且還懂得改造及創造發明，最後終於發明了最終極的獵殺武器—「弓箭」，尤其是「燧石箭鏃加上羽毛尾翼」的箭矢發明之後，人類在整個地球上，堪稱從此所向無敵，再也沒有其他物種的敵人可以與之爭鋒了。

原始人類從單純拋擲天然的石頭開始到發明「燧石箭鏃」，中間的歷程是無比漫長到難以想像的；既然猩猩都會扔石頭，那麼就從人類出現的700萬年前起算，至少經過了690多萬年，直到距今大約6—7萬年前才發明了弓箭，又經過了以萬年計算的年代才發明了扁薄鋒利如剃刀而且比鋼鐵更堅硬的「燧石箭鏃」。這其中的發展過程是如此緩慢，也可以看出人類在與大自然的競爭中，在與其他物種的競爭中，是多麼艱難困苦的求生歷程？不只是斑斑血跡，不只是屍橫遍野，更曾經經過無法想像的無數凍餓煎熬，甚至還一度差點全數滅絕，才終於勉強倖存下來，也因此繁衍造就了我們今天的人類。

在此一章節之所以要談論「拋射武器」（或稱爲「投射武器」），主要目的在強調人類之所以能在地球所有物種中脫穎而出，成爲食物鏈的最高層，並且成爲目前地球的霸主，「拋射武器」的發明和改造是最主要的原因之一，另外二個原因如「相互合作分享」和「懂得用火取火並熟食」雖然重要，但是，相較之下，如果沒有「拋射武器」的發明和改造，只憑另二個原因，仍然難以企及目前的地位。

因爲我們都知道，所有掠食動物，之所以能夠以掠食其他動物爲生，最主要的就是銳利的爪牙和追逐奔跑的速度，譬如陸地上的虎、豹、獅、熊、鱷魚等等的大型猛獸，天空中的巨型猛禽如鷹、鵰以及海中的沙魚、殺人鯨等等----

但是，無論這些猛獸猛禽和沙魚等如何的兇猛善獵，最重要的是牠們一定要和獵物直接接觸，也就是不論是捕捉或者咬住獵物，甚至一口能咬死獵物，都需要完全貼近獵物，才能達成這個目的。目前在自然界已知的能夠不接物獵物就能捕捉掠食獵物的物種，大概只有「射水魚」一種（註1），連會噴射毒液的眼鏡蛇（註2）都還不能算是完整獵食。而貼身的獵食其實仍然有著相當危險性的，因爲即使再溫馴的獵物在垂死掙扎時，一樣會猛烈的反撲，譬如以海中食物鏈最高層的「大白鯊」爲例，牠的眼睛就有天生薄膜的防護裝置，在咬食獵物時會暫時把眼睛遮閉起來，以免獵物的掙扎或者咬碎的魚骨碎渣刺傷甚至刺瞎眼睛，即使母獅群體捕食野牛時，也會盡量避開尖銳的牛角。就算天上巨型的鷹、鵰等猛禽，不論是捕食陸地上的動物或湖海中的魚類，也一樣要直接用爪子去抓住獵物才能奏效得手。

但是，人類發明的「拋射武器」卻可以在危險距離外來進行捕獵，不但避免了貼身獵捕造成的危險，而且還能將自身先隱蔽起來以增加獵捕的成功率，更重要的是隨著「拋射武器」的不斷改良和研發，從「擲矛器」研發成功開始到「弓箭」的發明之後，原始人類甚至可以在非常遠的距離外，直接將大型猛獸獵殺。也或者可以說所謂的「狙擊手」並不是火藥槍隻發明之後才有的職業，早在「弓箭」實用化之後，訓練良好的「弓箭手」可以躲在長草樹叢的後面；或者事先躲藏在高高的樹上，伺機伏擊各種危險的猛獸或者敵對部落的敵人。

所謂的「拋射武器」，從最早直接拋擲自然的石頭，之後最先發明的應該是「木矛」，也就是在人類還不懂得改造石器前，常用的武器，應該是用曬乾的筆直樹枝製作的「矛」，製作方法非常簡單，將採集來的筆直樹枝，挑選夠長夠粗又夠堅韌的，用石頭砸斷多餘的細枝葉，再用有銳鋒的天然石塊，將樹枝外皮刮除，甚至有時也用牙齒來「剝除」樹皮，然後將較細的一端刮或在岩石上磨尖，然後等待乾燥之後，就是一枝堪用的「木矛」，不論是用來防身，或者用來刺殺一些比較容易獵捕的中小型動物，或比較溫馴的草食類動物，甚至可以用來在河裡或沼澤中「刺魚」。到了人類開始懂得用火的時代，也會用火來燒灸木製的矛尖，使得硬度增加，或者用火來整修矛的直挺度，在用來投擲時也比較順手和準確。

在這同時，人類最早的「拋射武器」可能也發明了用繩索或皮條製作的所謂「機弦」，也就是最古老的「投石器」，在一條長約將近2公尺的繩索或皮條中間牢牢繫上一個「兜囊」，用來盛裝卵石，繩索一端固定繫在手腕或手指頭上，一端用拇指和食指捏緊，在頭頂或肩旁用力旋轉，達到某個速度和角度時，對準目標物甩出，可以利用「離心力」原理增加甩出的速度和力道，比原本單單靠臂力投擲出去的石頭，可以拋擲得更遠更有殺傷力，而且經過長期練習後，也可以掌握住出手的時機，而有相當好的準確度，假設一顆棒球大的卵石，經由「機弦」甩出之後，如果在十幾二十公尺以內擊中人的頭部，極可能可以殺死此人，如果是擊中中小型的動物，後果也相同，如果用來對付大型獵物甚至猛獸，至少可以有效擊成重傷，這種簡單又有相當效率的武器，從上古時代迄今一直都還在使用；據歷史傳說當年「大衛王」就是用這種「機弦」打倒巨人「歌利亞」的，而且在中古時期，也被一些牧童用來防身和驅趕狼群。現代在一些新聞圖片中，我們可以看到中東「巴勒斯坦」的一些年輕人，

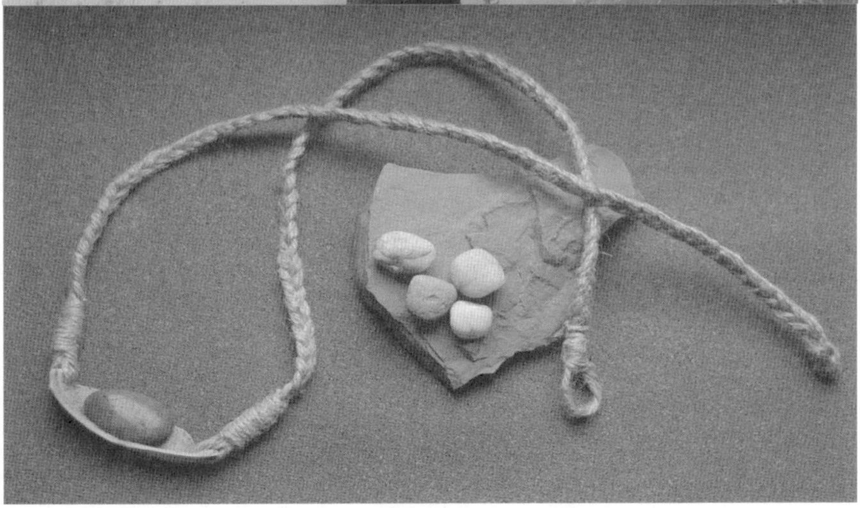

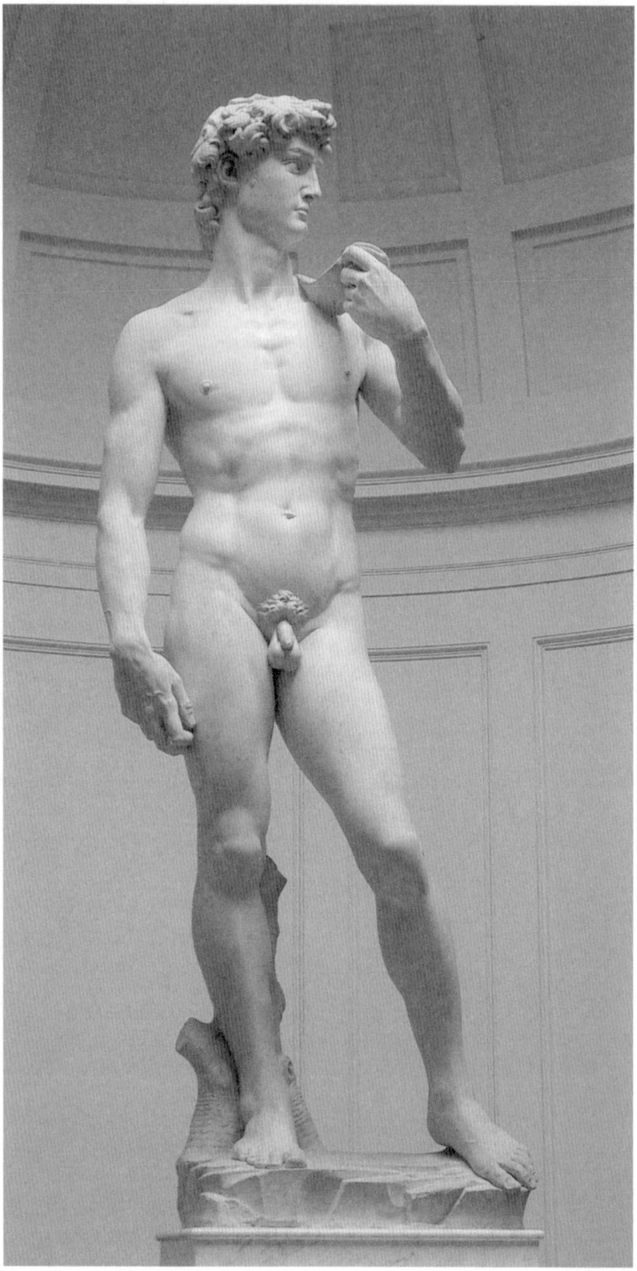

竟然還在用這種原始武器襲擊「以色列」的鎮暴部隊，由此可以想見這種簡單原始的「拋射武器」在人類的進化過程中曾經扮演多麼重要的地位。

人類在進入石器時代之後，各種石刀、石斧、石鋤、石棒等等只是一般生活用具，木製棍棒和木矛還是繼續被同時使用，而經過了一段不算短的時光，原始人類開始製作組合工具，就是將石器和木頭或骨頭結合起來，譬如木棒加上石斧，就成了現代斧頭的前身，而雙面有刃的石刀加在木棒的前端，就成了「石尖矛」，比原本的木矛更鋒利更有殺傷力，原始人類甚至用這種「新武器」來獵殺一些大型猛獸，包括體型相差極大的「長毛象」，而這種「石尖矛」很快的就被發展成遠距離的「投射武器」，用於獵殺各種動物，魚類，甚至也用來在部落爭戰時的殺人武器。

之後，爲了增加投射的距離和力道，原始人類又發明了「擲矛器」，就是用一根大約長1公尺左右的木棒，一端挖削成「匙狀」的凹槽，可以將矛的尾端抵在凹槽中，雙手高舉，一手執「擲矛器」，一手握扶「石尖矛」的中段部份，用雙手協同的力量，將「石尖矛」投擲出去，這種「擲矛器」等於是人類手臂的延長，因而大幅增加了投射距離，也增加了準確度，所以，一直沿用下來，直到今天，一些尚未開化的原始部族仍然用來打獵或戰鬥，然後在非常晚近的時代，也用來幫助投擲較細長較輕便的「箭矢」，一樣有很強的殺傷力，所以一直被沿用至今尚未完全被時間淘汰。

最後，當然也就是「弓箭」的發明了，據中國史料的考古解說；「弓箭」發明始於「彈弓」，也就是「弓」的原始發明功用是用來發射「彈丸」而不是「箭矢」，最原始的彈弓，使用的是「雙弦」，同樣在弦的中間，會設置一個「兜囊」，用來裝小顆的圓石，或者烤乾變得相當堅硬的「泥丸」更甚至是後期的「陶珠」，借用弓的彈性，拉滿弓之後，瞄準目標物射出，原先是用來射獵鳥類和野兔之類小動物的，練習熟練，甚至可以百發百中；

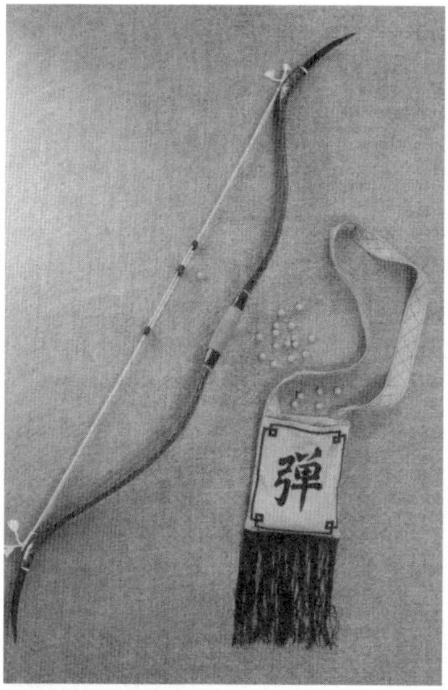
弹

還有一種說法，最原始的「彈弓」是無弦的，同樣是把有彈性的長木條或竹片，一端挖出「匙狀」凹槽，用來裝「彈丸」，一手執弓的尾端，一手把弓向自己身體這邊用力拗彎過來，然後瞄準目標物鬆手射出彈丸，這樣一樣可以用來打鳥或小動物。

之後，「彈弓」慢慢發展成單弦，用來彈射出前端削尖的細木枝或者蘆葦桿，後來發現這種最原始的弓箭，不但射得更遠，準確度和殺傷力都大增，遠勝過彈丸，然後逐漸改良，一種是在竹木蘆葦箭尖塗上致命的毒藥，雖然射程不遠，但是，在較近距離射中不論是中小型甚至大型動物，都能使其突然中毒痲痺而死亡，用來射殺敵人的效果也一樣（註：這也是直到今天，還在被人類的直系祖先—非洲「布須曼人」（或稱爲「桑族人」）日常使用的「無箭鏃無尾翼」，相當輕量的毒箭）；而另外一種則是裝上了石製箭鏃的重型弓箭，射程遠，靠箭鏃的鋒利度來射殺獵物或敵人，這個時期延續的時代很長久，因爲效果非常好，所以也就一直停滯了很長久的時光，最後才被聰明的改良者，在箭桿尾端加上鳥類的羽毛，而且從左右二片開始，可以有效穩定箭矢飛行時的射向，使得準確性大大提高，甚至更因此增加了射距，後來又發展出上下左右4片十字型的「終極尾翼」，並一直被沿用直到現今——

當然，武器必然總是會基於實際需要甚至自身保命和自己所屬族群的勝敗存亡而不斷改良精進的，因此，當「燧石」被細心打磨成鋒利的箭鏃，並且能夠用繩索綑綁在竹木箭桿前端，並且再用各種動植物提煉的膠來加固，這種「燧石箭鏃」正是原始人類最終極的獵殺武器，從此除了人類與人類之間的戰鬥之外，再沒有任何飛禽猛獸可以與人類爭鋒了，尤其當人類將弓箭能練習到「百步穿楊」之時，「射水魚」或「噴毒眼鏡蛇」的那些伎倆全都成了兒戲，可以說不論是天上飛的，水裡游的，陸上跑的，不論是草食的馴良牛羊或者犀牛、河馬，肉食類的虎、豹、獅、熊、野狼等等，全都成了人類的手下敗將，個個都得俯首稱臣而任憑宰割。

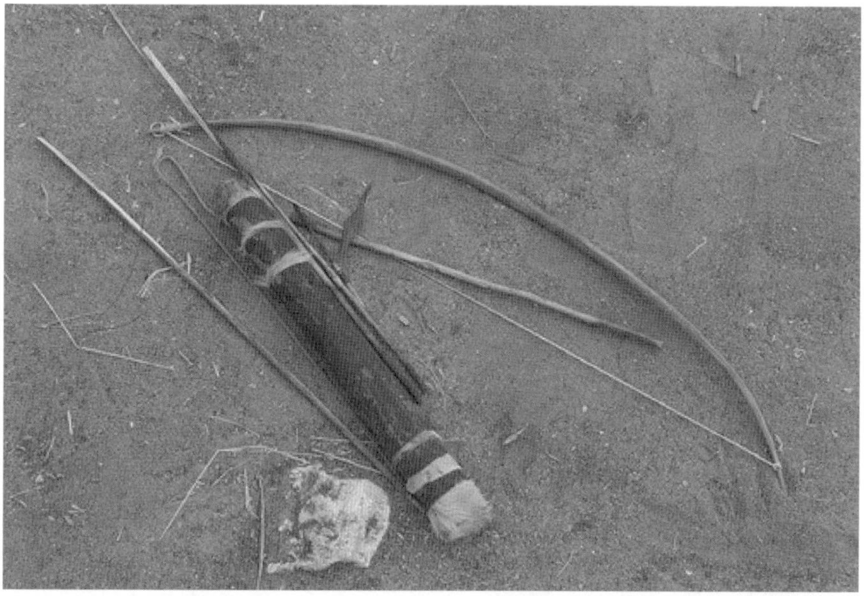

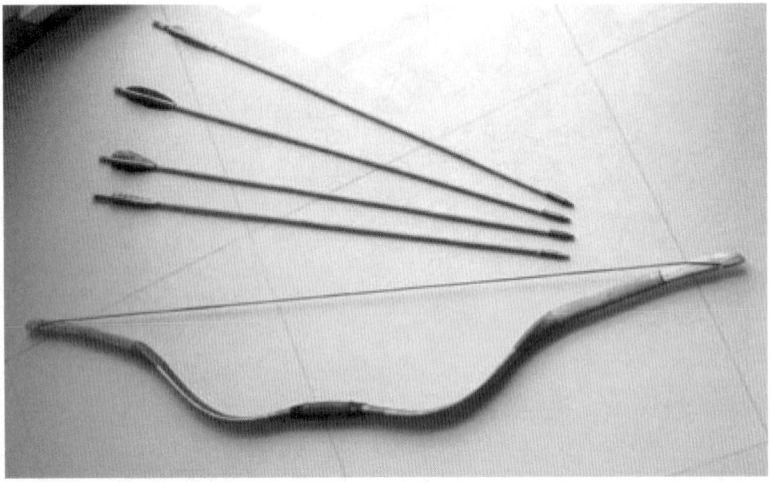

依據網路資料上的解釋：早期的弓爲竹或木制，容易腐朽難保存下來。雖然沒有實物，但可以想像，最初的弓和現在小孩子的玩具沒什麼兩樣。將一根竹片或者樹枝彎過來，用一段繩子系緊，拉住兩端，便成一張弓。這種弓，大致是個半圓形，再確切點說，是半圓弧形。

現代中國字中的「弓」字是個象形字。在商代甲骨文，已有「弓」字。爲什麼「弓」字多曲折，而不是一段圓弧形呢？前者比起後者，在中間多了一道彎，非常有講究，可以說，它是古代製弓技術的一大進步，是一個有標誌性的進步。

弓的中間爲什麼要彎一下？由現代力學知識知道，一根直的竹材可以想像是由許多薄竹片一層層粘在一起的。當竹子彎成弧形，外層竹片受拉力，內層竹片受壓力。如果拉弓的勁越大，竹材彎的越厲害，當力達到不能承受的時候，就會出現裂紋甚至折斷。爲了讓竹材承受較大的彎力，而外層不致裂開，於是古人想到：將竹材向相反的方向預先彎一下，使外層先受些壓力，內層先受些拉力。等到使用弓的時候，外層受拉，內層受壓，便可從內部先抵消一些力，而使弓承受的力增大，這樣，「弓」的樣子就形成了。先向反方向彎一下，用現代的工程術語叫做「加預應力」。

註 1：「射水魚」俗稱高射炮魚，學名：Taxotes jaculator，英文名：Archerfish，屬於鱸形目射水魚科，發現射水魚捕食獵物於 1766 年。射水魚十分愛動、調皮，色彩鮮豔。身長只有 20 釐米左右，長著一對水泡眼，眼白上有一條條不斷轉動的豎紋，在水面遊動時，不僅能看到水面的東西，也能察覺空中的物體。以能射獵水面上昆蟲爲食而聞名世界可用舌尖形成「水槍管」，從口中噴出2—3米高水柱 能把人的眼睛打傷，能快速精確計算水中光線折射率，噴射出的水柱準確地擊中昆蟲真實位置，此外，它還能計算出重力對噴射水柱軌道產生的影響，噴射出來的水柱並不遵循直線軌道。射水魚能夠以令人難以置信的速度和精確度捕獲昆蟲，它僅用0.1秒時間噴濕獵物，當獵物落入水中時迅速吞入口中。

即便射水魚可以解決物理上的問題，它們的獵物仍有可能死裏逃生，這時候射水魚的另一項特殊本領就要派上用場了。這位生活在水下的居民並不介意暫時離開水面，它們可以躍出水面近30釐米抓住獵物。

射水魚原產于亞馬遜河、東南亞和澳洲等地的河流與海洋的淡鹹水交融處，1766年被人發現。從東非到澳大利亞沿海地區的鹹性河流都有分佈。大多生活在印度洋到太平洋一帶的熱帶沿海以及江河中，所以實際上射水魚是一種半鹹水魚類。目前已發現的品種大約有7種。

科學家發現射水魚的這種能力是後天經過練習後得到的，射水魚也因此成爲科學家研究魚類記憶與學習能力的矚目題材。

註 2：有些眼鏡蛇可以噴出牠們的毒液最遠到 2.5 米，噴射毒液是一種防禦的行爲，並不會殺死獵物，噴毒眼鏡蛇其實主要還是以咬和注入毒液至牠們的獵物就像其他的毒蛇一樣。

毒蛇噴射明顯地包括了三個分離的蝙蝠蛇族群（Elapidae），兩個噴毒眼鏡蛇族群是在非洲，一個是非洲環眼鏡蛇（Hemachatus haemachatus），其他的族群包含了黑頸眼鏡蛇（Naja nigricollis）、Mozambique 噴毒眼鏡蛇（N. mossambica）、Mozambique 紅噴毒眼鏡蛇（N. pallida）和西非噴毒眼鏡蛇（N. katiensis）。第三個噴射的族群發現於南亞且包括了馬來半島和蘇門達列島的黃金噴毒眼鏡蛇（Naja sumatrana）、印度尼西亞南方的噴毒眼鏡蛇（N. sputatrix）、常見的噴毒眼鏡蛇（N. philippinensis）和菲律賓的 Samar 噴毒眼鏡蛇（N. samarensis）、緬甸的噴毒眼鏡蛇（N. mandalayensis）、台灣、中國和印度支那的亞洲黑眼鏡蛇（N. naja atra）以及某些寬廣範圍的亞洲單眼鏡蛇（N. kaouthia）。這些蛇都習慣居住在有大片草坪區，可能會採扁牠們或有大的食肉動物會吃牠們，所以牠們噴毒來保護自己。

另外還有二種毒蛇也會噴射毒液：一種是「唾蛇」（外型非常像眼鏡蛇，但是，唾蛇跟其它真正的眼鏡蛇不同，牠實際上是一個單型屬（唾蛇屬）下的獨立成員，並不屬於「眼鏡蛇屬」（Naja）。）

另一種是 1990 年才爲學術界發現的「莽山烙鐵頭」，也會跟一些眼鏡蛇一樣，能噴射毒液，且射程長達二公尺。

註 3：南非發現的最古老的石質箭頭，有約 6.4 萬年的歷史

（2010 年 9 月 1 日）據英國廣播公司報導，南非近日出土了一批目前爲止發現的最古老的石質箭頭，有約 6.4 萬年的歷史，表明當時的古人類已經具有了較高程度的的認知能力。

考古學家近日在對南非一個岩洞的沉積層進行發掘時發現了一批尖頭石器，這個沉積層的歷史可以追溯到 10 萬年前。從顯微鏡中可以觀察到，這些石器表面不僅有 血液和骨骼的殘留物，還有曾被捆綁在木杆上的痕跡，而對其受力面的研究也表明它們是用來拋射的武器，而不是被當作長矛使用。科學家相信，這些有 64000 多年歷史的石器是古人類製造的箭頭。

這一發現將人類開始使用弓箭的時間提前了 20000 年。弓箭是由非單一材料製成的合成工具，它的製作涉及到各個階段的規劃、材料的選擇及工具的準備等一系列複雜的過程。這證明早在 6—7 萬年前，那些還處在石器時代的古人類的認知能力已經和現代人非常相近了。

9 弓箭—人類最終極的掠食利器

對於現代人來說:「弓箭」也不算是陌生的原始武器，因爲奧運比賽也有「射箭」的項目，而且「複合式」裝置有滑輪和狙擊鏡的「獵弓」不但是業餘的興趣，甚至是世界各地不少現代獵人的謀生工具。

當然，現代化的狙擊獵槍可能準度更高、自動上膛的功能可以快速連發，在射擊速度以及在面對猛獸反撲時的安全性也相對比較高，但是，實質上，仍然只是「弓箭」的延伸和改良，基本功能和作用以及目的卻完全沒變，差別只是一個是「冷兵器」，一個是「熱兵器」而已。

或者要說對人類在自然界的地位以及文明的發展方面，「弓箭」才是人類真正最終極的掠食利器，在人類發明在遠距離有射傷射死大型獵物功能的「狩獵工具」中，「弓箭」才是最決定性的發明。

目前在考古證據上，所發現最早的「箭鏃」大約有6萬4千年的歷史，但是，從目前仍然被同屬東非和南非「布希曼族」(Bushmen，又稱桑族)廣泛使用的弓箭形制來推斷;他們使用的「箭」是沒有「箭鏃」和「尾羽」最原始的雛型弓箭，可以相信原始人類最早使用的「弓箭」肯定就是沒有「箭鏃」和「尾羽」的，因爲，隨著經驗的累積以及智慧的增長，加上石器製作的技術改進，才會在原本單純木質、竹子甚至草桿(如蘆葦桿)的箭身上加上石質的「箭鏃」，而「尾羽」更是相當晚期爲了使得「箭矢」飛行時能夠平順，最後才加上的輔助附件，而鋒利如鋼鐵剃刀的「燧石箭鏃」則是原始人類最顛峰的終極傑作，因爲「燧石」相當堅硬，硬度是「摩斯硬度

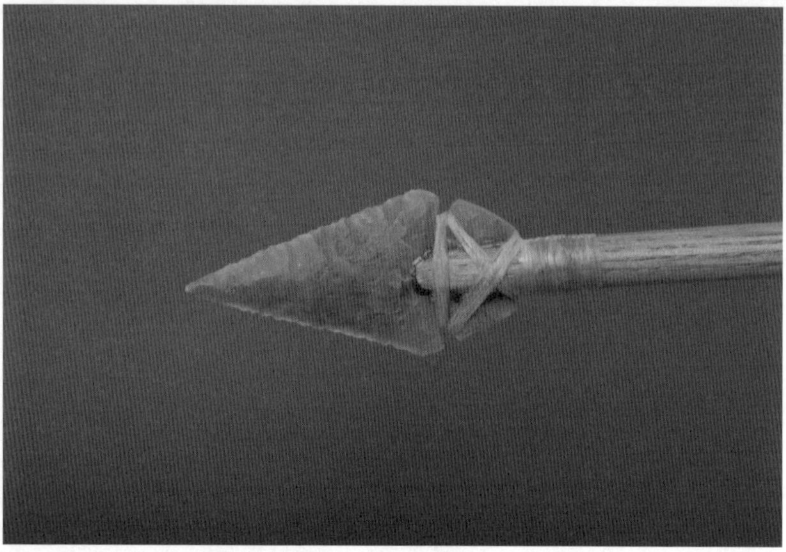

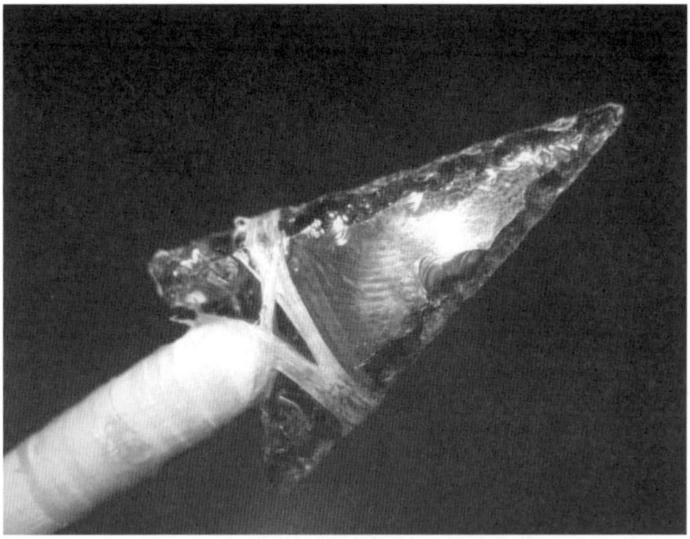

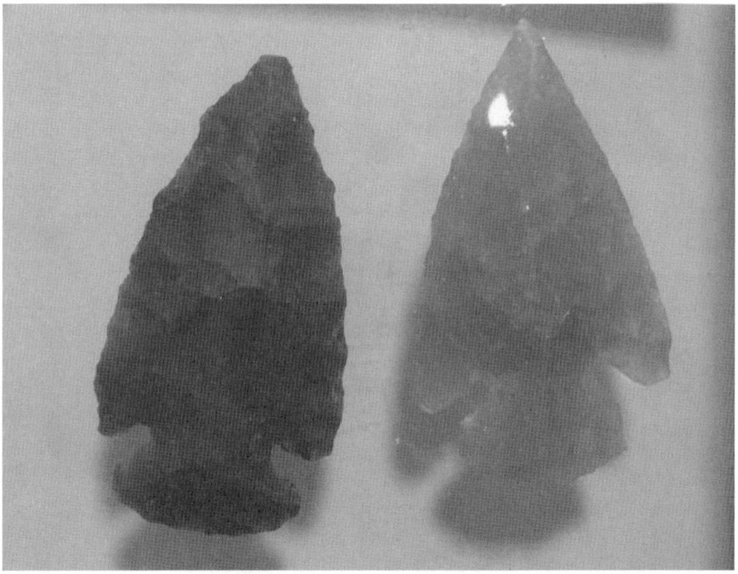

7」，高過一般純鋼的6度，雖然韌性較差，比較脆，但是，在鋒利度及殺傷力方面絕對不輸給銅鐵的「箭鏃」，如果要說差別，只在製作的工時上，原始的「燧石箭鏃」必須靠手工一一細心打造，而銅鐵箭鏃可以大量鑄造出初型，再經過統一打磨銳利即可。

不過，當銅鐵箭鏃當道時，弓箭已經不是用來狩獵動物，而是大量用於征戰殺人了，所以，在大自然嚴酷的生存環境中，人類能夠異軍突起，不依靠體能和利爪尖牙，反而是依靠「智慧」製造各種工具而成為地球上最強大最恐怖的掠食動物，石質箭鏃時代的弓箭才是真正的終極利器，尤其是進入「燧石箭鏃」的使用之後，人類已經成了對地球上所有物種，特別是大型掠食猛獸最大的剋星，而且不只是陸地的猛獸，即使是水中的魚、天空中的飛鳥，都難逃人類的弓箭射殺而成為「盤中飧」，也或者可以說人類不但不再是地球弱肉強食爭霸戰中最孱弱的可憐蟲，相反的，卻一躍而成為地球的唯一霸主，對所有物種都有了生殺大權，甚至可以隨時隨地任意的挑選各種飛禽走獸來當食物，再沒有任何對手甚至任何一種物種可以一較長短。

談到「弓箭」，「弓」本身也非常值得一提；最早的「弓」始於何時，目前已不可考，因為箭鏃可以用石頭、銅鐵來製作，需要有彈性的「弓」在上古時代一定是用天然的木材或竹子等天生有彈性的材料來製作，這類材料是不可能自然保存太久的，在所有發現「箭鏃」的遺址中，都不曾發現過「弓」，因為早就腐爛殆盡了；因此，沒有任何實物可以參考；不過合理的推理，最早期「弓」的發明可能始於玩具，就是用有彈性的樹枝或竹子，拿來彈射一些小石頭或果核之類的，不論是孩子們或者成年人在無聊時，只是用來當玩具或消遣之用；但是，後來，非常可能因為玩耍而撥動弓弦時會發出聲音，因此，在逐步的調整改良之後，「弓」和「弦」又變成了一種弦樂器，在中國叫做「箜篌」，是由一個半圓形的弓，繃緊數條弦形成的樂器，就如同西方的豎琴，原理如一，這兩者是否有任何模仿或者單純只是各自發展出來的「巧合」，目前尚不得而知。

關於「燧石箭鏃」的弓箭，為什麼能夠成為人類的「終極武器」，從此所向無敵，那麼就千萬不要小看了這種弓箭；目前，全世界各地的職業或業餘獵人，如果是以弓箭狩獵的，幾乎都改用現代複合材料（航空鋁、碳纖維）製作的獵弓（或獵弩），還裝置有省力的滑輪組或者加裝狙擊鏡，而「箭矢」同樣也改為鋁桿或碳纖維桿，但是，「箭鏃」則是各式各樣形狀的鋼片製造，沒有人再使用「燧石箭鏃」了，也許弓箭的發射速度及裝填速度都不如「火藥槍隻」，但是，在殺傷力方面卻往往有過之而無不及，因為槍隻用的子彈，直徑上受到限制，用來打獵的「來福槍」，口徑頂多 7.62 公釐，就是一般軍用步槍的標準口徑，因此子彈頭也就受限在這麼大，雖然早就有 50 口徑

的狙擊槍問市，但是，那是用在戰場上的，沒有獵人會扛著這麼重的槍隻去打獵的，何況也沒有需要這麼強大殺傷力才能解決的獵物。因此，除非是使用子彈射入獵物體內會爆炸開花的「達姆彈」，否則，一般7.62公釐的子彈，殺傷力絕對不如各種鋼製的「箭鏃」（註1）

目前一般鋼製的「獵弓箭鏃」有二片、三片、四片式鋒利剃刀刃的，有些還有「倒鈎」裝置，以免箭矢脫落。

因爲，在某些幅員廣大的國家，狩獵是合法的職業或業餘興趣活動，而且通常都會開放獵人去射殺野鹿、山羊、野牛、野豬或者大熊等等；像一頭大型的野鹿或大型野豬甚至體型巨大的熊，如果獵人的射箭技術好，往往一箭就能射死這些大型獵物，就算獵物中箭之後沒有立即倒地死亡，通常逃跑的距離也不會太遠，更科技化的「箭矢」甚至在尾端會裝置LED燈，讓獵人更容易找到中箭之後逃跑的獵物，但是，通常找到時，這些獵物也早就因爲傷中要害而一命嗚呼了，鮮少有還能活命的。這種「獵弓」的殺傷力的確很難以想像，不過，事實在在證明確實如此，就曾經有17歲少女用現代化「獵弓」獨力射殺過一隻重達200多公斤大熊的紀錄（註2、註3）。

那麼，我們不妨比較一下現代化的鋼製箭鏃和原始時代的「燧石箭鏃」，不但造型很相似，在鋒利度方面，「燧石箭鏃」也絕對不遜色，同樣能夠造成相同的殺傷力，只要獵人的射箭技術夠好，那麼要想無聲無息的獵殺一頭野鹿、山羊、野牛、野豬或者大熊等等，甚至是虎、豹、獅等等猛獸，同樣不是什麼難事；中箭的野獸要不是當場倒地不起，也沒太多存活的機會。而且不要說事先埋伏有所準備的打獵行動，就算不小心與一些大型掠食動物狹路相逢，這個原始人如果正好是射箭好手，那麼，後果就不會再如同只能「扔石頭」時代的人類這麼淒慘，應該是人類勝出，可以跟家人或族人一起分享這猛獸大餐了。

當然，還有一點也非常重要的是「分工合作的圍獵群捕」行爲，有時，運氣比較好，可能發現的不是一隻落單的野獸，而是一群，又或者遇到的是體型超大的野象，這時不論已經發明了任何犀利的武器，大家同心協力的來圍獵，成果絕對是勝過單打獨鬥的，如果發現的是一整群成千上百隻的野牛，人類不但要靠武器，還要群策群力，大家分工合作，用火把或煙薰來驅趕牛群往設定的方向逃竄，最後可能因此落入人類的圈套，紛紛墮落斷崖，如果是這樣，那就是大豐收了，除了有大量新鮮的牛肉可以食用，還能製作許許多多的肉乾以防寒冬或缺糧的時期，幫助人類在嚴苛的自然環境中生存下去----

人類大約在60多萬年前懂得用「火」，在廿多萬年前有了豐富的語言，在大約6萬年前有了帶「箭頭」的弓箭，想想；幾百萬年的進化沒有讓人類成爲地球霸主，會用火了也不是，語言豐富時還不是，結果有了犀利的弓箭之後，短短6萬年時光，人類就成了地球食物鏈最上層的霸主，我們怎能輕忽這麼偉大而且是決定性的發明呢？

註1：請參閱圖片。

複合式滑輪獵弓

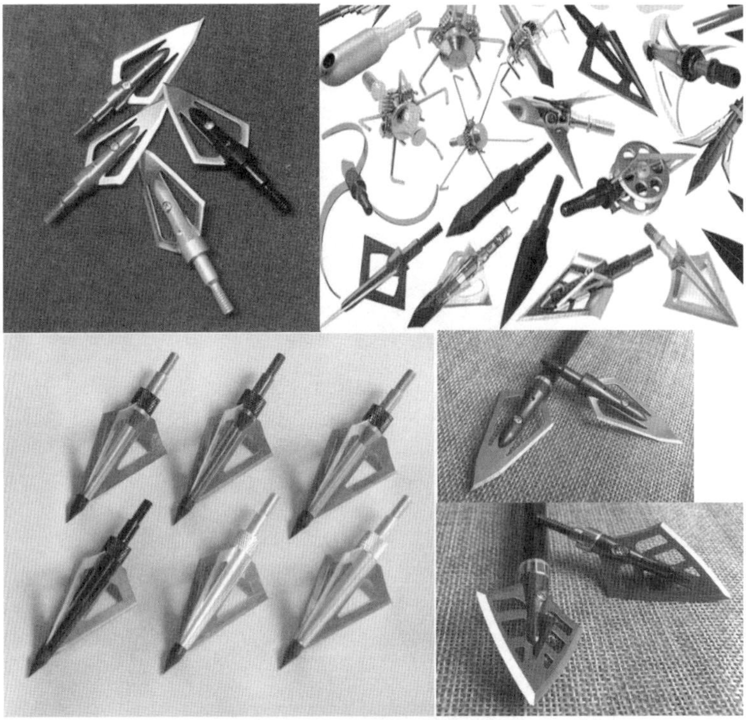

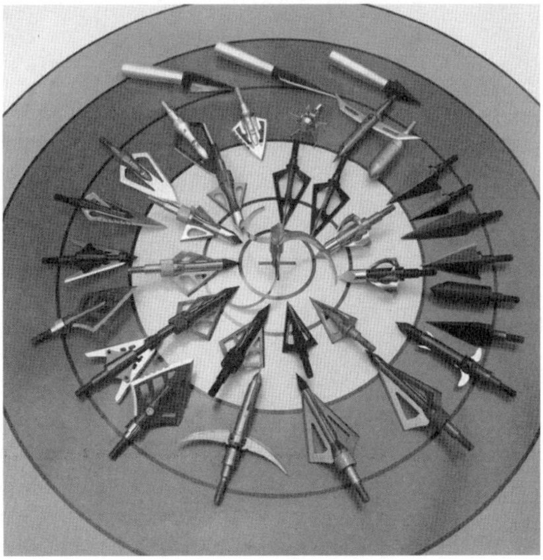

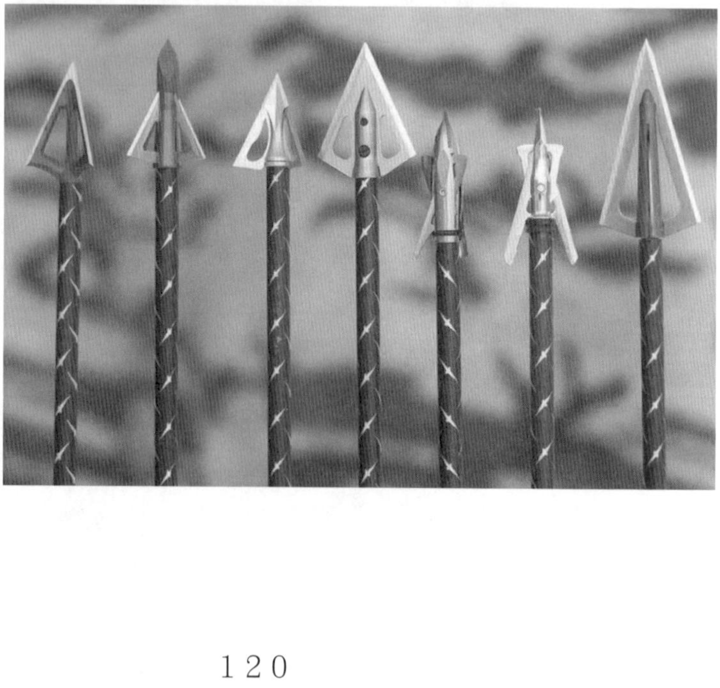

註 2：弓箭獵熊 少女破紀錄：密西根州 17 歲女孩「歐姆斯特德」到加拿大安大略省打獵時，用弓箭獵殺一頭 448 磅重的黑熊，打破使用弓箭獵熊的紀錄。(美聯社)

註3‧據Insideedition10月6日報導，美國一名10歲小女孩用十字弓殺死了一頭220磅（約200斤）重的黑熊，她的母親說，她爲女兒的巨大成就感到驕傲。

10 燧石與燧石刀

（註：本文部份引用自網路資料）

燧石是一種石英質的石材，主要的還包括各種玉髓、瑪瑙、黑曜石之類，由於結晶不明顯，硬度高達摩氏表7度，比現代最堅硬的鋼還要堅硬，而且其劈面非常銳利，具有非常強大的切割和殺傷力，所以非常適合作為肉類切割工具更適合作為殺人武器。所以，在原始時代，是非常受到青睞和珍惜的貴重刀箭製作材料。

到了新石器時代，原始人類開始大量製造尖銳燧石和黑曜石兵器，這一時期的燧石和黑曜石匕首最為流行。燧石和黑曜石是世界上最為堅硬的石頭，其硬度高出鋼鐵3、4個點，因為切割能力要比鋼鐵兵器強十幾倍。原始人類製造燧石和黑曜石兵器是採用「敲擊法」粗製，然後再經過「壓剝法」打磨，將大塊的燧石或黑曜石打磨成許多稱心得手的鋒利兵器。（筆者註：不妨想想：碎玻璃的自然劈面是不是很銳利？其實碎裂燧石也有像玻璃一樣的自然劈面，但是，其硬度是玻璃的二倍，美國電視台節目曾經請職業屠夫用燧石刀切割大塊牛肉，事後屠夫一致稱讚燧石刀絕對比鋼刀鋒利，但是，唯一缺點是比較脆，而且不能大量開模量產而已）。

古埃及人使用「燧石刀」的歷史相當久遠，最早的埃及燧石刀要追溯到早王朝時期。即使進入青銅時代，青銅武器普遍之後，古埃及人仍然繼續製作燧石刀，在劍出現的很長一段時間里，埃及勇士一直都佩帶燧石刀作為隨身武器·這種狀況持續到以金屬匕首聞名的後國王時期。這些刀的刀身很寬，顯弧形，很容易辨認·其中，有些刀的整個刀身都留下了經過壓剝的痕跡。有些卻打磨得十分光滑，燧石刀的刀柄用木頭、角和骨頭製成，粘得很牢，貴重的石刀會用金箔包裹握柄，或在上面雕刻戰爭的場景·30公分以下的石刀可能用作武器，而38公分（15英寸）或更長的石刀則十分脆弱，可能僅僅用於儀式。

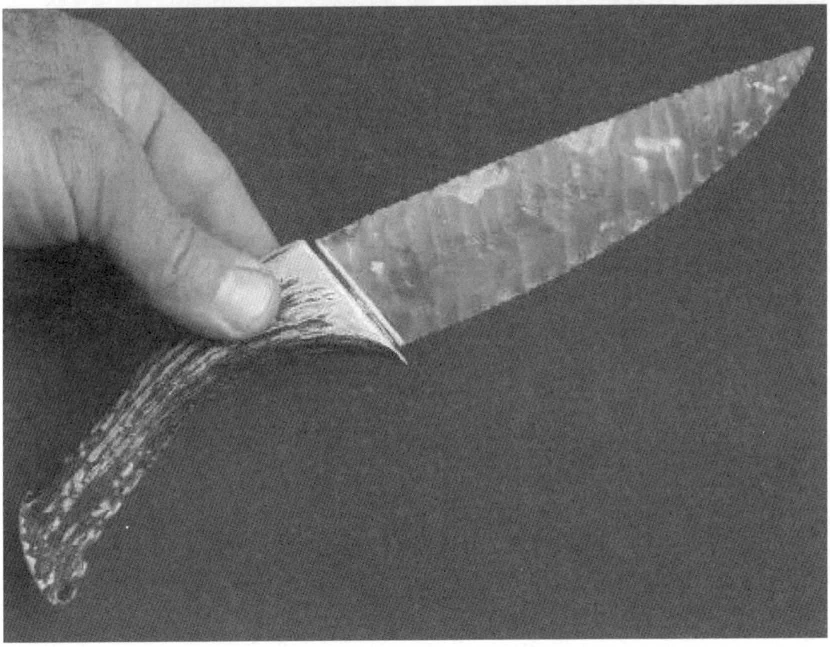

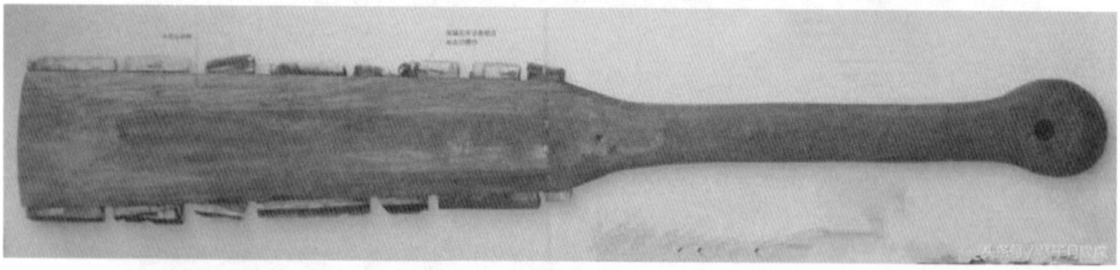

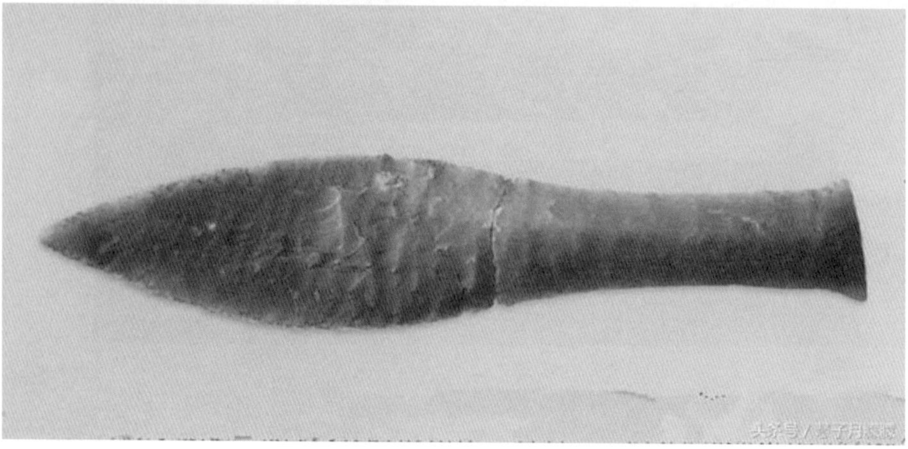

在古埃及新王朝和後王朝時期，大部分的燧石匕首比較短，雙刃，可以用於截刺。其刀柄比較簡單，主要採用木頭或骨頭等天然有機材料製成。新王國時期的匕首與更早前的款式相比，顯得更長更窄。有些握柄的的中部會有凸起。

在歐洲人第一次到達美洲大陸之前，美洲幾乎沒有金屬工具和武器。即使在金屬冶鍊工藝（主要是金）較發達的地區，也沒有銅、鐵等金屬製造的工具和武器。居住在今中南美洲的古老部落曾利用堅硬的燧石來製作棍棒、劍和匕首。墨西哥的阿茲特克人使用黑曜石來製作刀、匕首，以及一種刀棒的刀身，其刀身堅人臉形，表情異常兇猛．在西班牙攻佔墨西哥期間(1519-1521)，一位史家曾記錄說墨西哥當地的一種燧石「像托萊多刀一樣」鋒利。西班牙的托萊多刀是因品質上乘而聞名世界。

隨著金屬兵器的出現，燧石和黑曜石兵器逐漸退出歷史舞台，但它的影子卻沒有完全退出這個世界。因爲直到今天，外科醫生有些手術仍然持續在使用「燧石刀」，因爲與鋼刀相比，「燧石刀」可以永保細膩的鋒利度，其質地又有不沾黏皮肉組織的特性，切口是完全開放性的，使得手術不至於拖泥帶水，切口整齊，特別易於縫合和自然癒合，所以，經常被用於較精細的外科手術，尤其眼外科醫生仍在使用黑曜石手術刀片，這種刀片比任何鋼製刀片都鋒利，而且切口相當細膩。

筆者註：不妨再想想：現代人的祖先們，爲什麼需要大量的「燧石刀」和「燧石箭頭」？因爲我們是天生的殺手兼吃貨，自從有了「燧石刀」和「燧石箭頭」，這地球上就再也沒有任何我們人類殺不死的生物，沒有任何打不敗的敵人了，所有的猛獸猛禽都得向人類低頭，我們不但殺死他們和牠們，我們還會開心的吃了他們和牠們，同時很開心的坐上食物鏈的寶座而傲視天下。

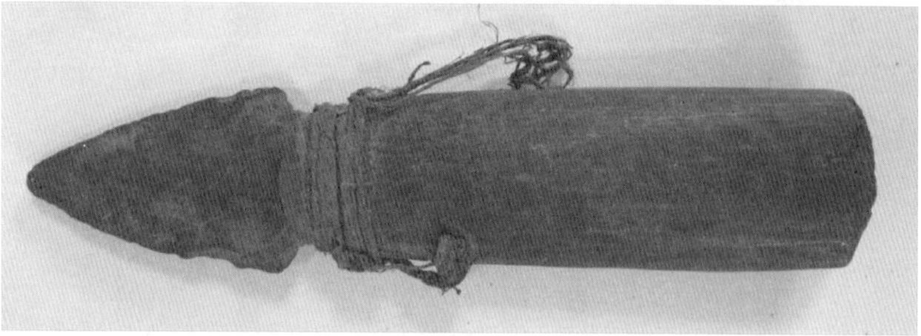

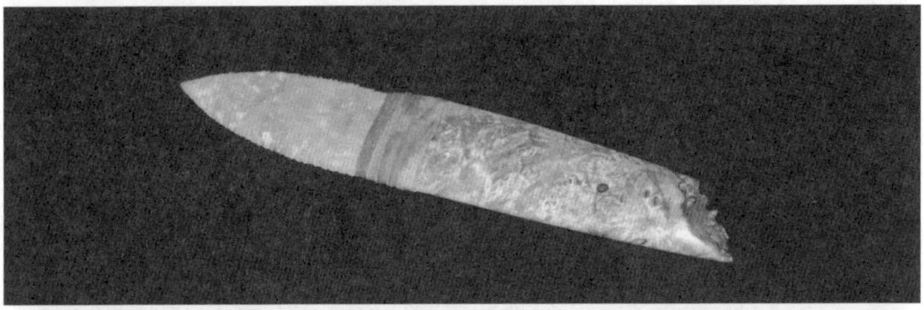

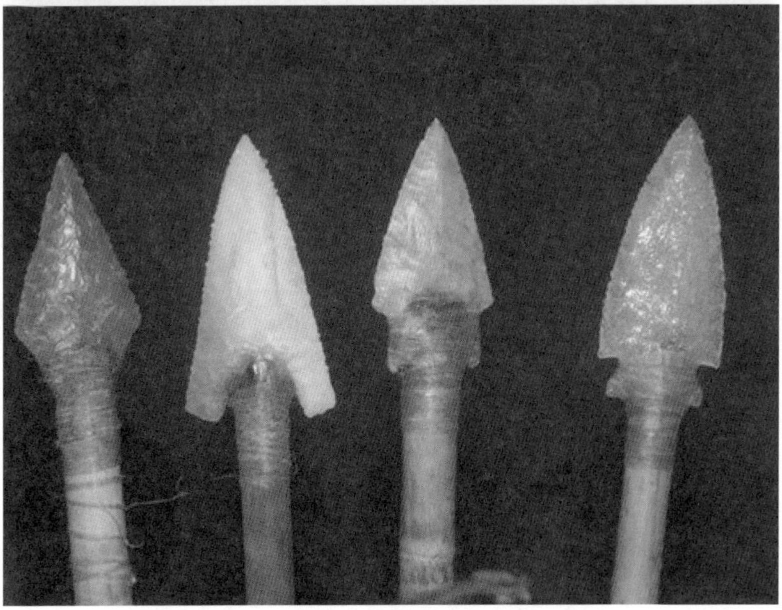

11 「尼安德塔人」有沒有靈魂

自從「尼安德塔人」被考古學家發現並定名之後，有關他們爲何會在35000年—40000年前突然悉數滅絕？不論是書本或者現今網路上，各種推論和說法層出不窮，甚至最新近的推論竟然是因爲他們的「眼睛太大」的緣故？真是是有些異想天開的感覺。

筆者從閱讀過的相關書籍及網路搜尋到的各種資料，分析研判之後，仍爲一個曾經這麼眾多而且分布甚廣的人種，要全數滅絕，絕不可能會是單一原因造成，必定有許多遠因近因，綜合之後，使得「尼安德塔人」最後終於退出地球人類發展的舞台，將霸主的寶座拱手讓給了「現代人」。

（註：以下部份內容節錄自網路資料）

在發現「尼安德塔人」之後迄今百餘年的考古研究中，人們逐漸發現了幾百處尼安德特人遺址。這些遺跡顯示，直到3萬年前他們最終消失，尼安德特人曾在惡劣氣候環境下生活了長達20萬年。現在看來，尼安德特人具備許多曾被認爲是人類所獨有的能力，尼安德特人要比人類(現代人的學名叫 Homo sapiens)低等的傳統觀點受到了挑戰。更有甚者，新的基因研究發現，人類和尼安德特人在50萬年前由共同祖先分化出來後，在大約4.5萬年前兩者並且在中東地區又發生了雜交（通婚）。

一些研究者認爲尼安德特人像我們一樣思考、交談，甚至用音樂、裝飾品和符號來豐富自己的世界。不過反對的聲音也是存在的，而且也援引了最新的基因研究作爲證據。那麼，尼安德特人究竟是和我們一樣聰明，還是僅僅是人類進化途中另一個失敗的分支呢。

第一個證據是尼安德特人的生活方式，他們已經可以自己搭建提供遮蔽的住所，儘管不是最早的但也能控制火，目前發現的最古老樂器可能就與尼安德特人有關，而且有證據表明他們是穿衣服的。尼安德特人也有令人讚歎的狩獵能力，他們可以捕獵犀牛和成年猛獁象。他們甚至已經可以製造使用複合工具，例如 12.7 萬年前的第一支有柄的長矛可能就是尼安德特人的產品。過去的主流觀點認爲尼安德特人晚期的技術進步只是簡單的抄襲了早期人類，不過在義大利南部發現的有 42000 年歷史的遺址顯示，他們的石器、骨器和早期人類的是不同的。尼安德特人埋葬死者，並且會長時間照料傷者。有學者認爲在一些遺跡中發現的塗有顏料的穿孔貝殼說明，尼安德特人也會用象徵性的人造物來裝飾自己。

也有學者認爲尼安德特人可以使用語言。尼安德特人的頭骨顯示他們的腦有類似人類的前額葉和語言區，即使考慮到體型大小他們的腦也比現代人的腦更大。而他們的舌骨也和人類相近，他們也有同語言能力相關的 FOXP2 基因。根據這些證據，革新派認爲尼安德特人也屬於人類。不過，也有很多研究者並不接受這麼顛覆性的新觀念。他們提出，尼安德特人和人類從 50 萬年就已經分開，在歐洲和非洲獨立進化，兩者的差異是實實在在的。儘管現代人類和尼安德特人的基因組只有不到 1%的差異，也就是幾百個基因突變，但這些突變有些關係著大腦的功能和認知，包括社會和人際交流能力。

筆者認爲幾種主流的推論說法都有可能以外，

另外還有一個主要原因，就是「武器決勝論」；

因爲我們知道，人類天生就是好鬥成性，從發展並製作出石製武器開始，就外與獸鬥，內與人鬥，前者是爲了食物和自衛，後者是爲了爭奪生存資源和交配延續種族的目的。

因此，在人與人鬥之時，雙方「武器」的新舊良窳就成了決勝的關鍵；

經由考古發掘，讓我們知道「尼安德塔人」是沒有弓箭武器的，最有力的遠距拋射武器只有石製矛頭和木棍組合的「長矛」，如果以體型比較，「尼安德塔人」絕對是比從非洲出走的「現代人」祖先更雄壯強健，塊頭大，骨骼肌肉發達又孔武有力，甚至腦容量也比較大，因此他們使用的「長矛」與「現代人」祖先也同樣使用的「長矛」相比，肯定是又長又重又粗壯的，因此，如果在有效射程內一旦射中人體頭部和軀幹等要害，中矛者想必是必死無疑，而相對的，以「現代人」祖先使用的「細長矛」就算射中「尼安德塔人」的軀幹，也許只是重傷而已，未必能致命。

但是，「現代人」祖先在 75000 年前從非洲陸續出走而遷徙各地之際，慢慢的也研發創造了「弓箭」；這絕對是個劃時代的偉大發明，不只是對於所有動物，包括大型動物以及肉食猛獸帶來了致命的危害，同樣對於人類也一樣有著恐怖的殺傷力；

如果以「現代人」祖先使用的「弓箭」和「尼安德塔人」使用的粗重「長矛」相較，「弓箭」有著射程遠、準確度高，相同時間內「射量多」（攜行箭矢的數量更多）等等的優勢外；也同時可以更有效隱蔽自身於安全範圍內，甚至在「尼安德塔人」使用的「長矛」最遠射程外，就能先行發動奇襲，而且，兩種武器在使用時，投擲「長矛」勢必使用立姿，甚至可能還要有「助跑」動作才能把「長矛」投擲得又遠又準；但是「弓箭」卻不需要，不但立姿可以發射，連跪姿、蹲姿或甚至臥姿將弓平行地面也能發射箭矢，因此，雙方對陣時的命中率已不可同日而語，同時正因爲「尼安德塔人」塊頭大，目標顯著，「現代人」祖先個頭小，身型苗條，加上是「弓箭」與「長矛」的對決，「現代人」祖先用「弓箭」射中「尼安德塔人」這種大塊頭對手的命中率只會更高。

更何況「弓箭」的有效射程比「長矛」遠上好幾倍，雖然箭矢比較細長，即使射中「尼安德塔人」這樣的塊頭大，除非直接命中要害，否則傷害力並不算太大，譬如射中肩膀、手臂、腿部，是不可能立即奪命，不過，弓箭可以快速連續出箭，一個「尼安德塔人」如果連中數箭，還是可能喪命或者失去行動能力的。

也所以；一旦雙方不期而遇上正面的遭遇戰，或者「現代人」祖先爲了爭奪生存領地而預謀去突襲「尼安德塔人」部落；雙方即使人數相當，勝負恐怕未戰即可先判，「尼安德塔人」不只是沒有獲勝的可能，而且下場就是慘敗而遭到屠戮殆盡。

更或者我們可以發揮一下想像力；

假設一個由二、三十「現代人」祖先組成的「突擊隊」，計劃去搶奪並屠滅一個由近百名男女老幼「尼安德塔人」部落生存的大型岩洞，只要「現代人」祖先的「突擊隊」個個是弓箭好手，預先埋伏在岩洞外面弓箭有效射程內的一些隱蔽物後，然後用「煙薰穴居動物」的方法，將「尼安德塔人」逼迫現身逃出洞外，接著亂箭齊射，相信很快就能把「尼安德塔人」射殺殆盡，甚至根本不必與人高馬大、孔武有力的「尼安德塔人」近身肉搏就能大獲全勝，這樣的戰鬥相信在兩個人種間也不知道發生過多少次，終於使得「尼安德塔人」走上滅絕之路，從此由「現代人」一統天下並延續至今，並繁衍出超過 70 億的眾多人口。

在本章節會提到「尼安德塔人」，是因爲最新的基因研究分析，「現代人」的基因中也混合有「尼安德塔人」的基因，而同樣最新的發現是「尼安德塔人」的基因；也有「現代人」的基因，因此，可以證明這二個人種曾經在進化的歷程中，互相交配而混血。

那麼，現代人類既然有「靈魂」，而「尼安德塔人」呢？他們有沒有「靈魂」呢？這點是相當重要的；如果「尼安德塔人」沒有「靈魂」，那麼牠們只是另一種人屬的動物而已，如果他們也有「靈魂」，他們就和我們一樣，也一樣是「人」！

這樣或者這些最新近的考古發掘及先進的「基因」分析研究結果，讓我們已經非常肯定的知道：「現代人」身體中帶有「尼安德塔人」的基因，而「尼安德塔人」的身體裡也帶有「現代人」的基因；但是，在非洲現存的原始民族卻沒有「尼安德塔人」的基因。

由此可以判斷人類在「多峇火山大爆發」的巨災發生之後，大約從 75000 年前開始，基於求生的本能，陸陸續續的分成許多批的遠程大遷徙，然後逐漸分散到現今的世界各地，而且推翻了部份「多峇巨災」理論，特別是「全世界僅殘存東非 2000 人」的「種群瓶頸說」，因爲最新的 DNA 研究分析既然證明了除了非洲以外的「現代人」

與目前已滅絕的「尼安德塔人」，互相的身體裡都帶有對方的基因，可見在「多峇巨災」之後，只要是遠離非洲出走到世界各地的「現代人」祖先，曾經在中東地區以及歐洲地區，與「尼安德塔人」不期而遇，同時產生過密切的互動，並且發生過頻繁的雜交而產生了「混種」的後代，雙方更同樣成功的繁衍下來，這點是非常重要的；

雙方頻繁的雜交而產生了「混種」的後代，不但證明在「多峇巨災」之後，全世界各地仍然有其他人種倖存，而不是只有東非的「現代人」祖先這一支而已，同時，雙方的「雜交混種」還成功的各自繁衍出後代，可見雙方的基因相似度極高，不像馬與驢的混種後代－「騾」失去了繁殖能力。

再加上早已證明過「尼安德塔人」有墓葬及陪葬品的遺跡，同時因爲發現遺骸四周赭紅色礦物粉末的存在，應可證明「尼安德塔人」應該已有「靈魂不滅」的觀念，更甚至有「靈魂」崇拜的信仰。

對於此點，還是必須先了解到最基本的「靈魂學理論」之一：人類是先發現「靈魂」的實存才擁有「靈魂觀念」的。這點絕不可以本末倒置。

因此，基於以上的最近基因科學證據和早期「尼安德塔人」的墓葬行爲相互印證，「尼安德塔人」和我們「現代人」同樣都擁有「靈魂」的，當然，也同樣是在41000年前「地磁大逆轉」之後才同時產生「靈魂」的，差別只在「尼安德塔人」終究悉數滅絕了，而「現代人」卻存活了下來；

不過，這樣的事實也不必過度詫異？因爲有「靈魂」並不能保證肉體長生或種族綿延不絕；就如同人類有文字歷史記載以來，許許多多已經被滅絕的種族一樣，同樣都是已經擁有「靈魂」的人類，仍然有著優勝劣敗的殘酷生存競爭。

當然也因爲「尼安德塔人」和我們「現代人」同樣都擁有「靈魂」，因此，帶有「尼安德塔人」的基因與否，顯然並沒有什麼特別的差異，除了一些「尼安德塔人」的缺點，必然也有一些優點，不過，也顯然並沒有關鍵的明確影響。

12 人類在四萬年前發生了什麼事？

1．人類認知革命
2．文明大躍進
3．東西方世界各地的岩洞壁畫出現「手印畫」
4．從非洲出走的大遷徙，人類抵達澳洲
5．人類腦部定型
6．世界各地出現人骨化石（經過6萬年化石斷層之後）
7．歐洲出現藝術品、儀式、先進工具
8．基因突變改變了腦部神經網路（遺傳漂變（genetic shift））
9．發明了遠距離拋擲武器
10．發聲腔的演化達到定型程度
11．多零件組合成的工具
12．在動物骨頭上打洞製成的樂器
13．製作出美學和來世信仰的陪葬飾品
14．產生計算能力（generative computation）、隨意組合概念的能力、使用心智符號、進行抽象思考等4種心智能力突然加速改變
15．利用先進的技術在遠洋進行捕魚活動（適合遠洋航行的船隻及捕獵遠洋魚類的魚鉤等工具）
16．人類有效的馴養狗

17．人類開始穿鞋
18．「象牙編繩器」證明人類已經會編製繩索
19．第一件裝飾品（駝鳥蛋殼磨成的串珠）
20．從四萬年開始迄今，人類在物質文明、精神文明、心靈文明的進展上遠遠超過前四百萬年的總和，尤其是在「心智能力」的進展上更是一日千里，令人咋舌。

那麼，人類「靈魂」真的是產生在4萬年前嗎？

這是一個不太容易回答的問題？不過：

我們先來看看「維基百科」中對於「大霹靂」的簡述：『----大爆炸又稱大霹靂（英語：Big Bang），是描述宇宙的源起與演化的宇宙學模型，這一模型得到了當今科學研究和觀測最廣泛且最精確的支持。宇宙學家通常所指的大霹靂觀點爲：宇宙是在過去有限的時間之前，由一個密度極大且溫度極高的太初狀態演變而來的。根據2015年普朗克衛星所得到的最佳觀測結果，宇宙大霹靂距今137.99 ±0.21億年，並經過不斷的膨脹到達今天的狀態。

大霹靂一詞首先是由英國天文學家弗雷德．霍伊爾所採用的。霍伊爾是與大霹靂對立的宇宙學模型——穩態學說的倡導者，他在1949年3月BBC的一次廣播節目中將勒梅特等人的理論稱作「這個大霹靂的觀點」。

1964年發現的宇宙微波背景輻射是支持大霹靂確實發生的重要證據，特別是當測得其頻譜從而繪製出它的黑體輻射曲線之後，大多數科學家都開始相信大霹靂理論了。通過廣義相對論將宇宙的膨脹進行時間反演，則可得

出宇宙在過去有限的時間之前曾經處於一個密度和溫度都無限高的狀態，這一狀態被稱爲奇異點，奇異點的存在意味著廣義相對論理論在這裡不適用。而仍然存在爭論的問題是，藉助廣義相對論我們能在多大程度上理解接近奇異點的物理學——可以肯定的是不會早於普朗克時期。

宇宙極早期這一高溫高密的相態被稱作「大霹靂」，這被看作是我們宇宙的誕生時期。通過觀測 Ia 型超新星來測量宇宙的膨脹，對宇宙微波背景輻射溫度漲落的測量，以及對星系之間相關函數的測量，科學家計算出宇宙的年齡大約爲 137.3 ± 1.2 億年。這三個獨立測算所得到的結果相符，從而爲具體描述宇宙所包含物質比例的 ΛCDM 模型提供了有力證據。------』

好了！我們當然暫時可以同意目前科學界都相信的「大霹靂理論」，但是，目前科學界知道的都是「大霹靂」之後的結果，然後逆推出這個可能，卻迄今沒有任何科學家能解釋「大霹靂」究竟爲什麼會發生？爲什麼會莫名其妙的突然冒出一個「奇點」？這個「奇點」究竟是什麼東西？又是從何處發生出來的？而且又是什麼東西或情況觸發其爆炸？？？

這不正是只知道結果卻不知道原因最好的例證嗎？也就是「只知其所然，而不知其所以然？」

同樣的，我們從許許多多的例證知道人類是從4萬年前產生了「靈魂」，也算是人腦內一次驚人的「大霹靂」，但是，我們迄今卻仍然不知道爲什麼會發生？不知道「靈魂」爲什麼會突然冒出來？

唯一的合理邏輯推論，只能勉強認爲可能是地磁大幅減弱（也許短暫的逆轉），「太陽風」中的高能帶電粒子入侵了我們的身體（也入侵其他生物），但是，地球生物中，唯有人類已經準備好了，我們早就具備了「靈魂預設模式網路」的「靈格」，所以，我們身體中的精微粒子受到刺激同化而形成同樣帶電並被格式化的粒子，而構成了靈魂的雛形，並且逐漸凝結結晶成了「靈魂」。

不過，目前不知道其所以然，不表示永遠都不會知道，只要我們有志繼續追究下去，相信總有一天會真相大白的。

13 臨門一腳

「臨門一腳」當然原本是來自足球運動的一個名詞，是球運也是技巧，總是必須剛好各種條件配合得恰到好處，才能成功達陣。

雖然，表面上看起來像是「偶發」的機會，不過，往深處來觀察，也必然會發現還是在之前已經有著諸多其他條件來配合，假設：超過半場距離，正好對方守門不在球門正中央，攻方後衛一個大腳，遠遠地把球踢進球門，這個也算不上是「臨門一腳」。

基本上，仍然是球員已經推進到對方球門非常近的位置，接到隊友的傳球，正好有個適當的角度，從空隙瞬間踢進，才會獲得歡聲雷動的所謂「臨門一腳」。

人類「靈魂」在四萬年前產生，看來也彷彿是「臨門一腳」，當然如果沒有這「偶發」的機會，人類可能迄今尚未能產生「靈魂」，然而，如果不是先前已經有著諸多其他條件來配合，即使有多次「偶發」的機會，也只是徒然坐失良機而已，同樣無法產生「靈魂」。

人類和其他物種一樣，都是演化而來，包括漸變、突變和遺傳漂變，在人類的祖先從靈長類的「演化樹」分離出來，成爲直立人猿，大約有700萬年的歷史。

人類的演化過程有如從高山滾巨石下來，由於重力加速度，呈現越來越快的現象，在前500萬年間沒什麼特別的事蹟可以拿來和之後的相比，而即使經歷了200萬年的「舊石器時代」也漫長的令人吃驚，反而是「新石器時代」只不過短短的一萬多年時間裡，人類不但有了文字，可以記載人類自身的故事和成就，物質文明的日新月異早就超過了古人窮盡想像也無法出現的「奇蹟」。

當然，這些成就是屬於「晚期智人」的傑作（註：「晚期智人」又稱「新人」一類生活在5萬年前至1萬年前的古人類。雖然1萬年以來的人類被稱爲現代人，但也屬於晚期智人的一種）。

至於人類的演化爲什麼會有這麼驚人的改變，和其他物種幾乎千萬年如一日的原地踏步，人類有如突然醍醐灌頂的一飛沖天，爲什麼會有這麼不可思議的改變呢？

「人類大歷史」一書的作者哈拉瑞（Yuval Noah Harari）認爲這主要是因爲發生在七萬年前的一場「認知革命」，讓智人產生了翻天覆地的改變，爲什麼會發生這場「認知革命」現在還無從得知，受到普遍接受的解釋是，某次偶然的基因突變，改變了智人大腦的連接方式，並獲得了兩種能力——「用精確的語言來溝通」的能力，以及「相信虛構想像」的能力。

但是，許多人類成就的明顯跡象卻顯示所謂的「認知革命」並非發生在七萬年前，而目前大家普遍接受的時間應該是在四萬年前左右。（註：包括「科學大歷史」的作者雷納．曼羅迪諾（Leonard Mlodinow）也在著作中如此表示）。

距今四萬年前的「認知革命」，不但是「晚期智人」與「早期智人」甚至更古早的原始人類間的明確分水嶺，也更是人類和其他地球所有物種之間的明確分水嶺；因為目前已經有太多太多的明確證據可以證明「晚期智人」不但徹頭徹尾的改頭換面，而且不只是外在的物質文明成就，包括內在心靈層面也像充氣飽滿的氣球一般，有著豐富的內涵及強大的思辨能力，能夠觀察研究外在的環境至宇宙太空和各種自然現象，也往內好奇的深入探索自我本身的各種心智活動能力。

這些原本是不待多言的，但是，即使大家普遍的認知到這個「認知革命」改變人類的事實，然而，我們迄今知曉的只是改變的結果與成就，卻始終不知道這個「翻天覆地大改變」的真正原因？

那麼距今四萬年前，到底發生了什麼驚天動地的大事呢？人類又是碰到了什麼樣「奇遇」而擁有了之後所有的特異功能呢？

老實說；沒有人知道？甚至連最基本的假說或天馬行空的臆想推論都尚未聞問？原因也很簡單，不是沒有人好奇，也不是沒有人去探究，而是，從自然科學考古和歷史人文考古；都不曾發現距今四萬年前地球發生過什麼了不得的大事？

如果認真考據地球在那時期發生的大事，只有北半球最大的火山發生噴發，這個超級火山位於現今義大利那不勒斯附近，在距今三萬九千年前發生過噴發事件。（註：坎皮佛萊格瑞（Campi Flegrei）位於義大利那不勒斯以西，今大部分位於那不勒斯灣水底下，之所以列為超級火山，該火山區曾在 39，000 年前大爆發，引發當時全球氣溫下降，且被認為可能是造成尼安德特人滅絕的原因之一）。

然而，超級火山大爆發會改變人類的基因和智力嗎？顯然是說不通的，因為至少在7萬5千年前，印尼蘇門答臘島上的「多峇火山」大爆發，甚至造成短期的小冰河期，甚至導致地球上大部分生物死亡滅絕，人類也因為「種群瓶頸」，只剩下東非幾千人倖存的大災難，然而，這些不論就理論或事實證明都不可能造成人類的「認知革命」。

因此，排除超級火山爆發這個事件之後，目前唯一的可能，就只剩下「地磁逆轉」這個可能了。

14 科學家發現4萬年前地球磁場發生逆轉

來源：科學解碼

據國外媒體報導，來自德國波茨坦地球科學研究中心的科學家對黑海沉積物樣品進行分析後發現早在41，000年之前，地球磁場發生了整體性快速顛倒，該時期正處於最後一次的冰河時期，磁性分析結果顯示當時黑海處的指南針正南方向爲現在的北極。此外，研究數據也來自諾伯特·諾瓦奇克（Norbert Nowaczyk）博士與黑爾格·阿爾蘇（Helge Arz）教授的研究小組對北大西洋、南太平洋和夏威夷的考察結果，證明了地球磁極顛倒是一個全球性的大事件。本項研究成果發表在最新一期的《科學》雜誌地球和行星科學欄目上。

其中較爲引人注目的關於地磁偏轉的速度，與今天的南北磁場方向指向所不同的是當時的磁場不僅方向相反，而且持續時間只有440年左右，磁場強度也僅有現在的四分之一。極性變化的持續時間爲250年左右，如果我們從地質學的尺度上看，這種變化的時間跨度是非常短的，也說明了其變化速度是相當快的。在此期間，磁場的強度的也非常地弱，根據最新的計算數據顯示，四萬多年前的地球磁場僅爲現在的百分之五。

由此可以推出，當時的地球在失去磁場強有力的保護下失去了對應宇宙射線的屏蔽能力，使得地球上的輻射環境大大增加。科學家對來自格陵蘭冰蓋上該時期放射性鈹(10Be)的研究結果顯示，地球磁極在該時期發生了全球性的顛倒。鈹10與放射性的碳14受到類似的影響，比如來自宇宙空間的高能質子與地球大氣原子所發生的碰撞事件。

據科學家們介紹，在黑海地區沉積物中發現地球數萬年前存在磁極顛倒事件已經將近45年了，而第一次發現則是對克萊蒙費朗 Laschamp 村莊附近幾處熔岩流遺蹟的磁化現象進行分析探索的結果，當時的磁場與今天的磁場方向存在較大的區別。自從那時候以來，科學家將地球磁場全球性顛倒的事件命名爲 Laschamp 事件，這裡的數據代表了在冰河時期一些控制站位的地磁場數據，而且在黑海地區繪製出來的新數據給出了完整的地球磁場圖像數據，可通過較高的解析度顯示出來。

原文：

Science News

from research organizations

Ice age polarity reversal was global event: Extremely brief reversal of geomagnetic field, climate variability, and super volcano

Date:

October 16, 2012

Source:

Helmholtz Centre Potsdam - GFZ German Research Centre for Geosciences

Summary:

Some 41,000 years ago, a complete and rapid reversal of the geomagnetic field occured. Magnetic studies on sediment cores from the Black Sea show that during this period, during the last ice age, a compass at the Black Sea would have pointed to the south instead of north. Moreover, data obtained by the research team, together with additional data from other studies in the North Atlantic, the South Pacific and Hawaii, prove that this polarity reversal was a global event.

Some 41,000 years ago, a complete and rapid reversal of the geomagnetic field occured. Magnetic studies of the GFZ German Research Centre for Geosciences on sediment cores from the Black Sea show that during this period, during the last ice age, a compass at the Black Sea would have pointed to the south instead of north.

Moreover, data obtained by the research team formed around GFZ researchers Dr. Norbert Nowaczyk and Prof. Helge Arz, together with additional data from other studies in the North Atlantic, the South Pacific and Hawaii, prove that this polarity reversal was a global event. Their results are published in the latest issue of the scientific journal *Earth and Planetary Science Letters*.

What is remarkable is the speed of the reversal: "The field geometry of reversed polarity, with field lines pointing into the opposite direction when compared to today's configuration, lasted for only about 440 years, and it was associated with a field strength that was only one quarter of today's field," explains Norbert Nowaczyk. "The actual polarity changes lasted only 250 years. In terms of geological time scales, that is very

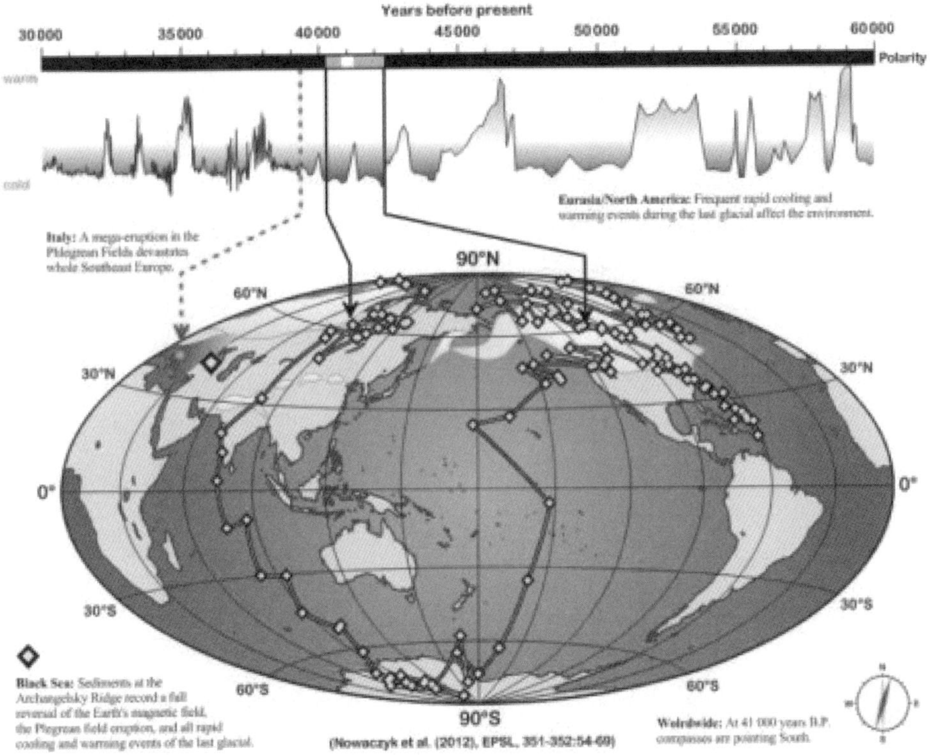

Years before present
30000
35000
40000
45000
50000
55000
60000
Polarity
warm
cold
Eurasia/North America: Frequent rapid cooling and warming events during the last glacial affect the environment.
Italy: A mega-eruption in the Phlegrean Fields devastates whole Southeast Europe.
90°N
60°N
60°N
30°N
30°N
0°
0°
30°S
30°S
60°S
60°S
90°S
Black Sea: Sediments at the Archangelsky Ridge record a full reversal of the Earth's magnetic field, the Phegrean field eruption, and all rapid cooling and warming events of the last glacial.
(Nowaczyk et al. (2012), EPSL, 351-352:54-69)
Worldwide: At 41 000 years B.P. compasses are pointing South.

fast." During this period, the field was even weaker, with only 5% of today's field strength. As a consequence, Earth nearly completely lost its protection shield against hard cosmic rays, leading to a significantly increased radiation exposure.

This is documented by peaks of radioactive beryllium (^{10}Be) in ice cores from this time, recovered from the Greenland ice sheet. ^{10}Be as well as radioactive carbon (^{14}C) is caused by the collision of high-energy protons from space with atoms of the atmosphere.

The Laschamp event

The polarity reversal now found with the magnetisation of Black Sea sediments has already been known for 45 years. It was first discovered after the analysis of the magnetisation of several lava flows near the village Laschamp near Clermont-Ferrand in the Massif Central, which differed significantly from today's direction of the geomagnetic field. Since then, this geomagnetic feature is known as the 'Laschamp event'. However, the data of the Massif Central represent only some point readings of the geomagnetic field during the last ice age, whereas the new data from the Black Sea give a complete image of geomagnetic field variability at a high temporal resolution.

Abrupt climate changes and a super volcano

Besides giving evidence for a geomagnetic field reversal 41,000 years ago, the geoscientists from Potsdam discovered numerous abrupt climate changes during the last ice age in the analysed cores from the Black Sea, as it was already known from the Greenland ice cores. This ultimately allowed a high precision synchronisation of the two data records from the Black Sea and Greenland.

The largest volcanic eruption on the Northern hemisphere in the past 100,000 years, namely the eruption of the super volcano 39,400 years ago in the area of today's Phlegraean Fields near Naples, Italy, is also documented within the studied sediments from the Black Sea. The ashes of this eruption, during which about 350 cubic kilometers of rock and lava were ejected, were distributed over the entire eastern Mediterranean and up to central Russia.

These three extreme scenarios, a short and fast reversal of Earth's magnetic field, short-term climate variability of the last ice age and the volcanic eruption in Italy, have been investigated for the first time in a single geological archive and placed in precise chronological order.

故事來源：

材料由 Helmholtz Center Potsdam 提供 - GFZ 德國地球科學研究中心。注意：可以針對樣式和長度編輯內容。

期刊參考：

N.R. Nowaczyk，H.W。 Arz，U。Frank，J。Kind，B。Plessen。黑海沉積物中 Laschamp 地磁偏移的動力學。地球與行星科學快報，2012; 351-352：54 DOI：10.1016 / j.epsl.2012.06.050

引用本頁：

Helmholtz Center Potsdam - GFZ 德國地球科學研究中心。 ”冰河時代的極性逆轉是全球性事件：地磁場，氣候變化和超級火山極爲短暫的逆轉。“每日科學。 ScienceDaily，2012 年 10 月 16 日。
<www.sciencedaily.com/releases/2012/10/121016084936.htm>。

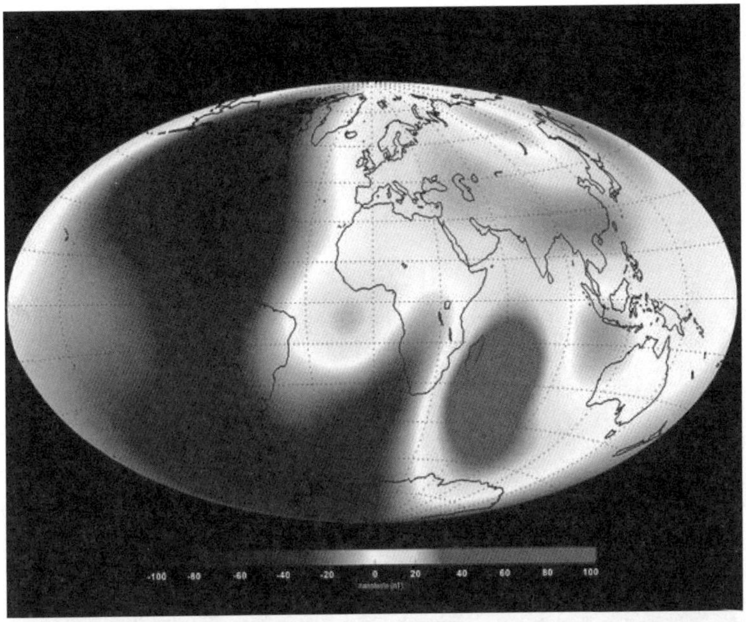
-100 -80 -60 -40 -20 0 20 40 60 80 100

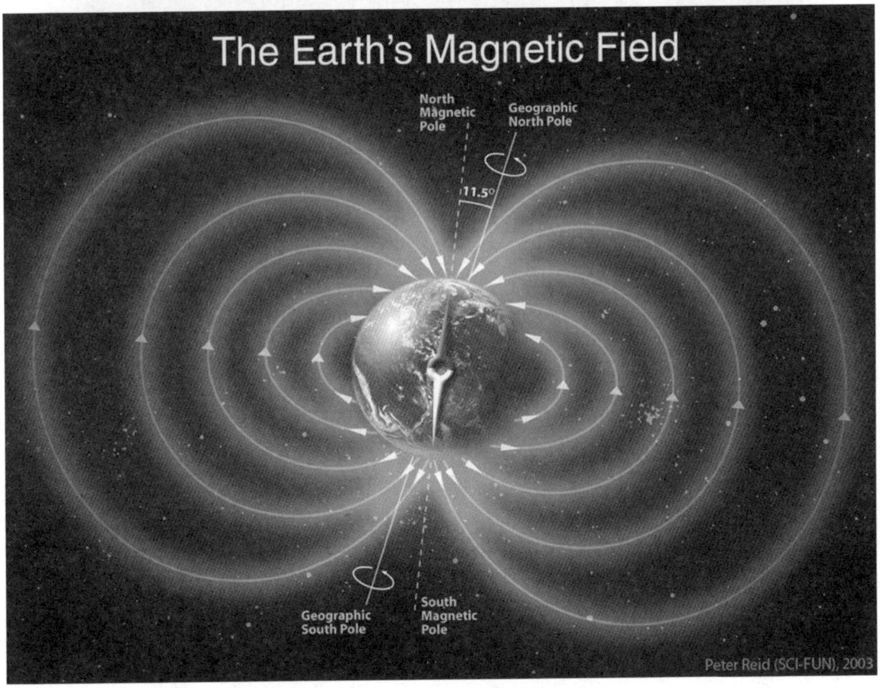
The Earth's Magnetic Field
North Magnetic Pole
Geographic North Pole
11.5°
Geographic South Pole
South Magnetic Pole
Peter Reid (SCI-FUN), 2003

15 超高能宇宙射線來自何方？

超高能宇宙射線到底從哪來？困擾了科學家 50 多年的謎底終於有解了！一個國際大型天文團隊耗時 12 年，首次找到明確證據，證明轟炸地球的「超高能宇宙射線」是來自銀河系之外。

天文學家卡爾．薩根曾說過：「我們 DNA 中的氮、我們牙齒中的鈣、我們血液中的鐵、我們蘋果餡餅中的碳，都是在塌陷的恆星內部製成的。我們都只是宇宙的塵埃。」簡單來說，如果有朝一日我們能夠理解宇宙射線及起源，就同樣可以幫助了解宇宙、星系、甚至是人類自身的根本。

宇宙射線是來自外太空的帶電高能次原子粒子，半個世紀以來，科學家們一直未能解讀出最強大的射線來自何方。超高能宇宙射線的能量範圍可以從 10^{9}~10^{20} 電子伏特（比 1 億兆還要高）；或者說，比世上最大的人造粒子加速器「大型強子對撞機（LHC）」粉碎質子的能量還要高出 1，000 萬倍。

由於沒有任何標準的超新星、脈衝星或黑洞能將粒子加速到如此巨大的能量，更沒有人可以確定哪些因素會導致粒子變得如此精力充沛，因此科學家被這類射線困擾逾 50 年，其來源和機制一直是高能天體物理學最難解的謎之一。

要辨識超高能宇宙射線來源還有一個大障礙，在於科學家難以弄清其實際存在什麼粒子，因爲它們在來到地球的途中會和星際物質碰撞產生衍生宇宙線（二次粒子），然後與地球大氣層分子相撞，最後數十億個分子在空中化成一場基本粒子雨，以近乎光速的速度下降。

爲了檢測宇宙射線，一個由18個國家、400位科學家組成的國際天文團隊利用阿根廷的皮埃爾・奧格天文台，耗費12年時間收集、觀察超過3萬種最有活力的高能粒子，並在天空中擬繪分布圖，果然發現這些粒子雖然在整個天空並不均勻分佈，但有很高比例是源自同一方向。

皮埃爾・奧格天文台是目前世上最大的宇宙射線觀測台，1,600個探測箱陣列在阿根廷大草原上一字排開，每個探測箱裝著12噸的水，總佔據3,000平方公里，比香港還大。這些探測箱能捕捉帶電粒子通過介質水時發射的電磁衝擊波（Cherenkov light，切倫科夫光），研究人員將來自許多探測箱的訊息綜合起來，就能找到原始宇宙射線的方向並確定它們來自何方。

如果超高能宇宙射線的來源是銀河系，那麼路徑應該指向銀河系中心的超大質量黑洞，然而研究人員發現，超高能量宇宙射線主要來自距離銀河系核心方向約120度的大面積天空。至此，科學家終於相信超高能宇宙射線來自銀河系外，雖然還是不知道什麼會產生這些射線、射線具體到底來自哪些星系，但可以想見的是，將有一堆論文接踵而來。

美國內布拉斯加州-林肯大學物理學家格雷戈里・斯諾（Gregory Snow）說，超高能粒子只能源於「極度暴力」的天體物理現象，這代表銀河系之外的某些星系中心存在極令人震撼的超大質量黑洞。合著者荷塞・貝利多（Jose Bellido）則表示，也可能是星系相撞造成的巨大衝擊。（本文原發表在《科學》期刊。）

16 靈魂的激活

在現今網路發達的時代，「激活」這個名詞大概是人人耳熟能詳的；因爲當你想要加入一個新網站，需要「註冊」，通常這個網站會先讓你下載一個「表格」，填寫你所有相關的個人資料，然後，也許需要審核，也許不用審核，然後就會寄一個「網址」到你填寫的信箱，你必須進入這個網址去按一個「按鈕」，這樣整個註冊程式才算完成，然後你就能成爲會員並順利「登入」使用了。

而更審愼的網站可能會要求你提供手機號碼，會以「簡訊」方式傳送一組密碼給你，你必須在限定的時間內，把特殊密碼輸入在電腦指定的空格內，然後按「Enter」鍵，經檢查密碼無誤，這個程式才算正式被啓動，而才能開始使用。

幾乎同樣的，如果把人的「靈魂」視爲一種程式，同樣也是要經過「激活」的程序動作，這個程式才能發揮作用。

「靈魂」是人類的肉體、意識和心智進化後才自然產生的，但是，就如同「語言的預設模式網路」，程式只是一個程式，不經過「激活」的這道必要程式，是無法發揮任何作用的，之前曾經談過：一個小孩子的「語言的預設模式網路」是來自遺傳沒錯，然後經過大人的不斷教導，從牙牙學語，慢慢增加詞彙和學會各式各樣的發音方式，然後學會語言。而這個「語言的預設模式網路」是有時效性的，即使一個小孩子的發音器官沒有問題，也沒有聽障毛病，但是，如果在十幾歲之前，完全不跟他對話，不教導他發音說話，那麼一旦超過十二、三歲之後，這個「語言的預設模式網路」就會完全關閉，之後再怎麼教導，他也終生無法說話。

「靈魂」也有類似的「預設模式網路」，就如同電腦一樣，譬如我們為了玩「電競」，換裝了動能更強大的新「顯示卡」，硬體安裝好之後，有的電腦需要另行安裝光碟版的「驅動程式」，有些較新的電腦界會自行搜尋適合的驅動程式，也有的需要去「顯示卡」公司網站下載專用型號的「韌體」驅動程式，總之都是需要驅動程式才能「啓動」這個新硬體，正常的開始運作。

那麼，人類靈魂的「預設模式網路」究竟是在何時進化出來的，我們目前根本不知道，也沒有專門人士在研究，但是，總是在距今廿萬年起始的之後，我們進化成「現代人」很久很久以後才有可能，因為畢竟這是和肉體、意識和心智這些軟硬體統統相當進化後，才有可能發展出來的。

但是，靈魂的「預設模式網路」究竟是已經存在多久之後，才被意外激活啓動的呢？正因為我們目前根本不知道，也沒有專門人士在研究？所以，目前我們根本不可能知道？

從各種後果的跡象來推斷，大約是在4萬年前，人類靈魂的「預設模式網路」被激活啓動，原因非常可能是地磁減弱（或可能曾經快速逆轉），讓太陽風及一些宇宙射線的高能帶電粒子長驅直入，「激活啓動」了我們已經擁有靈魂「預設模式網路」的人類，體內所有粒子狀的精微物質產生整齊排列的變化，因此，在靈魂「預設模式網路」的「靈格」中開始累積了「感知系統」的運作能力；於是，人類的靈魂於焉正式產生並持續運作，而且，還能垂直遺傳給後代，也因此，現代人，只要不是重度智障，統統都擁有了基本靈魂，沒有例外。

相信人有靈魂的「有靈魂」，不相信人有靈魂的一樣「有靈魂」，絕對不會因為個人偏執的相信或不相信就決定了有無。

那麼，問題來了，假設4萬年前，地磁沒有逆轉或大幅減弱，沒有「激活啓動」人類靈魂的「預設模式網路」，那，現代人還會有靈魂嗎？

我個人合理的邏輯推論是：沒有！

因爲在地球或人類進化史中，4萬年只是短短的一個零頭，人類也不一定非要擁有靈魂不可，其他動物沒有靈魂也一樣活得好好的，有些人類有靈魂，也活得還不如禽獸，不論是自願或被迫的。

所以，人類並不是一定要擁有靈魂不可，也不是一定會發展出靈魂才行，但是，只是「偶然」的，剛好人類先進化擁有了「預設模式網路」的條件，又剛巧在4萬年前被太陽風及一些宇宙射線的高能帶電粒子長驅直入的「激活啓動」了，所以，才讓靈魂發揮了驚人的作用。

所以，相信我；我不是「人類非要有靈魂不可」的擁護者，更不迷信人類一定要有「靈魂」才能在世界上存活。我只是剛好觀察研究到人類之異於其他物種，人類竟然擁有很特殊的一種程式—「靈魂」！而也因爲人類有了「靈魂」才能創造出其他物種不能創造的物質世界和擁有特殊的心靈境界，並且因此而能在肉體死亡後，仍然以「靈魂」的生命型態長久續存。

也因此，我認爲人類的「靈魂」是偶然碰巧被激活才啓動的，不是必然，更不是任何神力或超自然力量造成的。

17 我與靈魂

全世界目前有超過70億人口了，在同一個時間內，說出口最多的一個共同字，就是「我」了。而我們一天之中說的最多的一個字恐怕也是「我」，可見，「我」是多麼重要的。

自古以來，所有哲學家都公認的三大難題就是：

1．我是誰？（或者我是什麼？）

2．我來自何處？

3．我將去向何方？

現在我又加上第4個難題：4．我爲什麼會有前三項的想法？

當然，這四大難題迄今依然無解，再怎樣的各說各話，無解就是無解，沒有任何解答是能令大家信服的，因爲我們真的是「不知道」？

其實，「我」是比整個宇宙都更難理解的，因爲宇宙畢竟還是客觀的存在，而「我」卻是純主觀的，並沒有客觀的「我」存在，就如同我們可以抱起別人離地幾分鐘甚至幾十分鐘，卻無法自己把自己抱離地面幾分鐘。

不過，我們不妨先單純談談「我」這個課題；

在字典的解釋：「我」是說話者的自稱。所以，全世界70多億人口，當然就會有70多億個「我」存在。

關於「我」這個字，因爲全世界各種語文的不同，所以當然會有不同的發音和文字寫法，譬如英文最簡單，就是一個大寫的「I」，但是，從文字符號讀音、書寫方式和字型上實在看不出和「我」這個實體有什麼關係或相似的地方？

可是，中國字可就不同了：「我」這個字在發音和字型上都有著明顯的相關意義在：

中國文字是全世界迄今唯一流傳最久，使用最久，中間從來沒有間斷過的文字，而且雖然字型有過多次變化，但是，從現今流行的所謂「正楷字」，我們居然還能看出不少古代最早「甲骨文」時代的造字遺跡，甚至，我們在故宮博物院看到「甲骨文」古物時，居然還多少能認得其中的幾個字，別忘了，那可是已經距今三千多年前發明和使用的古文字了呢？這是任何其他各民族文字都沒有的特色。

「我」這個中國字非常特別，在甲骨文中，它的字型是「一個人」拿著一把大鉞，就是長柄的大斧頭啦，而且，「我」這個中國字也是來自古『殺』字，這不是非常奇怪嗎？難道「我」活著是爲了「殺戮」而存在的嗎？

當然不是，「我」不是爲了殺戮而活著，但是，我活著卻必然要不停的「殺戮」（或「殺生」），想想看：我們每個人活著時，是不是隨時在殺戮殺生，而且是無時無刻不在殺戮殺生的？

你不同意嗎？

只怕事實讓你不得不同意。

因爲人是有機生物，我們從出生開始就必須每天覓食攝食來成長和補充能量，我們能單純依靠無生物或無機物質存活嗎？當然不能，我們的食物來源幾乎全部是有機生物。

想想，一日三餐，早餐吃二塊芝麻燒餅，一碗豆漿吧，那麼吃掉多少芝麻和黃豆的種子（生命）？午餐和晚餐各吃二碗飯好了，那麼你吃掉了多少稻米的種子（生命）？更何況中餐和晚餐的配菜，不論是青菜蘿蔔或者雞鴨魚肉，那又是多少動植物的（生命）？而且，以中國人來說，菜單食譜中的食材更是無所不包，舉凡天上飛的，地上跑的，水裡游的，沒有不吃的，香的吃，臭的也吃，甚至在不得已的荒年，歷史上不知道有多少筆「人相食」的記載。

而生病時打針吃藥，許多抗生素，不也是爲了殺死細菌和病毒嗎？連我們自己體內都有白血球巨型吞噬細胞，時時爲我們殺死入侵的細菌病毒；而不論是爲了侵略別的族群或國家又或爲了抵禦外侮，要不要殺死敵人呢？所以，人當然是時時在殺戮殺生，一生從未停止的。

而「我」這個字到了「鐘鼎文」（金文）的大篆和秦朝的小篆時代，字型有了明顯的改變，但是，仍然和「殺戮」有關，不論「大篆」或「小篆」的「我」字，都是正反二把「戈」結合起來的合體文。

「戈」當然是犀利的武器；戈的形態爲長柄前端有一內向橫刃，以鉤擊及啄擊爲主要施襲手段。春秋戰國時代，大量文獻中均曾出現戈這種兵器，春秋戰國時代，貴族所駕馭的戰車中通常有三人，中央者名爲「御者」，負責駕駛戰車；左側者名「車左」，主要以弓矢爲攻擊手段；右側者名「車右」，主要以戈矛作近距離白刃戰，戈是守衛戰車者經常使用的兵器，而且不論步兵、騎兵或戰車兵都能使用。

奇怪？「我」怎麼又和殺人的武器掛鉤在一起了呢？

其實，這其中是有著深層的哲學意涵的；想想：「我」這個東西，那不正是正反兩股力量角力的場所嗎？或者中國古人早就發現了「外我」和「內我」兩者的同時存在，其意義是意識上的，而不是肉體方面的，所以，古人不從人體外型去造字，反而是用意識的正反相輔相成和互相傾軋方面著手去造了「二把正反戈」的「我」字。這種概念實在太偉大也太先進了（註：直到今天我們常用的正楷還是二把戈組合而成的）。

當然，文字的發明距離「靈魂」的發現已經相隔很久了，人類早就發現了靈魂的存在，隔了至少三萬五千年之後才發明了文字，而中國的「我」卻是大約在三千年前發明的。

如果中國字「二把正反戈」的「我」字真的代表了「外我」和靈魂的「內我」，那麼這二把戈砍殺爭鬥，究竟勝負如何？孰善孰惡呢？

其實，靈魂不但在性別上是中型的，在本質上也是中性的，並無善無惡，只是秉進化的自然而產生，原本是純潔無瑕的，而是在成長的過程中，因爲所受的教育和環境的薰染，才會有了善惡差別。

所以，大約過了青春期，尤其成年以後，「內我的靈魂」就有了善惡之別，而且會指使或阻止外我去行事；

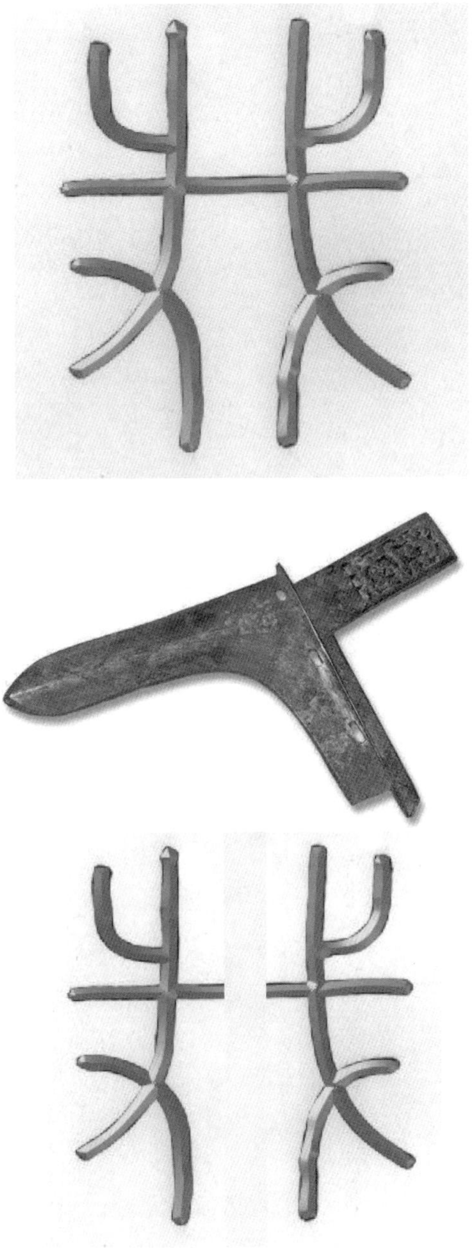

善的靈魂會有較高的IQ和較好的EQ，會勸阻當事人不要輕易動怒，不要隨便口出惡言，不要和人爭鬥，不要去做壞事，甚至會要求當事人「君子慎獨」；但是，惡的靈魂IQ不一定就較低，只不過EQ通常較差，不但會煽動當事人容易動怒，喜歡說謊和爭強好勝，逞兇鬥狠，甚至會鼓勵暴力犯罪或智慧型犯罪。

如果中國字「二把正反戈」的「我」字真的代表了「外我」和靈魂的「內我」，那麼這二把戈砍殺爭鬥，究竟勝負如何？孰善孰惡呢？

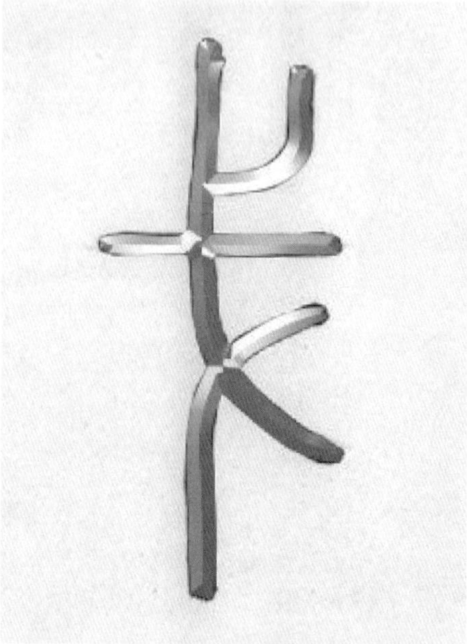

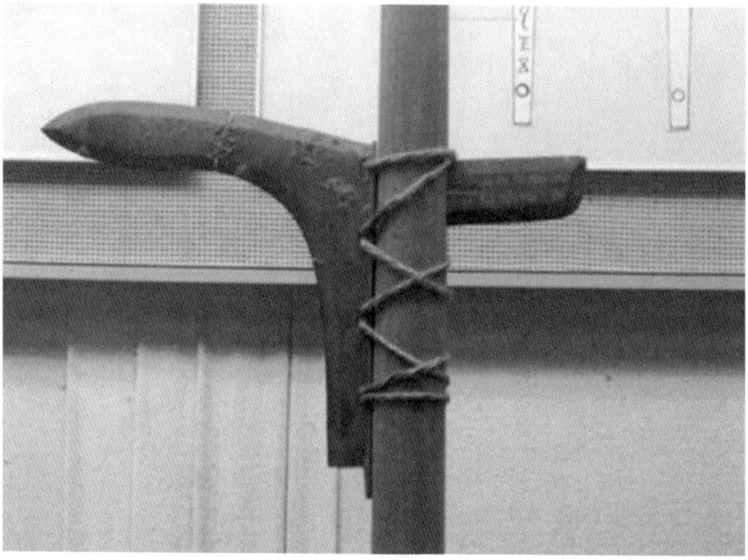

「內我」並非靈魂的全部，卻是大部分隱性的靈魂，在肉體死後，會和小部份必要的「外我」的粒子和意識結合成爲完整的「鬼魂」，進入靈界或羈留陽間形成人鬼雜處的狀態。

這時，靈魂的善惡就成爲最後去處的關鍵了。

又因爲，人間和靈界的高度甚至過度社會化，靈界又是人間社會的翻版，於是，「靈魂」就不是依照原本「自然人」的標準來決定去處，反而是受「社會人」以及「宗教誤信」的因素決定了去處。（註：這是另外一個非常龐大的研究，非本書的主旨，所以就此略過。）

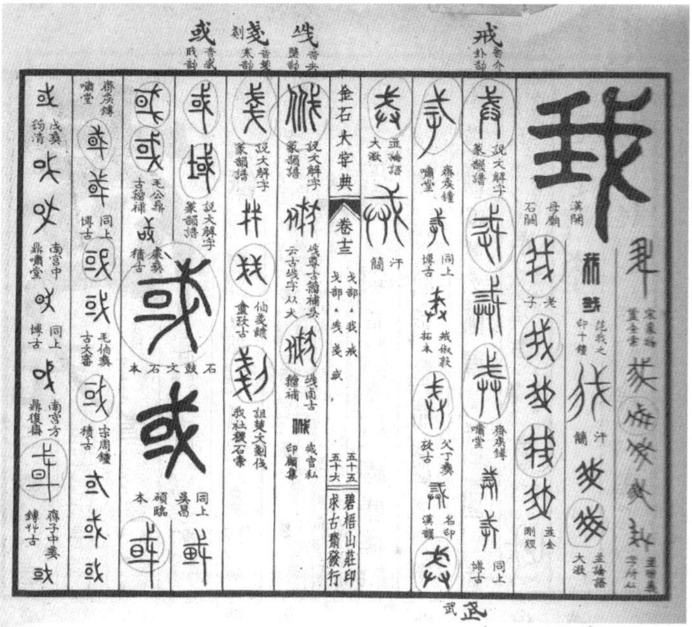
金石大字典
卷十三
碧梧山莊印
求古齋發行

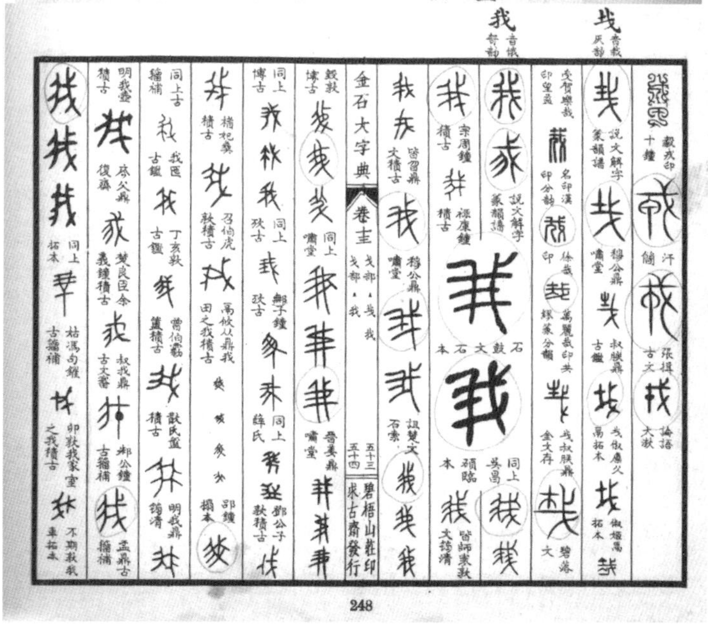
金石大字典
卷十二
碧梧山莊印
求古齋發行
248

18 手是自我的延伸

人類的祖先從開始直立，雙手就真正「空」了出來，除了從猿類時代就會互相撫摸、理毛、使用現成工具、簡單改造工具，直立人更進一步的改造工具、製作工具---創造工具。

人類從石器時代、銅器時代、鐵器時代到今日電腦網路時代，從最原始的石製手斧、燧石取火器、燧石刀矛、銅戈、鋼劍、陶器、絲綢、弓箭、大型建築、石雕、精密鐘錶、傳世的名畫、火車、電燈、飛機、太空船、電腦、智慧型手機、火星探測器等等，無一不是依靠雙手創造製作出來的。

雙手不只是「萬用工具」，跟其他靈長類親戚一樣，可以作各種手勢來表意，輔助語言的不足，可以表達友善，也可以當做最直接的武器用來攻擊和自衛。

雙手另外還有一項重要的功能，那就是「自我」的延伸；

想像一下，直到今天，如果和朋友約定見面的地點是人潮洶湧的車站或鬧市，當我們遠遠看見朋友時，除了呼喊，是不是也會自然的高舉一隻手來揮舞，讓朋友能看見，甚至我們是不是不停的跳躍，同時揮舞雙手來吸引朋友能注意到？

這是最直接也最初步的用手將「自我」擴大和延伸。

當我們要向陌生人介紹或表達自己時，會以食指或大拇指指向自己的臉孔，特別是指向鼻子部位，而且可能連續比劃幾次來強調，也有些人會以手掌連續拍自己胸脯來表達「我」這個意念。

現今的電腦已經有了非常精確的「人臉辨識功能」，全世界沒有一個人的臉孔是完全相同的，頂多只是肖似，而且，除非是雙胞胎或多胞胎，否則兩個臉孔肖似的人，恰好同處於一個場合中的機率極小，所以，一位教師或者一個部隊的長官，通常當然是依靠臉孔的不同來辨認自己的學生或部屬；但是，大部分學校和軍隊甚至一些有規模的大公司，在點名時，會要求學生或人員舉手答應，而不是「點頭」或者把頭部向前伸來表達自己在場，因爲這時的「手」正是自我的延伸，更甚至在一大群陌生人中，我們要找尋一個特定人士時，當我們大聲唸出他的名字時，我們習慣期待的；以及他確實會做的動作就是直接舉起一隻手，也可能同時大聲回應「有！」或「在！」。在這些例舉的狀態中，「手」始終代表了一個個體的「自我的延伸」。

其次，我們一般人把手正面直伸出去的尺寸大約在60—70公分左右，這也是「自我領域」的明確界限，除非是非常熟悉的親朋好友，我們同意雙方可以有近距離甚至零距離的接近，否則，面對的是陌生人或初次見面的人，我們不會希望對方「侵入」這個距離的「自我領域」，其實對方的心態也一樣，這也是一種「自我保護」的機制，起始之初，只是爲了在指尖不能碰觸到對方的距離來交談，可以避免突發的惡意徒手攻擊；然後慢慢發展出一種無形的「自我領域」距離，不論是在雙方站立時或者隔著桌子面對面坐著時，有教養的現代人都幾乎是在潛意識中會遵守這種「遊戲潛規則」，除非發生了爭執，才會把身體前傾，甚至雙手握拳前伸，或把雙手壓在桌上進行「侵入領域」的肢體威脅，否則友善的交談時，我們都會遵守這個「手臂前伸距離」的界限。而把手直接指向對方的鼻子，那是一種嚴厲的指責或咒罵時才會做的動作，更甚至用雙手握拳在對方鼻尖前揮舞，那更是嚴重的「宣戰」

行為。同樣的，這時的「手」仍然還是「自我的延伸」。

在全世界各地許多原住民聚落，團體舞蹈時，不論是同性或異性混雜的舞蹈中，大家手牽手或者手臂勾手臂歌舞時，「手」代表了親密、團結和肯定的族群認同，在中國古代，兩人之間以擊掌來口頭立誓，在美國年輕次文化中，完全的張開手掌並以互相擊掌表示激賞、歡樂和「麻吉」關係，而「握手」和揮手打招呼或揮手道別也是目前全世界最普遍的肢體語言，同時，以上這些和手相關的動作，同樣是「自我的延伸」。

而手最常見的「手勢指向」功用，譬如指示方向，指示特定物件，指示某人，某種特殊現象甚至是危險的來源等等，而因地位身份不同的人，由上而下的「指揮」動作也有許許多多不同含意的手勢和動作。當然，從簡單的「手勢」起始，全世界各地迄今已經發展出數百種不同的「手語」，以供失聰瘖啞人士表意交談使用，而且詞彙也已經非常豐富，這些一樣可以視作是「自我的延伸」。

此外，臉孔固然是一個人外表最基本的特徵，中國自古在城門口或鬧市張貼一如現今「通緝令」的所謂「海捕公文書」時，都會附上罪犯的素描畫像，但是，用毛筆素描畫像是專門技術，並非人人都會的，因此，不論是在正式公文書、私人買賣契約、罪犯認罪的口供等等的紙張或布上，除了簽名畫押，有時為了更進一步的認證所需，還會用墨汁或者紅色硃砂印泥加蓋指印甚至「掌印」，這些，在許多現今還保留完好的私人契約上還能看到這樣的遺跡（參見圖片）。而簽名畫押又加蓋指印或掌印，除了是為了認證文件的真實性，也是防止蓋印者日後反悔或抵賴的可能變數，其實，指印和掌印又更深一層的表現了「自我的延伸性」。

同樣的，因為不可能把相關人等的素描畫上去，古代也沒有相機，而「自我延伸」的表徵「手」，就成了每個人的最大區別。

從古到今，在許多名勝古蹟的牆壁或磚石、大樹上，常常可以發現一些「XXX到此一遊」或者「XX與XX永遠相愛」等等的刻字留言，這種當然是非常沒有公德心的行爲，但是，深究這些刻字者的心態，其實可以追溯到非常原始的一種「自我表達」的行爲，簡而言之，就是爲了表達或證明「我在這裡！」和「我曾經到過這裡！」，而更簡單化約的意涵就是：「我當下存在過！」。

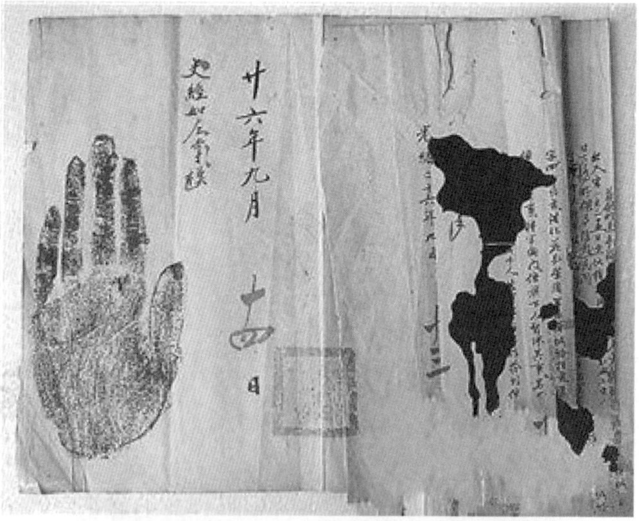

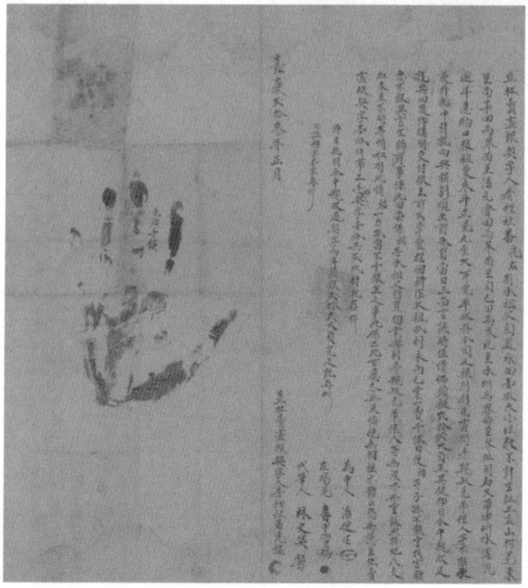

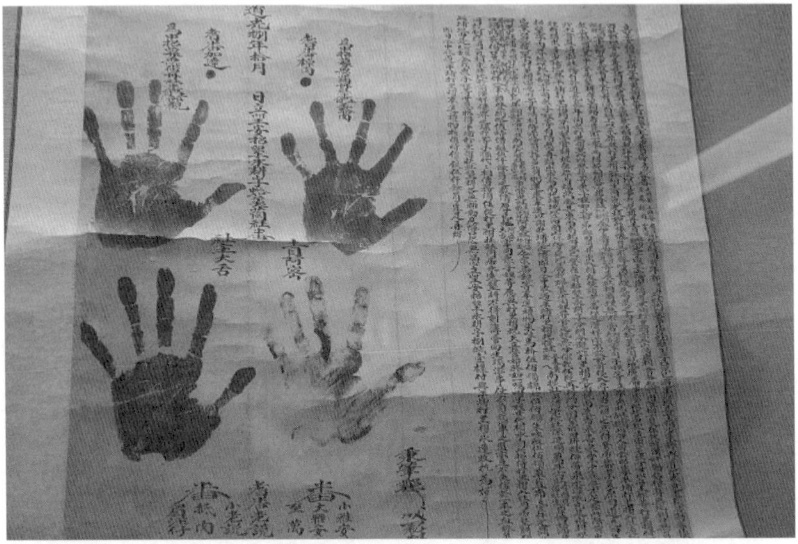

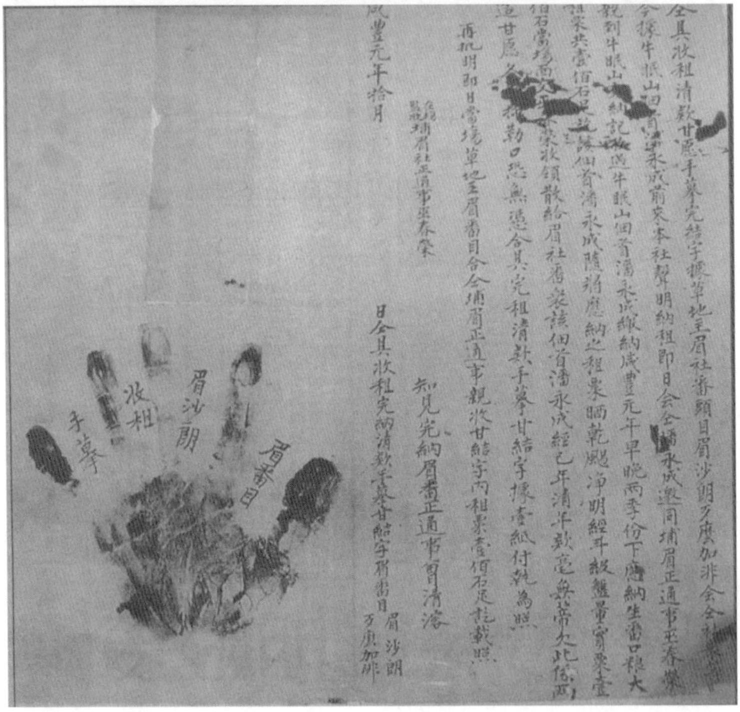
咸豐元年拾月
手摹
收租
眉沙朗
眉番目

附錄：以下相關文章節錄自網路，以供相互印證之用

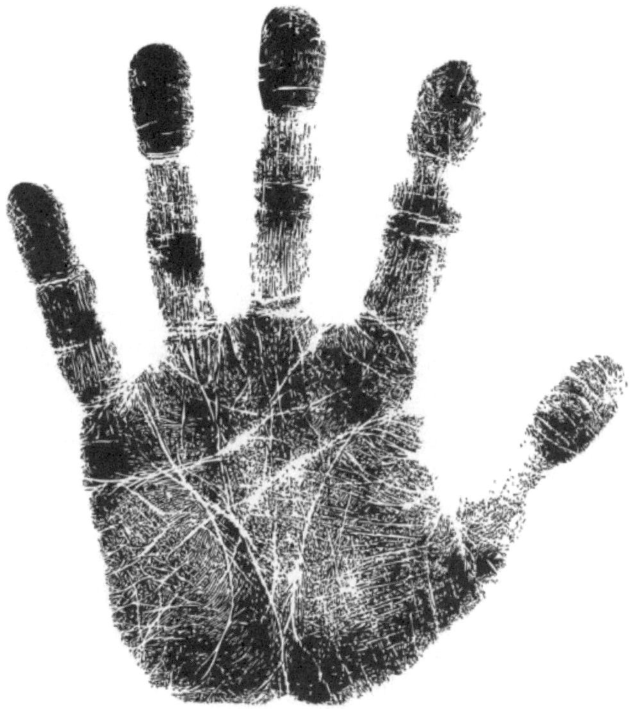

史前岩洞手印畫的意義

到之前爲止這些圖形被稱爲人類印證自身存在的證據。就像科學家傑可布・布魯諾斯基（Jacob Bronowski）在他經典節目《人的攀升》（The Ascent of Man）中指著岩石上的圖案解釋道：「這是我留下的印記，而我是一個人。」同樣的，西蒙・沙瑪（Simon Schama）在 BBC 新節目《文明》（Civilisations）也參觀了這些岩洞，提到了這些手印。渴望留下印記，也許是智人（Homo sapiens）這一獨特人種想要傳達自身獨一無二的好奇心、自我主張及智慧最好的方法。

但最近的一項研究結果卻表示，智人並不是唯一渴望印證自身的人種。《科學雜誌》（Journal Science）報導藝術的新發現：通過檢驗數萬年來堆積在手印上的方解石，早在 66700 年前的西班牙馬特維索（Maltravieso）岩洞裏就潛在這種劃時代宣言了。這比智人離開非洲遷移到歐洲的歷史要久遠許多，甚至比智人在法國 Chavet 岩洞裏被發現的創作還要早 25000 年。馬特維索岩洞裏的手印不是人類的手，至少不是智人的，那麼它們一定就是尼安德特人留下的，是這個于智人在冰河世紀時期到達歐洲之前就在那以狩獵大型野獸爲生，也是在智人到達那之後不久就神秘消失的穴居人種創造的。

在遙遠的西班牙北部，在遙遠的舊石器時代，一小群穴居人在岩洞中穿行——一個人走向石壁牆面，電光火石間，他感受到了某種力量輸入身體。他舉起手，用皮囊中的紅色石粉將手印拓在牆面上。其他的穴居人帶著疑惑，但很快也加入到了這場與石壁的較量中來。於是，越來越多的手印出現在了牆壁上，延綿向洞的深處。在他們集體的精神世界裏，這些用紅色染料拓印的手印，代表著無形又無窮的的力量，化作最有效的施力圖像，抵擋住這次從未發生的「危機」。

這是人類的「手」在繪畫歷史中的初次亮相。也是我對迄今最早的洞窟壁畫繪製過程的無端猜想。那些手印和不明意義的紅色將我的目光從阿爾塔米拉岩洞中精緻的走獸壁畫上移開，隨著時間軸推向更久遠的繪畫起源。

在這個有著全新意義的文化製造始端，「手」的形象作爲一種繪畫工具直接留在了歷史的書頁裏，「手」既是一種圖案，也是一個符號。在今天人們的理解裏，它的意義是多元而抽象的。「手」的存在可能代表著人類的力量，也能展示行動的阻止，甚至是一種溝通的媒介。而同時，「手」的形象又是最爲具象的，它們是人類身體外部最爲靈巧的交流器官。用手創造工具，是定義人類之所以區別於其他靈長類動物的重要因素。通過手，人類的觸覺甚至能夠在一定程度上代替眼睛的視覺去「觀看」，又可以代替發聲的語言去「表達」。通過手，人們具備了捏制陶器、塗抹顏料、敲打樂器的能力，手參與了人類表達自己所需要的各種藝術形式。

所以手更像是人類「自我」的延展。通過自身或者製造其他的衍生品來強調「我」的意識存在。這個「我」既是屬於私人個體的，也是屬於集體意義的。在在漫長的人類文明歷史中，「手」的痕跡參與了我們的所稱的文明製造的所有過程。「手」將文明創造且留下。

手語，就越發的奇妙了，它們有「方言」，不通用，有的象形、有的仿字。我們的手代替了喉舌，輸出資訊，又要表達情感，手舞足蹈，又手足無措。——

岩洞手印畫是通靈結盟儀式

中文的「巫」字，從字形上來講，巫上下兩橫代表天地，意指能夠溝通天地之人。中間的「|」，表示能上通天意，下達地旨；加上「人」，就是通達天地，中合人意的意思。其中的「人」，不是孤立的人，是複數的「人」，是眾人。它蘊含著祖先期望人們能夠與天地上下溝通的夢想。

古人認為，巫能夠與鬼神相溝通，能調動鬼神之力為人消災致富，如降神、預言、祈雨、醫病等等，久而久之成為古代社會生活中一種不可缺少的職業。

當然，廣義的來說：「巫」肯定是具有通靈能力的，可以溝通鬼神，是原始部落中不可或缺的要角，位高權重，但是，責任也重大，是假冒不來的，否則三說四不準，肯定會掉腦袋的。

在人類「靈魂」產生的初期，「鬼靈」（鬼魂、亡魂、亡靈）也就同時存在了，人死亡之後，「鬼靈」以另一種生命型態繼續存在，而且，因為無處可去，所以，通常仍然生活在原生部落附近，一般是白天躲在陰暗的洞穴之中，夜間才會出來活動，為了求取繼續存活的能量，部落群眾夜晚在戶外燒起篝火以及燒烤食物時，這些「鬼靈」就會靠近來吸取能量，因此，「人鬼雜處」就成了非常普遍的現象，當然一般人是難以查覺的，只有「巫」可以查覺，而簡易祭祀祖先或者單純施食餓鬼的行為也差不多同時開始，迄今許多原住民，在飲酒時會先用手指蘸酒在地上灑上三次之後才會自己開始飲酒，這正是這種簡易奉祀祖靈或其他「鬼靈」古老的傳統觀念遺留。

也大約在不久之後，「萬物有靈」（泛靈）的觀念也逐漸成形，天地及任何山川樹石都被視為是有靈的，即使時至今日，部份華人仍然相信筷子有「筷神」、桌子有「桌神」，山有「山神」，河有「河神」——都是不可以輕慢的，譬如，大人都會禁止孩童拿筷子亂敲，也不可以隨意爬上桌子嬉鬧，入山之前會先焚香祭拜山神，祈求保佑。

而「鬼靈作祟」，使人生病或受傷、倒霉也因此不停地發生，這可以視爲一種「鬼靈」惡意勒索的行爲，但是，也只有部落中的「巫」可以去和「鬼靈」談判，通常多是「先禮後兵」的，先問其需求的條件，如果條件不高，「巫」會要求受到作祟的當事人盡量滿足「鬼靈」的要求，和平的來化解，然而一旦碰上蠻横不講理，需索無度的無賴「鬼靈」，迫不得已，「巫」當然只好以己身的法力，或使用某種特殊法器或者進行某種儀式來強制驅離，情況嚴重時，也必然會互相戰鬥殺伐----

「巫」的形成，當然一開始是來自先天的靈異體質，所以，可以視爲一種偶然，但是，一旦這種「通靈人」存在了，部落是有這種「人才」需求的，而這種與天地鬼神溝通，而如降神、預言、祈雨、祈求漁獵豐收及醫病等等的能力，幾乎大多必須依靠「鬼靈」的「鬼通能力」，因此，爲了獲得更多來自「靈異的法力」，「巫」當然會需要一個長期合作，各盡其力、各取所需的「鬼靈」伙伴，基於互惠原則，「巫」勢必會和特定的「鬼靈」達成締約結盟的協議，而岩洞深處的紅色「手印畫」正是「巫」以代表「我的手印」誠心留下的印記，至於代表「鬼靈」的印記，我們一般人當然是看不見的。

具有先天靈異實質的「巫」，應該能夠「出神」去和「鬼靈」溝通，爲了得到「鬼靈」的「他心通」和「耳報神」的能力，「巫」當然也必須提供一些好處給「鬼靈」，在洞穴深處平常就是一片漆黑的環境中，所謂「陰陽溝通」是相對容易的，「巫」可能是躺臥閉目來出神，溝通的過程中，是不可能一面用噴畫方式來留下手印，而且在漆黑的條件下也是根本不可能作畫的，因此，這種費時費工的「手印畫」，甚而必須攀爬到洞穴最高處「天花板」位置作畫的工程，當然需要有助手協力來完成，更甚而不只是一位助手，譬如護持簡易的梯子、捧著作畫的用具和顏料、拿著火把照明的都需要有助手，而且，洞穴中一旦有火光照明，「鬼靈」是不會現身的，因此，依據合理的邏輯推理：應該是「巫」者，在出神與「鬼靈」達成某種協議，或者祈求某種願望，獲得「鬼靈」同意之後，「巫」才會與助手再次進入洞穴深處，在非常特別的位置，用紅色礦物顏料噴出清晰的「手印」，代表自己的赤誠守信及感謝之意。

可以想見的，「巫」進入洞穴深處，在微弱的照明下，還要攀爬到最高處，用噴畫來留下自己完整的手印，是多麼費神、費力又費時的工作，而且，在原始時代，只有簡陋的空心細管盛裝紅色的顏料粉末作爲主要工具，然後，用力吹氣來噴塗在手的周圍，這不是用一管顏料，吹氣一次就能完成的，應該是事先就準備了許多管顏料，而壓印在岩壁的那隻手在過程中是不能任意移動的，否則成果必然模糊，要能噴畫出清晰的手印，必須經過一次又一次，更換顏料管慢慢耐心的塗布，還要細心的檢視，最後確定「手」的四周全部噴塗了很均勻的色粉之後，才能把手移開，這絕對不是件輕鬆的工作，因此，可以非常肯定這絕對不是鬧著玩的塗鴉之作，背後一定有著強烈的動機驅使，才會留下一個又一個的清晰又持久的手印。

而紅色的「手印畫」正是「巫」的「自我意識」最具象的表徵，也可以視爲人類已經有了強烈「自我意識認知」的最佳證據。

原始岩洞「手印畫」的特點：

1. 全部是「紅色」或「赭色」，沒有其他顏色。因此，紅色肯定有特殊意義，而非隨機選擇的。
2. 都是在岩洞深處。
3. 即使是在白天，岩洞內部處於非常黝暗的狀態，如果沒有人工光源（火）照明，將無法作畫。
4. 在這類岩洞之中，沒有日常生活的遺物或遺跡，顯然不是日常長期生活的環境，才是有其特殊用途的場所（祭壇）。
5. 都是用「噴畫」方式，製作出反白效果的手印。
6. 「手印畫」所使用的顏料及黏附岩壁的材料，取得及研磨調配非常花費工夫，所以肯定不是一時無聊的塗鴉之作。
7. 「手印畫」的作者多爲女性，或許與其身份職司有關（女性巫師或祭司）。
8. 目前在各地發現的岩洞「手印畫」都已經是技法純熟的作品，可見事前已經經過無數次實驗，最後才能有如此完美的成果展現，並天長地久的保留迄今仍輪廓清晰，色澤鮮艷。
9. 岩洞「手印畫」肯定不是爲了美麗裝飾，或者一種純藝術創作，而是有其特殊目的性的成品。
10. 岩洞「手印畫」不是一個人能夠完全包辦獨力完成的工作，肯定是分工合作才能完成，因此，觀念和動機都是群體共有，並有著共識的。
11. 岩洞「手印畫」是專業專職的技能工作，因此不是業餘能完成的。

談到此處，也就進入本書最重要的指標：「古老岩洞中的手印畫」。

目前全世界的考古發現中，有幾十處著名的原始壁畫，有些是露天可見的，而深藏在岩洞內部的壁畫有幾處也是令舉世驚歎的，譬如法國的拉斯科（法語：Grotte de Lascaux）岩洞、法國的肖維岩洞（法語：Grotte Chauvet），西班牙的雷凱蒂奧（Lekeitio）岩洞、印尼蘇拉威西島(Sulawesi)的岩洞、法國加爾加斯（Gargas）的岩洞，以及西班牙卡斯蒂略（El Castillo）的岩洞，都是最原始，保存最完好的岩洞壁畫。

這其中藏有最古老的「手印畫」的爲法國的肖維岩洞（距今約3萬6千年前）、印尼蘇拉威西島的岩洞（距今約4萬年前）、西班牙卡斯蒂略（El Castillo）的岩洞（距今約4萬2千年前）。

註：藏有更多「手印畫」的還有阿根廷平圖拉斯河（Río Pinturas）附近的岩洞，不過，歷史不算久，只有1萬年左右。有「手印之洞」美稱的法國加爾加斯（Gargas）的岩洞藏有二百多個手印，但是，年代大約在2萬3千年至3萬年之間。

近期，澳大利亞和印尼聯合研究小組，將在蘇拉威西島洞窟壁畫的調查結果發表在了英國著名《自然》科學雜誌上。研究小組對7個洞窟的14個壁畫表面附著的礦物質進行了詳細調查，年代測定結果認爲，部分壁畫至少繪製於4萬年前。

目前，最古老的壁畫發現於西班牙北部，約在4.2萬年前繪製。研究小組認爲，蘇拉威西島的壁畫或與其爲同一年代，存在成爲世界最古老壁畫的可能。

我們以最古老的印尼蘇拉威西島的岩洞（距今約4萬年前）、西班牙卡斯蒂略（El Castillo）的岩洞（距今約4萬2千年前）的距離來比對，兩地相距將近2萬公里，別說4萬年前交通不便，雙方互不相識更無交流，這不可能是互相交流學習而產生的共有文化或藝術表達；其實就算以今天有噴射客機可以來往，兩地單程至少20多小時的航程，兩地任何一方也沒必要專程前往對方所在的遠地去教導或單純技術交流，何況，思想、觀念、語言及風俗民情盡皆不同，有著極大的隔閡，只是交流手印畫的動機和目的又何在呢？

所以，顯然，不只這兩地，其他地區發現的手印畫，當然是各自獨立發展出來的，最重要的還是在作「自我存在」的表達。而且這是一種發自內心強烈的衝動，否則又何苦這麼艱辛的搭木架高台去小心翼翼的留下自己手印的噴畫？

印尼蘇拉威西島的古壁畫

（註：本文引用自網路新聞）

沒有什麼東西會像空白的石頭表面一樣，能夠激發廣泛的藝術創作欲望。

週三（本文最初發表於2014年10月9日），一組科研人員在《自然》雜誌(Nature)上發表文章稱，印尼蘇拉威西島七座石灰岩洞中發現的人手及動物圖像，可能與歐洲最早的洞穴畫一樣古老。

目前已知的最古老的洞穴畫是西班牙北部卡斯蒂略金字塔中已有4萬零800年歷史的壁畫。

其他一些研究人類起源的考古學家表示，這一新發現相當引人注目，而且至少在一種意義上，出乎了人們的意料。20世紀50年代，首次出現了有關蘇拉威西島洞穴畫的介紹。科研人員之前認爲，這些壁畫的歷史不超過1萬年。

「假設得出的年代準確，」德國蒂賓根大學(University of T ü bingen)的考古學家尼古拉斯．科納爾(Nicholas Conard)在電郵中說，「這是好消息，唯一令人意外的不是會在其他地方找到類似的發現，而是竟然一直都難以找到它們，」直到現在。

紐約城市大學萊曼學院(Lehman College of the City University of New York)的古人類學家埃裏克・德爾森(Eric Delson)認同這項發現「無疑很合理」。他表示，最近在基因學上的發現「支持了晚期智人一早向東遷移至東南亞和澳大利亞的說法，因此擁有相似年代的美術作品也是合情合理的」。

這篇新研究論文的作者是一群來自澳大利亞和印尼的研究者。他們利用鈾衰變技術確定了壁畫外層物質的年代。這種名爲方解石的礦物由水流過山洞裏的石灰石而形成。礦物層下的壁畫的年代應該比礦物層本身更久遠。

澳大利亞昆士蘭格里菲斯大學(Griffith University)的兩名研究人員馬克沁・奧貝特(Maxime Aubert)和亞當・布魯姆(Adam Brumm)是團隊帶頭人。他們對洞中 12 幅人類手部圖畫及兩幅具象動物圖畫進行了檢測。

研究人員表示，其中最古老的圖畫至少有 3 萬 9900 年的歷史，是世界上已知的年代最久遠的利用人手範本繪製的輪廓圖。將手壓到岩石表面，在其周圍吹或噴灑顏料成爲了後來的洞穴藝術家慣用的手法，甚至到了今天，一些年幼的學生還在使用這個方法。

研究人員確定，一幅鹿豚——一種巴比如薩豬鹿——洞穴畫至少有 3 萬 5400 年的歷史。團隊認爲，這「就算不是世界上最古老的具象圖畫，也屬於最古老的行列」。

西歐地區與其年代上最接近的圖畫是法國肖維岩洞的犀牛圖。它有 3 萬 5000 年的歷史，但一些考古學家對這一估計表示懷疑。蘇拉威西島地區最爲人所熟知的岩石藝術品是由澳大利亞的土著居民創作的。這些晚期智人在大約 5 萬年前到達該地區。不過，現存的岩石藝術品的歷史均未超過 3 萬年。

MAXIME AUBERT

MAXIME AUBERT

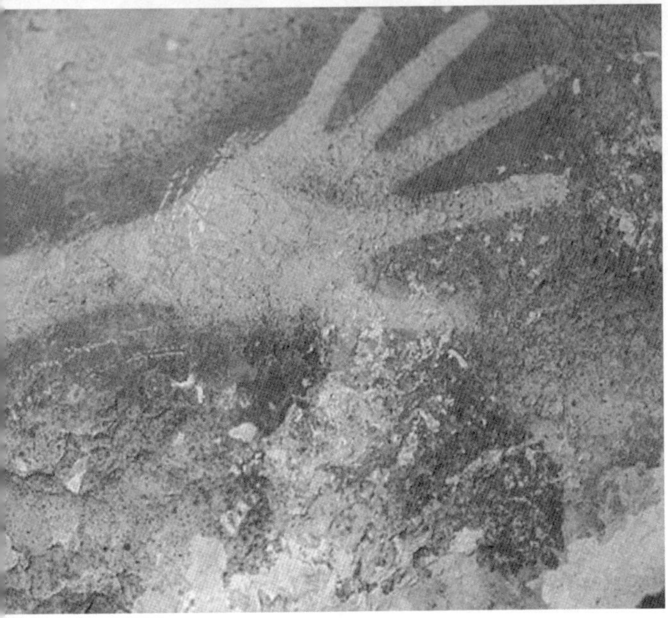

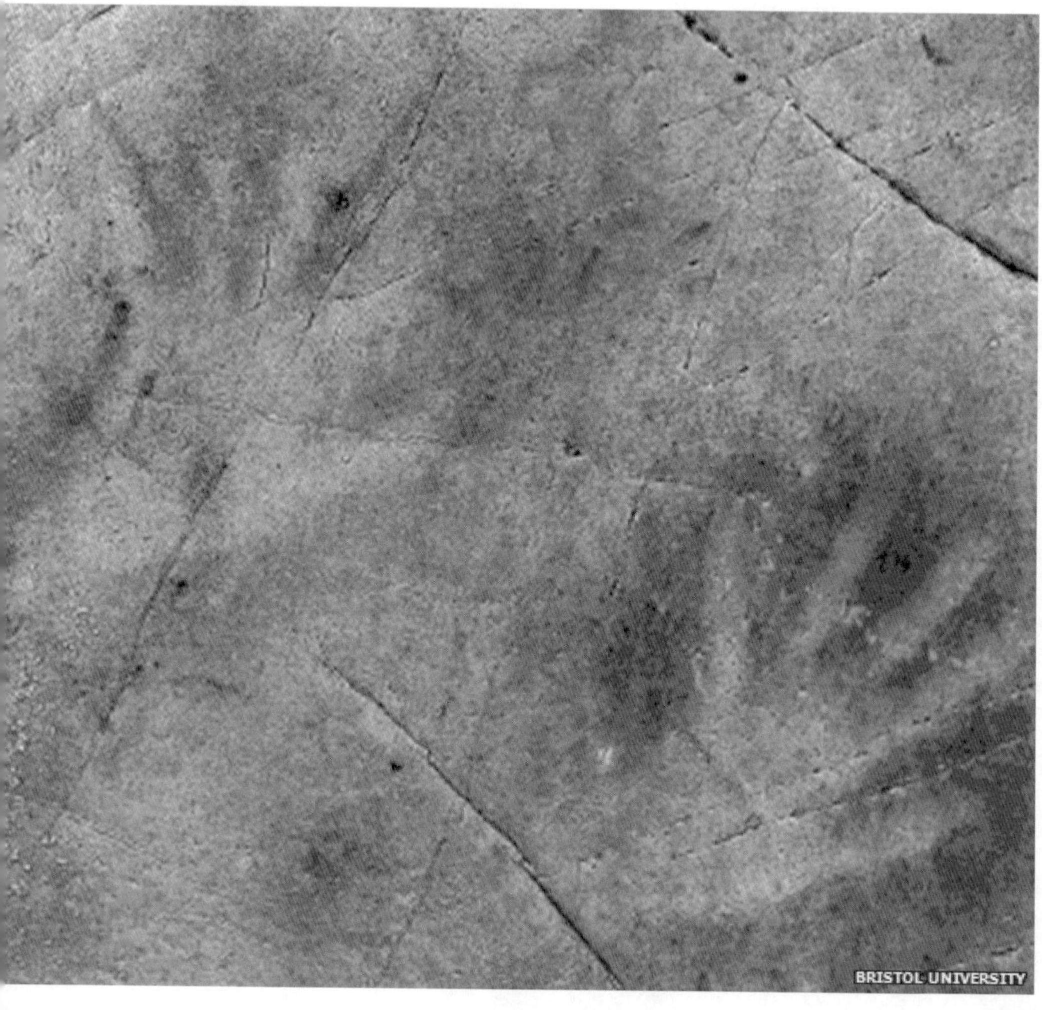
BRISTOL UNIVERSITY

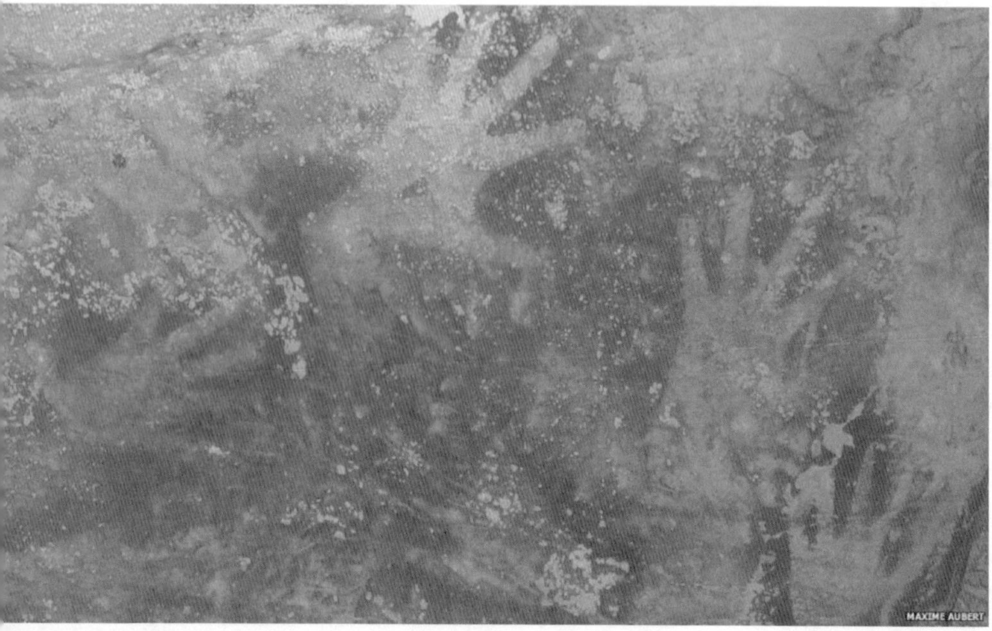
MAXIME AUBERT

Baidu百科

在格里菲斯大學發表的聲明中，奧貝特博士表示，蘇拉威西島畫作的年代對長期以來有關洞穴藝術起源的觀點形成挑戰。傳統觀念認爲，人類創造力大爆發的現象以大約 4 萬年前的西歐地區爲中心，並由此產生了洞穴藝術。

他表示，與這種學說相反，很久以後法國肖維岩洞和拉斯科洞穴等著名古跡裏出現的那種栩栩如生的馬等動物的圖像，所需要的創意才華可能深深紮根於人類血統中。

荷蘭萊頓大學(Leiden University)研究人類起源的專家維爾・羅伯羅伊克茲(Wil Roebroeks)在與論文同時發表的評論中寫道，現在評估這項發現的深層含義還爲時過早。「目前尚不清楚，岩石藝術究竟是從西歐遷移到東南部及更遠的地方的晚期智人創造的文化技能的內在組成部分，還是在各個地區得到了單獨發展，」他寫道。

「但已經明確的是，」羅伯羅伊克茲博士繼續寫道，「還沒有發現智人最初向亞洲及在歐洲各地遷徙前出現的具象藝術，也沒有發現早期非洲智人或歐亞大陸西部同時代人類——尼安德特人——時期的具象藝術。」

德國蒂賓根大學的科納爾博士表示，他早就提出了「多中心融合發展」的學說：隨著晚期智人擴散至世界各地，取代早期智人，不同的地方出現了類似的文化創新活動。

「我從不認爲，複雜的象徵性行爲有一個單一的源頭，也不認爲文化進化就像關上燈的開關一樣，」他說。「應該認爲不同的地區有各自的特徵，以自己不同的方式共同爲歷史貢獻力量。」

紐約城市大學的德爾森博士則表示，他往往「傾向於這種想法，即藝術是智人擴散到歐亞大陸時攜帶的行李的一部分。這主要是因爲，眾所周知，那些曾被認爲起源於歐亞大陸西部的文化現象實際上很早以前就出現在非洲。」

他提到的例子包括，非洲的人類早早使用顏料、進行雕刻、用貝殼裝飾身體，還擁有先進的砌石工藝。

在論文中，奧貝特和布魯姆對這一爭論持中立態度。「岩石藝術有可能同時在早期智人分佈地區的兩端獨立出現，」他們在結論部分這樣寫道。「然而，也可能是另一種情況，即再往前數萬年，第一批離開非洲的智人廣泛進行洞穴畫創作。」

如果事實的確如此，澳大利亞和印尼的聯合研究小組預測，「我們可以期待未來會發現人手圖畫、具象藝術，以及能夠追溯到人類最早向全球擴散時期的其他一些成像藝術形式。」。

西班牙發現四萬二千年前的壁畫

（註：本文引用自網路新聞）

最近 2012 月 2 月消息在西班牙發現了一個經日子鑑定最少有 42，000 年的壁畫，而且是彩色的壁畫，那就是至今人類發現最古老的洞穴壁畫，西班牙 的 Costa del Sol，Malaga 東面 35 哩的 Neria Caves，它位於尼爾加洞穴，科學家從壁畫洞穴中找到作畫的工具，是一種碳元素棒，鑑察推論這壁畫完成的時間最早可追溯到 43000 年前，擦新了之前在法國阿爾卑斯大區的 32，000 年前蕭韋岩洞壁畫 Chauvet Cave 的紀錄，這發現是否要改變重寫人類起源史，今天地上考古發現越來越多的東西都與我們過去所學的歷史有一個很大的差距，

這是世上最大的昏石洞有 105 呎高，近十層樓之高

專家稱這壁畫相信是冰河時期類人猿尼安德塔人所遺留畫下的藝術遺跡，內中發現有六幅壁畫，科爾多瓦大學教授 Jose Luis Sanchidrian，稱這發現有如學術界一個重要炸彈；負責衛護這項目的 Antonlo Caves 稱，這有助我們對尼安德特人的瞭解，過去我們看這些人只像猴子；這 Nerij Caves 是在 1959 年被五個小孩發現，是世界最大的石筍洞有 105 呎之高，

這 Neria Caves 有連串的筍石洞所組成，1959 年時由五個小孩所發現.

史前物種居住這洞穴相信是 3 萬年前稱為尼安德特人，他們留下了一些燧石工具，這些壁畫相信是他們離開前畫成，附近還有一些陶器，工具與骨骼，科學家今天相信這些人類的消失有可能是氣候突變所造成.

另外考古學家發現在洞入用手拍打岩壁時，居然會發出類似現代打擊樂器的聲響，他們推斷份岩壁的排列，疑似有經過人為的改變形成類似風管的構造，那時的人是否已有高度智慧呢？

59 之後年這洞穴發現後開放作觀光，因經費及探測科技不夠，所以最近才多向內挖五公里，看到壁上繪有六隻海豹，他們把上面的殘留有機物送到美國邁阿密尖端考古學家化驗鑑定，是 42000 年到 43000 年畫的，結果震驚各國與科學界，因為人類書本教，人類大概是在 12000 年以前才會繪畫的能力，到了法國的沙夫特洞穴 32000 年已有壁畫，當時立刻封存，不准人們到訪損壞壁畫，沒想到今次壁畫更久；而且那麼深入的洞穴中暗無天日，如何看見畫出來呢？而且那些壁畫在很高的高處畫，更奇的是用顏料有色彩，那麼多年前的人怎麼有能力呢？加上他們懂音樂嗎？所以這是學術界的火爆炸，也是信仰中，人類來歷的一大考驗。

看完以上壁畫，我們會發現一些共同的東西。即在壁畫上出現的景物，都是在他們生活的時代，也就是史前人生活時代。他們狩獵的對象都是一些巨型的動物，如野牛、長毛象、馴鹿等，我們基本上看不到其他的動物或景物。

另外，這些史前畫家，他們在描述這些動物的時候，他們把這些動物的頭部和軀幹部分畫的非常真實，生動。而對下肢，熱別是對它的蹄子這部分畫的比較粗糙、簡略。這說明了這些史前畫家對於他們所關注的動物部分會用心細緻的刻畫描繪，對那些不重視多部分則會比較簡略，甚至粗糙的去描繪。

剛才看到到這三個洞穴的壁畫，一是離我們的時間大概有兩萬年前後，非常久遠，那個時候的人類所能利用的工具還是舊石器時代的粗陋的一些石器或木器，最爲關鍵的是這些洞穴都是非常的深邃、隱蔽，一般人很難發現，發現了也很難走進去。所以現代的科學家和藝術家都不斷的發出這樣一個疑問，就是那些舊石器時代的原始居民，他們是用什麼樣的方式，進入到了這些洞穴。另外一個更爲重要的問題就是，他們爲什麼要煞費苦心的進入這些深邃而且包含著許多危險的洞穴來創造這樣一些壁畫，他們創造這些壁畫的目的是什麼？

有種種解釋，但是比較得到公認的一種解釋認爲，這些洞穴壁畫的描繪是爲當時的一種具有圖騰和巫術崇拜儀式而做的，它的目的很可能是藝術家描繪這些作品，就被認爲是描繪了這些動物就具有活著佔有了這些動物。至少是具有了去捕獲這些動物的能力。所以他很可能是代表著一種神秘的巫術儀式。這些巫術儀式應該可以說它向我們今天的人傳達了一種圖像觀念，即認爲圖像和事物，就是模仿的圖像和它的原型之間有一種神秘的聯繫，控制了圖像就控制了事物。所以描述這些獸群，就意味著你將佔有這些獸群。這是原始思維當中的一種神秘的交感思維對藝術創作的影響。

西班牙埃爾-卡斯蒂羅洞穴壁畫

在埃爾-卡斯蒂略洞牆壁上發現的手模和盤狀圖案是通過將顏料吹到牆上形成的，年代至少可追溯到 4.08 萬年前。這是年代最爲古老的歐洲洞穴壁畫。此前的最古老洞穴壁畫是在法國發現的，年代比埃爾-卡斯蒂略洞壁畫晚了1萬年。

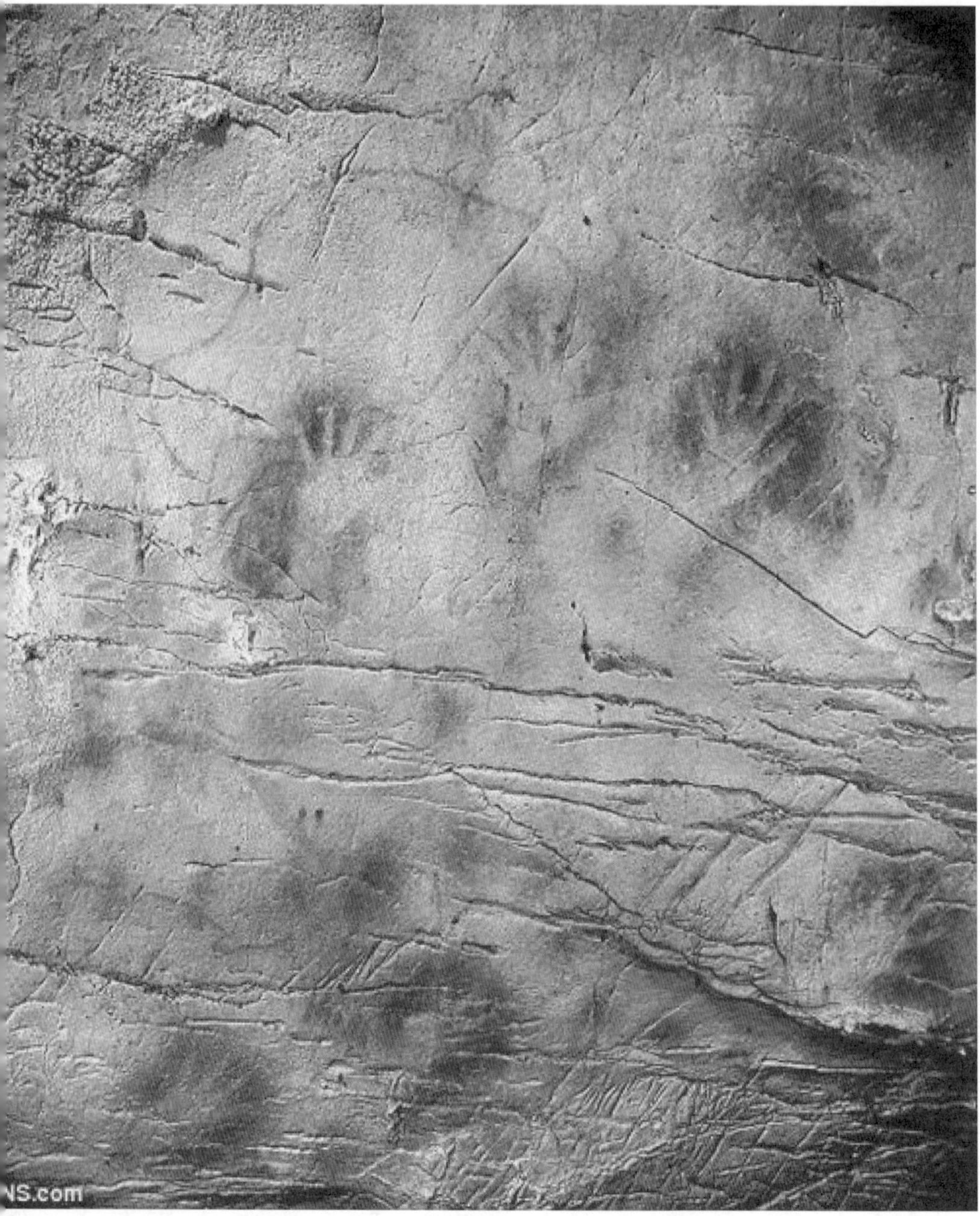
NS.com

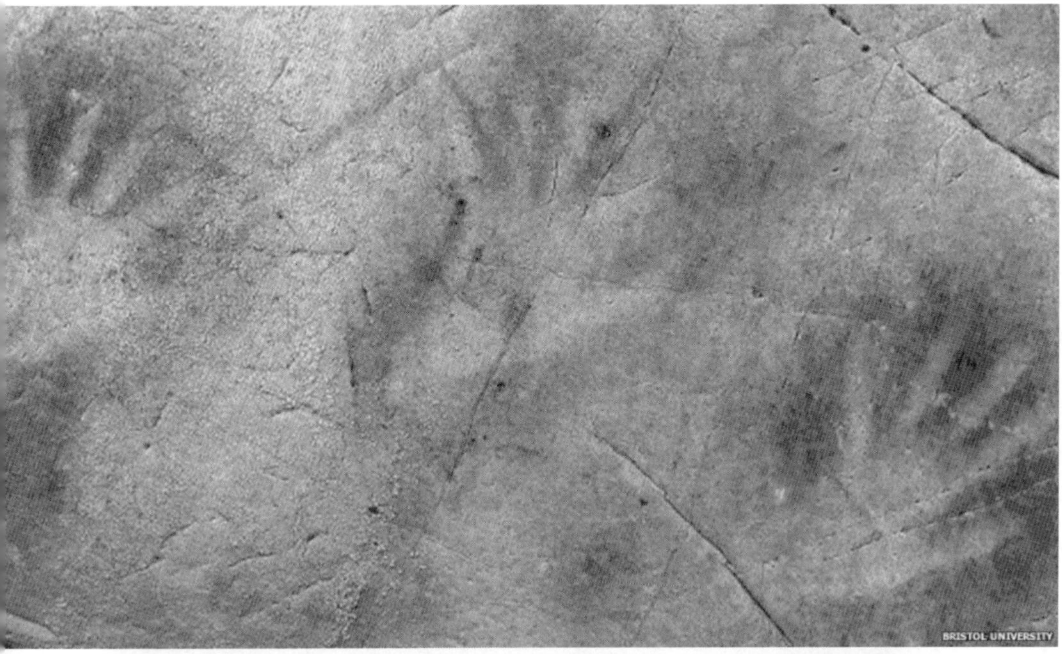
BRISTOL UNIVERSITY

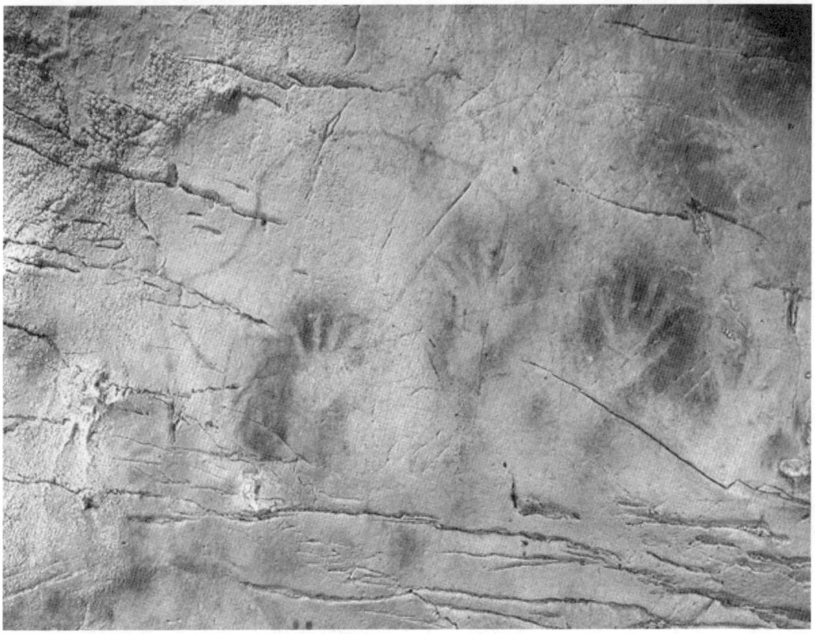

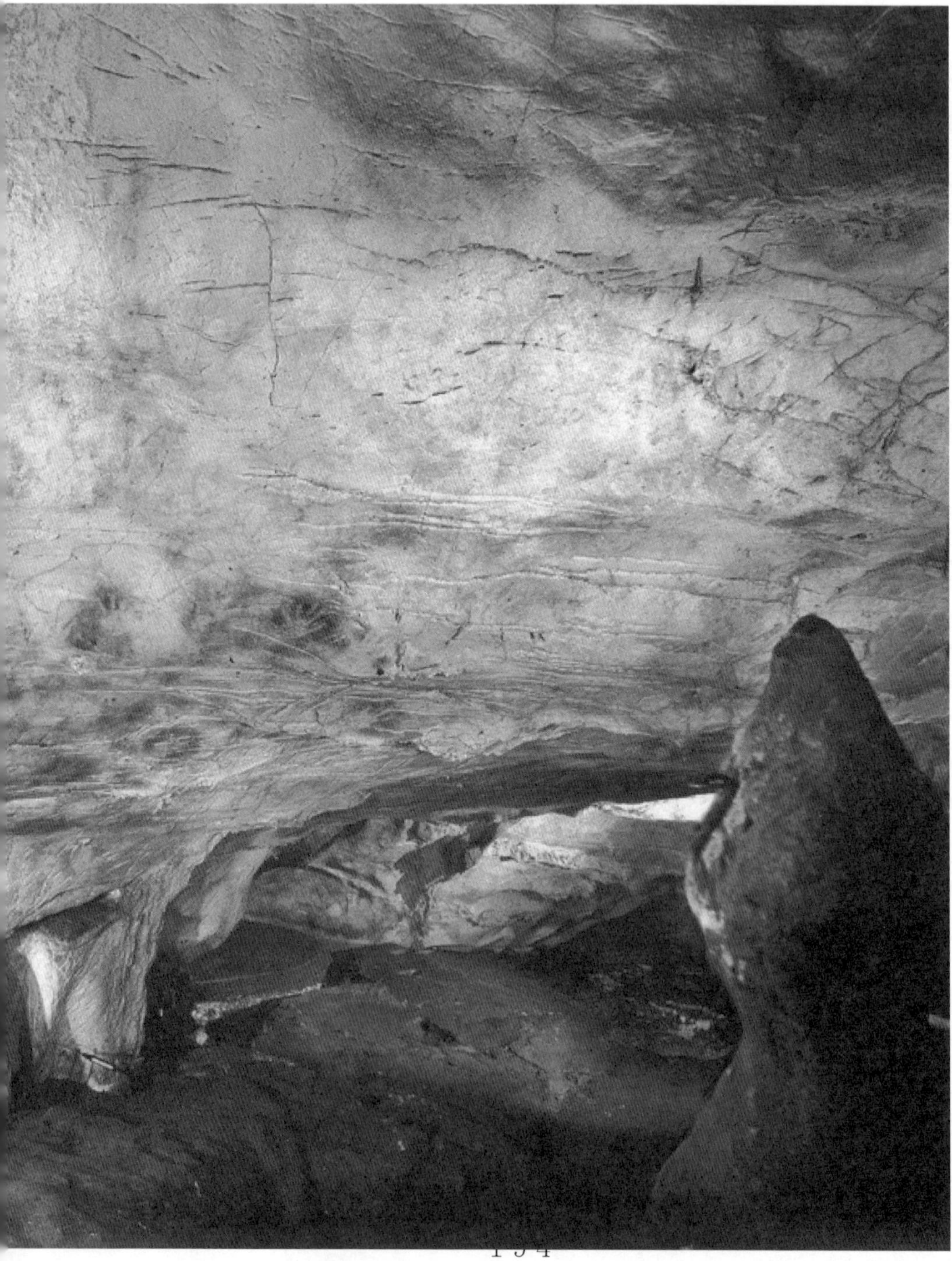

在阿爾塔米拉洞，科學家發現一個巨大的棒狀圖案，年代至少可追溯到3.56萬年前。科學家此前認為這個洞穴在2.56萬年前開始出現壁畫。研究發現，當時的古人一次又一次來到這個洞穴，描繪大量壁畫，這種繪畫創作的歷史超過2萬年。繪畫對現代認知功能和象徵行爲的進化非常重要，同時也與語言的發展有關。

英國布里斯托爾大學的阿里斯泰爾·派克博士表示：「我們發現更爲早期的人類象徵和符號使用的證據，這些符號刻在穿孔的珠子、蛋殼上，使用各種顏料。它們在非洲發現，年代在7萬到10萬年之前。不過，最爲早期的洞穴壁畫可能並不在非洲，而是歐洲。一種觀點認爲，這些壁畫說明最爲早期的現代人爲了生存下來，與穴居人之間爭奪資源，這種競爭刺激了文化的發展。另一種觀點認爲，洞穴壁畫在現代人到來前就已經出現，由穴居人描繪。在洞穴牆壁上發現的手模圖案可能是穴居人留下的，我們需要對更多樣本的年代進行測定，以確定是否是這種情況。」

法國肖維洞穴岩畫

（註：本文引用自網路新聞）

肖維岩洞坐落於法國羅納．阿爾卑斯大區的阿爾代什省，1994 年三位法國探險家發現了位於阿爾代什大峽谷的史前岩洞壁畫，據放射性碳素推定年代，被認為是大約公元前 32000 年的舊石器時代晚期的人類所為。肖維岩洞也因洞壁上繪畫有豐富的史前繪畫而聞名，被認為是世界上最傑出、最具歷史意義的史前繪畫遺址。而且為了保護肖維岩洞的古迹，法國文化部關閉了岩洞，禁止遊人參觀，並且每年只能有 60 位科學家前往考察研究，但這個洞穴其實有著許多神秘的地方。

維岩洞面積 8000 平方米，洞長約 500 米，在洞穴的岩壁上有超過 450 幅動物壁畫，大部分的岩畫可以追溯至 30000 至 32000 年前。這些畫經由紅赭石和黑色顏料作雕刻及繪畫，被分為 13 種不同的主題，如馬、犀牛、獅子、水牛、猛瑪象或是打獵歸來的人類，多姿多彩，栩栩如生，一些為冰河時代罕見的或者是從來沒有發現過的動物亦在此出現，但更令人感到不可思議的是這肖維岩洞竟有著 3D 動畫技術。

據報導，法國圖盧茲大學考古學家馬可和藝術家佛洛麗塔在肖維岩洞的牆上發現了描繪一隻有很多腿、頭以及尾巴的動物畫面。他們通過研究認為，這實際上是史前穴居人表現移動場景的一種方式。在搖擺不定的燈光下觀察這些畫面，可以發現這些牆上的動物似乎都在不停地移動。經過 20 年的石器時代動畫技術研究，馬可已經在 12 個法國洞穴中發現了 53 幅這樣的「動態」圖畫。這些圖畫顯示出了動物的慢跑、快速奔跑、搖頭晃腦以及用頭去碰自己尾巴的動作。研究人員認爲，史前藝術家的這種藝術表現手法實際上是最早的影像藝術的表達，可以說代表了電影藝術的開端。

世界科技研究新聞資訊網於4月12日報導了法國東方考古研究所安妮・塔・奎萊斯（Anita Quiles）等學者的一項研究成果。該成果顯示，法國肖維史前岩畫（Chauvet-Pont d，Arc）的年份要比人們此前預計的早得多。此成果於4月6日登載在美國國家科學院院刊（PNAS）官網上。

位於法國南部的肖維洞穴岩畫，是世界上著名的史前人類在洞穴中創作的裝飾藝術。該岩畫於1994年被發現，目前已經被聯合國教科文組織列爲世界文化遺產。肖維洞穴岩畫有著史前人類的手印和14種不同種類的動物圖案，其中包括洞熊、披毛犀和一些大型貓科動物。一直以來，考古 學界認爲這些岩畫大致可能創作於24000—20000年前。

然而，奎萊斯等學者在一項週期長達15年的研究項目中，利用放射性碳測年法對洞穴中包括岩畫、木炭和動物骨骼在內的 259個與史前人類活動有關的物品進行了測年，其結果與此前的說法大相徑庭。研究成果表明，肖維洞穴至少被史前人類居住過兩次，第一次是距今37000— 33500年前，第二次是距今31000—28000年前。奎萊斯等學者認爲，這個測年結果表明，史前人類的繪畫技巧和藝術創作能力出現的年代要早於考古 學界的預期。

A7
迪耶
Die
奧伯納
Aubenas
蒙特利馬爾
Montélimar
加普
Gap
E712
A51
Parc national
des Cévennes
西斯特龍
Sisteron
阿萊
Alès
奧朗日
Orange
迪涅萊班
卡龐特拉
Carpentras
昂迪茲
Anduze
亞維農
Avignon
尼姆
Nîmes
A9
A7
A51
Parc Naturel
régional du
Luberon
芒奧斯屈埃
Manosque
A54
亞爾
Arles
蒙彼利埃
Montpellier
普羅旺斯
艾克斯
Aix-en-Provence
勒格羅迪魯瓦
Le Grau-du-Roi
Parc Naturel
Régional de
Camargue
A51
A9
塞特港
Sète
馬賽
Marseille
A52
歐巴涅
Aubagne
A57
土倫
Toulon
Parc national
des Calanques
伊埃雷
Hyères

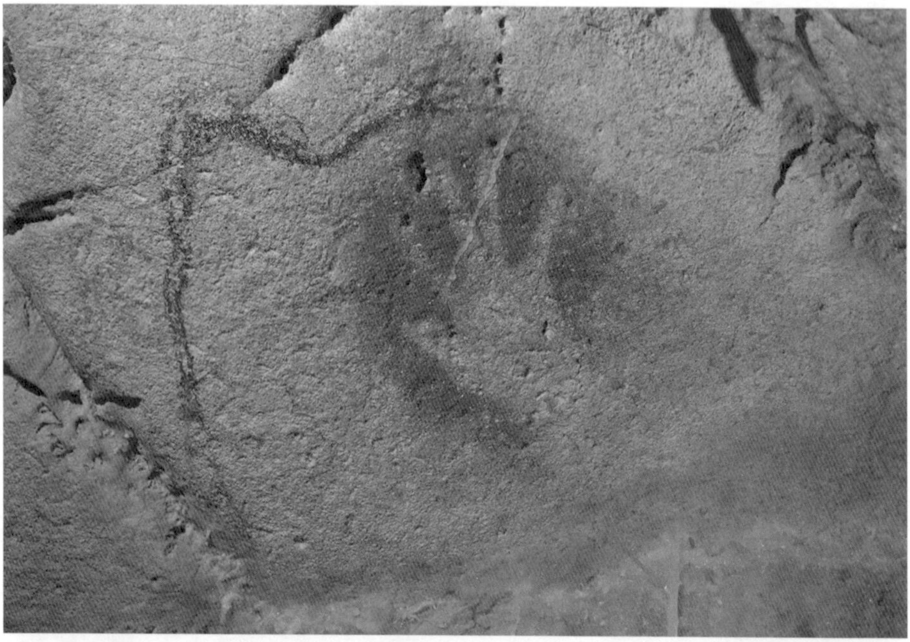

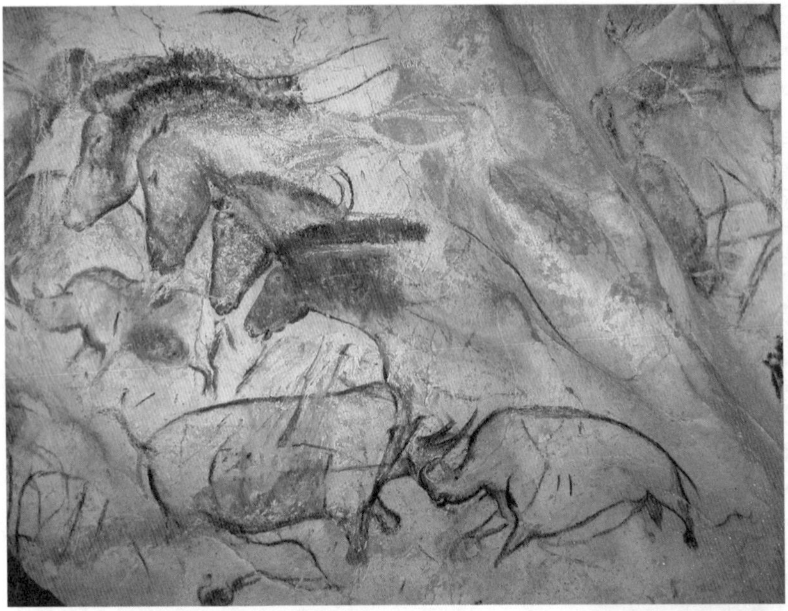

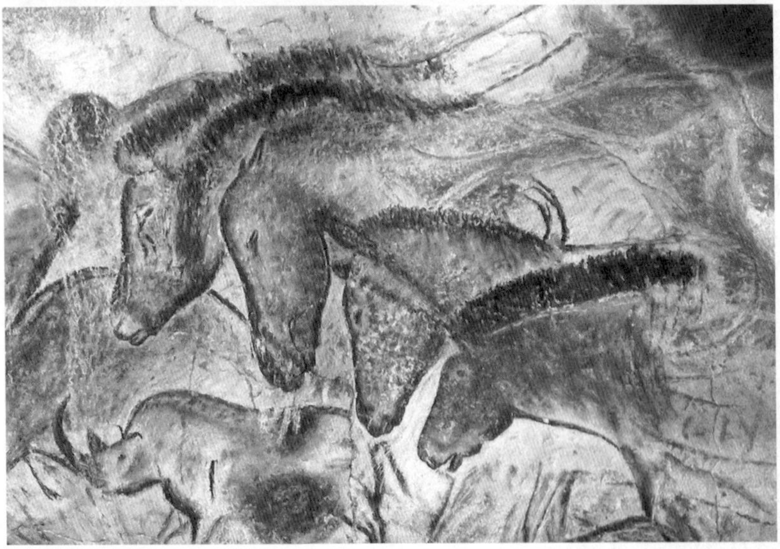

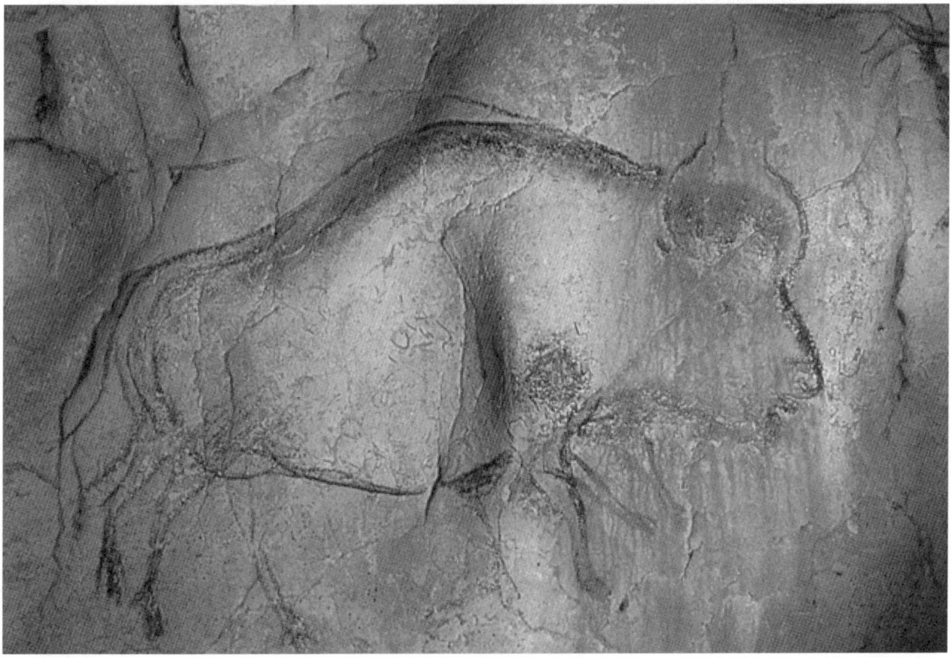

噴畫的製作

「噴畫」是一種繪圖的技法，在現今的時代，那是很簡易的，從幼稚園到小學低年級的小朋友，美勞課時老師都會教導這種繪畫方式。

只要有一個小型的廉價噴霧器，容易清洗的水性顏料，如水彩或廣告顏料就能在圖畫紙上噴出鮮艷的圖畫，一種是直接用不同的顏色噴灑來構圖作畫，另一種是用形狀漂亮的樹葉、花瓣、各種簡單的人造物件等等擺放在空白圖畫紙上，然後用噴霧瓶將顏料均勻的噴灑在物件周圍，等顏料略乾之後，移開物件，就會得到一張反白的圖案畫；當然，用自己的手掌壓在白紙上，然後噴灑顏料，把手掌移開之後，也能製作出一張自己手掌的反白圖案。

「噴畫」在技法及工具上也有技法高低及成果的繁簡層級之分，在全世界各地城鄉中很輕易就能看到一些年輕人無聊的街頭塗鴉，都是用各種色澤的自動「噴漆罐」來噴塗，少數的或許還有些美感，然而，大多數卻是破壞市容的惡搞。

但是，真正的「噴畫」藝術家，從上個世紀中期開始，也赫赫有名的在藝術界佔有一席之地，他們通常使用的是電動的小型空氣壓縮機，裝上有顏料壺的噴槍，加上個人的美術素養及創意，往往能夠噴繪出令人讚歎不已的傑作來，例如日本的大師級的「空山基」先生，他的「性感機器人」系列作品是許多愛好者的珍貴收藏。

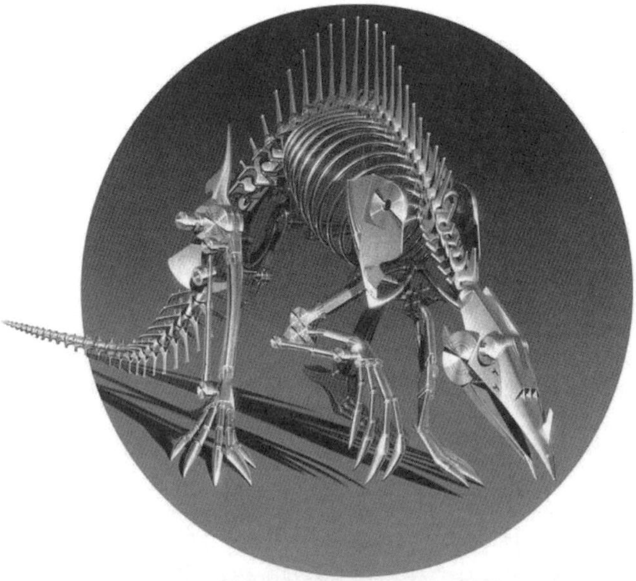

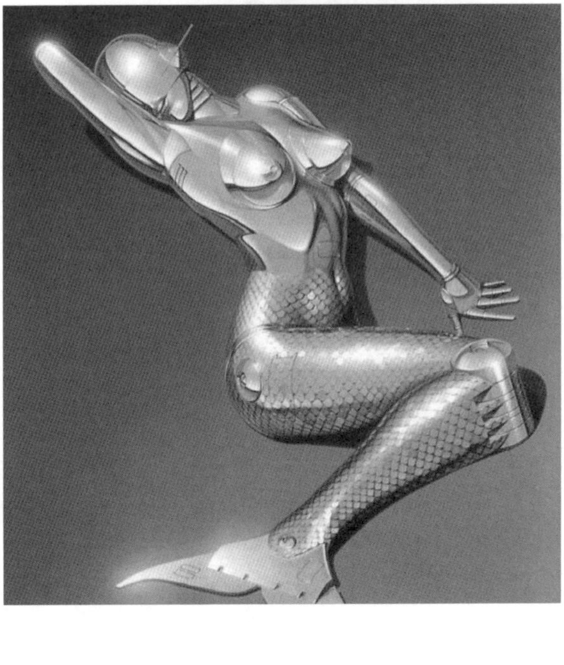

電腦繪圖軟體的日新月異，使得不少畫家捨棄了機械式噴畫方式，改用數位筆和畫板來製作效果相同甚至更爲細緻的逼真繪畫，而且簡單易用，萬一中途出岔，還能回頭重新修正，因此，也就日漸普及。

不過，在原始時代，沒有現代科技工具和方便取得的顏料，只能使用相當簡陋的工具來製作噴畫，通常只有空心的管狀物及色澤較鮮明的天然礦物及植物顏料；

空心管狀物，通常是截短的蘆葦莖、細竹管、禽獸的空心細骨管等，顏料以容易取得的「赤鐵礦」、「赭石」或木炭等，這些顏料都會敲碎並耐心的研磨成非常細的粉末。

原始先民在比較平坦的岩面上製作噴畫，爲了增強顏料的附著度，由經驗累積出一種有效的方式，就是在意欲作畫的岩面上，先用透明的植物膠薄薄的塗上一層作爲打底之用，然後趁底膠未乾之前，壓上手掌，然後在各種粗細不一的噴管中裝滿顏料粉末，然後用嘴適度的吹氣盡量均勻的噴灑在手掌上和周圍的岩面上，這當然不是一管顏料就能完成，所以應該會事先準備好幾管相同的顏料噴管，也應該有助手協助，這樣作畫者就可以不用移動身體，免得手掌移位而導致畫面效果模糊。

用粉末狀顏料及空心管狀物製作噴畫，效果好壞當然與技法有關，這憑藉的是經驗的累積，與其在空心管中裝入較多的顏料粉，奮力的吹氣，粉末的噴灑散射比較不容易均勻，而且粉末堆積太厚，反而不容易附著，還不如每支空心管中只裝較少量的顏料粉末，多次吹噴，耐心的多噴幾次，這樣，粉末只是薄薄的一層，很均勻的附著在打底尚未全乾的濕潤植物膠上，更能獲得最佳的效果，這點從各地被發現的岩洞手印畫的清晰成果都可以看出，作畫者的技法已經相當純熟，甚至範圍不只是手掌，有些連一部份小臂也呈現出來。

這麼大費周章的來製作手印畫，而且地點不只是在洞穴深處，甚且是在很高的岩洞頂端天花板處，這絕對不會是一時興起的塗鴉之作，而是有特殊目的，是一種非常慎重其事，以很虔敬的心態來製作的。而且也不是單純爲美感而作的藝術創作，否則，各種形狀特別的葉片或刀、矛與箭簇、羽毛等等都可以噴繪出美麗的反白畫，爲何，被發現的噴畫都是人的掌印，而沒有其他形狀的物件呢？

19 半個地球之遙的相同手印噴畫？

西班牙位於北緯36度00分到43度22分、西經9度18分和西經3度19分之間，印尼蘇拉威西島位於南緯2度08分，東經120度17分，兩地之間相差了38個緯度和129個經度，將近半個地球，也就是單單直線距離就相差了將近一萬五千公里之遠。

但是，這兩個地方卻在距今4萬年前，在岩洞深處幾乎同時出現赭紅色的神祕手印噴畫，能說這是單純「巧合」嗎？更何況迄今就算連噴射客機也無法直線飛行在這兩地之間，更別說遠古時代，只能用雙腳步行的，又沒有如手機之類即時圖像傳輸工具，相隔半個地球要如何互相快速交流溝通呢？

而且，這幾乎可以非常肯定的說：這兩地的「赭紅色的神祕手印噴畫」絕不會是一時心血來潮的「藝術創作」，反而是神祕的巫術行爲成份較多，應該是祭師階級，而非一般尋常居民，在某種祭祀儀式進行的過程之中或完成之後，與他們各自信仰的神祇所作的一種「盟約」或「立誓」的保證動作，就如同現今東方人還存在的「證詞用印」(註：現今許多東方人，不只是使用各種材質各種形狀的印章來證明自己的身份，指印或掌印也仍然在繼續使用，甚至比間接的印章更具法律效力）行爲有著一樣的意義。

尤其是印尼蘇拉威西島手印噴畫是在岩洞深處中的極高處，非一般人直立身高可及，而是需要特別搭架長長的木梯或竹梯，才能把手印噴上去，這更可證明絕對不是一時心血來潮的塗鴉之作，因爲全世界所有宗教信仰中的神祇都被認爲是「住」在高高的天上，所以，我們可以合理的邏輯推論：這些神祕手印正是祭師階級的人，在某種宗教儀式中，與天上神祇所立的重大盟約，所以才會如此鄭重其事的留下「自己」作爲立誓保證的手印，而且，因爲手印不止一個，而是很多個，也由此可以推斷；這種立誓「噴手印」的宗教儀式是長期在進行的，當然，我們當然也可以功利的視爲一種與神祇的對價交易行爲；譬如祭師代表全族居民向神祇祈求當年豐收或者爲酋長祈壽，並承諾事後以豐盛的祭品或隆重的歌舞儀式來酬神（註：也就是我們常說的「許願」和「還願」），爲了證明自己的誠信，所以鄭重的留下自己的「手印」作爲立誓證明。

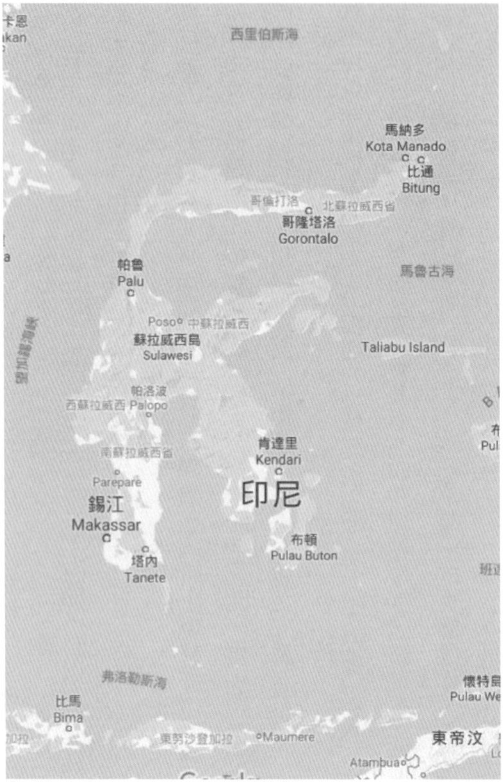

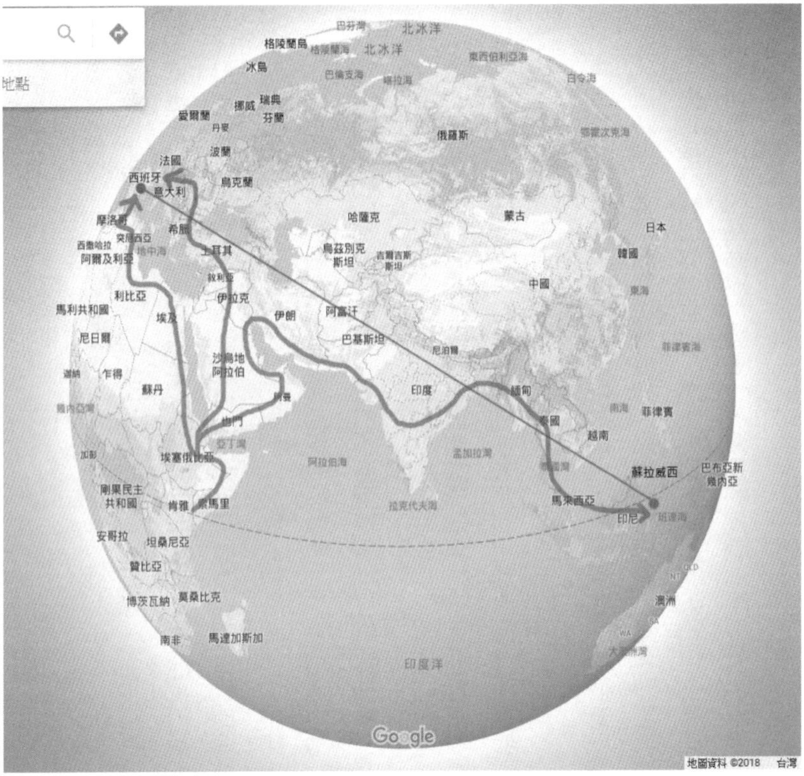
北冰洋
格陵蘭島
冰島
瑞典
挪威
芬蘭
愛爾蘭
丹麥
俄羅斯
波蘭
法國
西班牙
意大利
烏克蘭
摩洛哥
希臘
哈薩克
蒙古
日本
韓國
突尼西亞
土耳其
烏茲別克
斯坦
阿爾及利亞
伊拉克
中國
利比亞
馬利共和國
埃及
伊朗
阿富汗
巴基斯坦
尼日爾
沙烏地
阿拉伯
印度
緬甸
查德
蘇丹
泰國
菲律賓
越南
埃塞俄比亞
蘇拉威西
巴布亞新
幾內亞
剛果民主
共和國
肯雅
索馬里
馬來西亞
印尼
安哥拉
坦桑尼亞
贊比亞
澳洲
博茨瓦納
莫桑比克
南非
馬達加斯加
印度洋
Google
地圖資料 ©2018 台灣

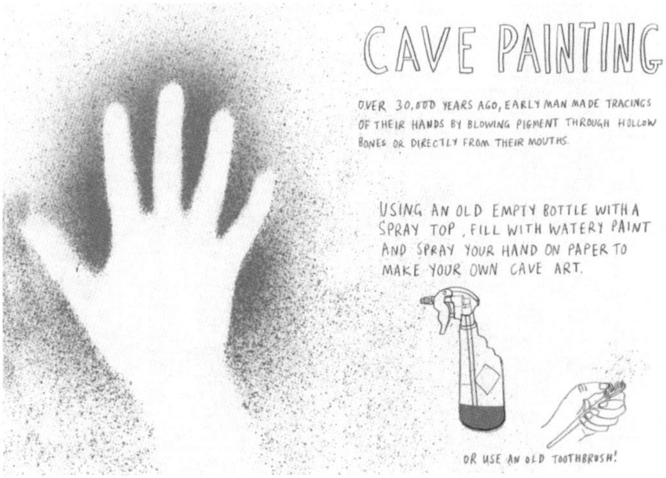
CAVE PAINTING
OVER 30,000 YEARS AGO, EARLY MAN MADE TRACINGS OF THEIR HANDS BY BLOWING PIGMENT THROUGH HOLLOW BONES OR DIRECTLY FROM THEIR MOUTHS.
USING AN OLD EMPTY BOTTLE WITH A SPRAY TOP, FILL WITH WATERY PAINT AND SPRAY YOUR HAND ON PAPER TO MAKE YOUR OWN CAVE ART.
OR USE AN OLD TOOTHBRUSH!

東婆羅洲雨林洞穴發現壁畫

（註：本文引用自網路新聞）

婆羅洲：洞穴記憶是一個非同尋常的冒險的記錄，主角告訴他們，他們發現了超過一萬年前的加里曼丹岩壁藝術壁畫。他們的研究結果揭示了東南亞和澳大利亞之間人口發展的新情況。

自1988年以來，在任務完成後的任務中，婆羅洲的古代種群形像已經出現，這不僅表明了它們與澳大利亞土著人民的相似之處，還表明了他們與洞穴發展的特殊關係，創作了以大量負面手中。迄今爲止發現的近2000個這樣的雙手允許對這個普遍主題進行新的解釋。

在這幅輝煌的插圖作品中，我們不僅發現了世界古代地區的豐富性和復雜性，而且還發現了今天這種遺產如何瀕臨滅絕。

這些史前藝術前面的其中一位當地嚮導朱菲利，正攀爬漢穆窟（以另一位嚮導漢穆命名）內8公尺高的石灰岩柱，他身上還帶著費屈的攝影器材。朱菲利和其他嚮導都是徒手攀爬洞壁，他們早已習慣，因爲他們經常到這些洞裏來採集金絲燕燕窩，再高價出售給中餐館。

馬朗山脈高聳于東婆羅洲的雨林之上，其中蘊藏著25個有壁畫的洞窟，這些壁畫可追溯至1萬多年前的最後一次冰河時期。爲了記錄這些藝術作品，洞穴學家呂克昂利？費屈和考古學家尚－蜜雪兒？夏津得先爬上陡峭的山壁，來到接近峰頂的洞窟內，然後再爬上洞頂的天花板。夏津認爲那些史前狩獵採集者選擇了這些難以企及的地點來作畫，正因爲到達那裏是一項艱巨的挑戰，可考驗見習巫師的耐力，因爲正式入社後他們就得過著孤獨清寒的生活。？

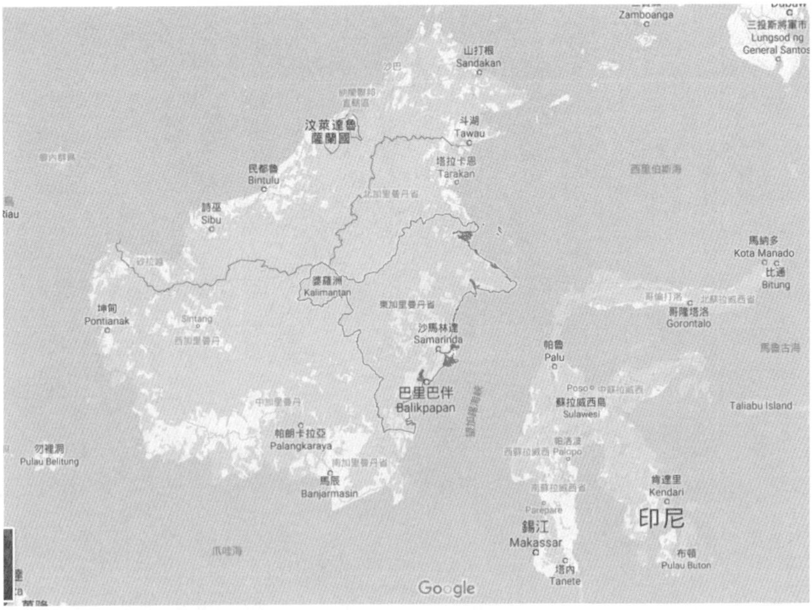
Zamboanga
三投斯將軍市
Lungsod ng
General Santos
山打根
Sandakan
汶萊達魯
薩蘭國
斗湖
Tawau
塔拉卡恩
Tarakan
民都魯
Bintulu
詩巫
Sibu
西里伯斯海
馬納多
Kota Manado
比通
Bitung
婆羅洲
Kalimantan
坤甸
Pontianak
Sintang
東加里曼丹省
沙馬林達
Samarinda
哥隆塔洛
Gorontalo
帕魯
Palu
巴里巴伴
Balikpapan
蘇拉威西島
Sulawesi
Taliabu Island
帕朗卡拉亞
Palangkaraya
勿裡洞
Pulau Belitung
馬辰
Banjarmasin
肯達里
Kendari
印尼
錫江
Makassar
布頓
Pulau Buton
塔內
Tanete
Google

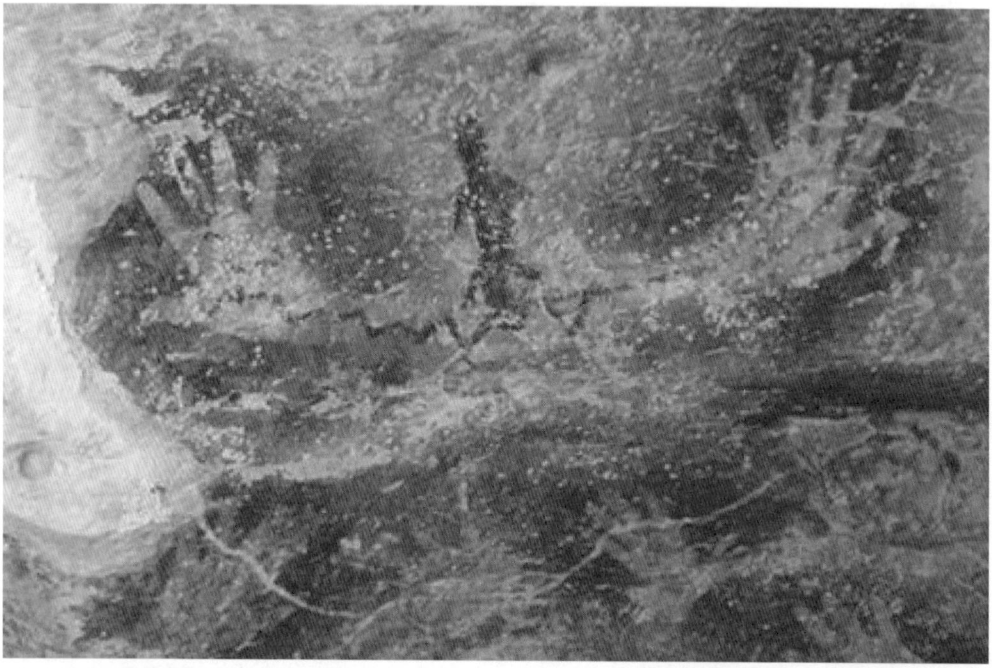

特威窟的這幅壁畫記錄了一位元巫師前往靈界之旅，夏津這麼說。中間的蜥蜴代表巫師，蜥蜴下面的鋸齒線就像階梯，代表著巫師艱難的路途；右邊直線象徵旅程順利結束，此時巫師的意識進入另一種境界，他的全身都會受到影響，使他得以和靈界溝通。事實上，手印本身也和傳統醫療儀式有所關連，在這些儀式中，巫師會把手放到病人身上，再將口中的藥噴上去，以此治療病人身上病痛。?

在登可洛克窟，印尼籍考古學家古納迪?穆姆（前）正在篩濾塵土，因爲那裏面含有2500至8000年前人們在此用餐後的食物殘渣，如鹿、豬、龜和魚的骨頭，以及軟體動物的殼等。穆姆的同事納斯魯丁則在土坑裏工作。這些食物殘渣顯示了登可洛克窟是繪有壁畫的洞穴之中，少數後來被其他族群用來居住的洞穴之一。?

夏津蹲在登可洛克窟裏，拼湊一個曾經盛裝人骨的陶罐。這個陶罐約製於3500年前，比壁畫的年代較爲晚近。未解的謎團是：壁畫家和陶藝家這兩個文化之間，是否有任何關聯?在人類往東遷徙至太平洋各島嶼的過程中，他們扮演了什麼角色?

東婆羅洲雨林深處，一支法國人與印尼人組成的探險隊在高聳石壁的洞穴中找到1萬多年前的岩畫，主要內容就是畫家自己的手，可能代表了某種入社儀式或巫術儀式，並可能爲早期人類的遷徙提供了線索。

叢林小徑上，我的達雅克族朋友兼嚮導漢穆走在我前面，他突然停下來，說道：「小心，呂克，有蛇！」雨水霧濕了我的眼鏡，但我仍能分辨出那條差點被他踩到的藍黑色大眼鏡蛇。此時若遭蛇吻是會致命的，我們手邊沒有血清，而最近的診所需要兩天腳程加上兩天船程。我們靜靜站在那裏，看著那條眼鏡蛇展直身軀，消失在叢林裏，耳邊是打在熱帶雨林中淅瀝的雨聲。?

我們正前往伊拉斯坎成，那是我們在婆羅洲發現的洞穴中最美麗、也最難抵達的一個。1998 年第一次發現它時，我們只有幾個小時可以研究洞裏神秘的岩石藝術，徒留許多疑問：是誰創造了這些圖像？在什麼年代？又是爲了什麼？而現在，我們正在回去尋找更多線索的路上。？

我們這支由法國人和印尼人組成的團隊共有 35 人，包括考古學家、洞穴專家、嚮導、攝影小組、槳手、腳夫和一名廚師。一個月前，我們從印尼屬婆羅洲東加里曼丹的望加錫海峽的海岸邊展開探勘旅程，搭乘 10 艘滿載行囊的獨木舟，駛入巧克力色的班加隆河，前往一片沒有道路、沒有村落、只有無盡叢林與嶙峋石灰岩峰的地區。我們的計畫是沿班加隆河前進，至與馬朗河的匯流處，再往北進入山區，沿途停下來調查一系列有相同岩石藝術的洞穴。？

小船不大穩當，舷緣距水面只有幾公分。我坐在艙板上，回想起 17 年前第一次到這裏探險的情景。當時我是紀錄片製作人兼雜誌編輯，和幾個探勘洞穴的朋友跋涉 1127 公里，橫越過加里曼丹。半途中，我們在一塊岩石下休息時，發現頭頂岩壁有古代炭畫。回到法國後，我才驚訝地發現加里曼丹從來沒有這類岩石藝術的記載。？

我在 1992 年和法國考古學家暨海洋史前史專家尙・蜜雪兒・夏津重返舊地。兩年後，我們在東加里曼丹發現了史前繪畫。1995 年，印尼籍人類學家平迪・塞帝亞萬加入了我們的團隊。年復一年，我們在此地區各個角落發現了數十個有畫作的洞穴，有的圖案相當獨特，暗示這裏曾有一支已遭遺忘的神秘民族。？

要前往今年的目標洞穴，我們必須以蜿蜒在馬朗山脈腳下的河流爲航道。在山裏，我們在一道清泉旁紮營，並在樹間綁好吊床。廚師給自己烤了幾隻 15 公分長的蠍子當晚餐，他說這有壯陽功效，我們其他人還是選擇了米飯。天快黑時，風勢轉強，森林裏樹葉紛紛掉落，熱帶暴風雨接著滂沱而下。一等風停雨歇，紅螞蟻蜂擁而至，被它們咬到就跟被黃蜂螫到一樣痛。總是思慮周全的布吉人嚮導朱菲利，在我們吊床底下點燃適量的汽油，把紅螞蟻驅走。？

隔天早上，我們返回獨木舟，朝特威窟前進；這個洞穴是以團隊當中最經驗老到的一位嚮導命名。特威過去40年來一直在這一帶找洞窟、採燕窩。在新加坡和香港，專門招待有錢華人的餐廳以燕窩爲珍饈，需求量非常大。幾年前他想起這個洞穴，便告訴了我們。？

我們把船留在河邊，背上背包，吃力地爬上152公尺高的嶙峋石壁，抵達洞口邊。我們的肌肉感覺在燃燒，但這趟攀爬是值得的。洞裏的畫作還是跟1999年我們第一次看到時一樣令人屏息：大約有200個保存極爲完好的手印，還有動物和人的圖畫。約半數的手印上有點、線、人字形或其他圖案。我一共數出了50多種組合。？

穿越東婆羅洲雨林的山脈與叢林，在險峻陡峭的山壁洞穴中發現無數的生命印記。

座落於東加里曼丹的30個洞穴中保存著約一千多個反白手印，經研究這些手印至少有一萬年的歷史。更另人驚奇的是這些手印洞穴均位於最高聳，最難以抵達之處。大多數的手印有著利用點和線來裝飾的圖形，考古學家表示，這些手印可能代表著某種入社儀式或巫術儀式，亦可能與澳洲史前原住民的藝術相關。

洞穴壁畫 rock?·art 向來是世界文化遺產的一小分類。目前以此項目列入世界遺產名單中的有阿爾及利亞的塔西裏　奈加印度的比姆貝特卡石窟以及著名的西班牙阿爾塔米拉洞窟等等。值得一提的是阿根廷的洛斯　馬婁斯壁畫遺跡群更被稱爲，繪有人手的洞穴，對史前人類而言「手」到底意味著些什麼？分佈於世界各地的史前手印，將先人的思微，透過這些壁畫，連結了我們的過去與現在，將生命延續至未來。

20 靈魂到底怎麼產生

在距今四萬一千年前發生地球磁場「可能」逆轉事件，是靈魂產生的觸媒；

41000 年前地磁到底有沒有逆轉，現在有兩派的說法：一派認爲地磁有逆轉，一派認爲沒有南極變北極、北極變南極的整個逆轉過來，現在也仍在發生中。地磁要逆轉一開始是慢慢減弱，減弱程度非常大，減弱時間很長 可是整個顛倒過來是很短的。在研究這個過程大概是 400 年到 250 年中間就已經逆轉了，這在整個地質時間表來說是很短的時間，但是地磁逆轉醞釀的時間是很長。這裡分兩派：一派認爲地磁是有減弱但是沒有逆轉，目前被承認的是地磁逆轉，有很確切證據的是在距今 78 萬年以前曾經發生過一次地磁大逆轉，這是確定的因爲從岩石分布的磁極探法有旋轉過的紀錄。

41000 年前地磁逆轉這個問題，我認爲這個是造成人類會有靈魂的一個非常重要的關鍵，我們先來談 41000 年前到底有沒有地磁逆轉，這個問題當然有科學證據來證明的話，地磁有逆轉，但是有一派人反對認爲地磁只是減弱沒有逆轉，其實逆轉跟不逆轉這個問題不是關鍵。而是說確定的一件事情兩派沒有爭論的就是在那段時間地磁減弱而且減弱非常多，就像現在當下地磁也在減弱，很多地方地磁已經減弱 5% 或減弱到 20%，那麼地磁減弱在 41000 年前有人說地磁的強度減弱到只剩下 5%，當然也有另外說法說減弱到 20%，我想這都不是重點；

還是談一個關鍵的問題，爲什麼地磁逆轉會有可能造成人類靈魂的發生，這點是很重要的。

我們都知道地球在旋轉，地心除了堅硬的地核以外中間是很黏稠的液體，不是固體，因此在旋轉的過程中就很像是一個發電機一樣，他在發電的過程裡面旁邊會造成地球磁場，而且這個磁力部份很廣，越過整個大氣層在外太空，這個地球的磁場保護了我們，包括所謂的太陽風、太陽粒子、還有宇宙中其它的射線也會照射到地球來，就是因爲被這個磁場擋住了，所以我們沒有接受到這麼多的這些粒子，如果沒有受到保護我們被這些粒子照射到之後，不只是人類其他生物也沒辦法生存。

我們可以看到地球的磁場從南極出來，然後從北極進去，這樣形成一個很大的磁力圈，有磁力線現在都可以偵測出來的，在北極那邊可以看到極光，極光就是因爲太陽風他的粒子撞擊到了我們的磁場磁力線，在北極這個地方造成了所謂的極光，其實還有南極光，但是，那邊比較不被重視，沒有什麼居民，所以北極光是比較被重視的，很多人特別跑去看北極光，但是也不是每天都有，太陽風強烈一點的時候才會造成極光，當這個磁極要逆轉的時候，也就是說這個磁力開始削減的時候；開始減弱的時候，地磁一旦減弱太陽風剛好長驅直入他的粒子穿透了。粒子多了力量也強了，及宇宙其他射線帶來的粒子，所以地磁到底有沒有逆轉，這個不是關鍵，真正的關鍵是地磁有沒有減弱，地磁一旦減弱只要減弱 5%甚至到 20%或者更多的時候，這是很了不得的大事，而且地磁減弱不是全面性整個減弱，是局部性的減弱。

所以我相信在 41000 年前地磁減弱的這段時間裡，因爲太陽風帶來的粒子很強烈的穿透，然後照射到所有的生物；當然包括人類的身上，那麼難道說太陽粒子照射到人的身上，人就會產生靈魂嗎？如果要這樣講的話，是有點武斷，但是我們必須說那爲什麼照到其它的生物或動物，那動物沒有產生靈魂，只有人產生了靈魂呢？在我很合理的邏輯推斷裡；其實這就是說人類一直進化，他累積的靈格這個問題。

這個靈格它已經形成了形成蠻久了，在20萬年前以來是慢慢進化慢慢形成，也就是跟語言一樣變得比較發達，我們腦部裡面的預設模式網路已經形成了，所以我們才有語言的能力，靈魂的預設模式網路是不是也同時或者是之後才形成的？這預設模式網路形成的靈格，這個靈格也可以形容成內建的一個硬碟，就是跟我們的認知系統是不同的硬碟，是不一樣的，它裡面有一個空的內建硬碟，我們認知的硬碟一直在裝我們的認知對外面世界的觀察、我們的記憶我們的遭遇、喜怒哀樂這些事情。但是，卻有一個空的屬於感知系統的，這個靈格的硬碟原本是空的，差別是有沒有被格式化，也就是這個預設模式網路有沒有被打開，如果沒有被打開的話，它永遠不會發生作用，就好像語言的能力一樣：有一個試用期這個試用期一旦過了，以後也就沒有用了，它已經被封閉起來。這個預設模式網路封閉掉了，要再教他語言他也學不會了因爲超過那個時效性了。

這個太陽風因爲地磁大幅度的減弱以後，太陽風大量的入侵帶著粒子或高質量的粒子，中間還有所謂的帶電粒子，超高的帶電粒子進來了以後，他可能把我們身上原本就有的一些精微物質，這是我們一直都有在吸收的，本來就存在的，把他格式化，格式化以後也可以說是進入到這個靈格的預設模式網路，所以他開始產生作用了，這是我認爲靈魂的一個啓始點。也就是說他原來就已經具備了，只是沒有被格式化，比如說一台新買來的硬碟不管內接或外接；他通常會要求你格式化，格式化以後有一個驅動模式，然後就可以儲存圖文各種東西，沒有經過格式化的話，他是沒有辦法儲存的。

他是怎麼樣被格式化的呢？我們來形容一件事情：指南針。通常指南針是怎麼做呢？是用一根帶磁的磁針把他架上一個支點上，然後他就會指南北極，在古代的一種做法他是用一根鐵針或鋼針，用真正的磁鐵把他磨過以後，這個針原本是不帶磁的，因爲這樣磨過以後他開始帶有磁性，帶有磁性以後他就會指南北極。還有一種做法他的原理很簡單，一般的鐵針或者一般的鋼針，爲什麼他不能指南北極？因爲他裡面的鐵的原子的排列是紊亂的，他的排列是紊亂的話，是不會感受到南北極的磁力線，但是用真正的磁鐵把他磨過以後，這個針原本紊亂的鐵原子他開始排列整齊了，就好像軍隊喊立正向右看齊一樣，全部向同一個方向看，所以也造成了它具有磁力，一旦具有磁力，就會受到南北極的吸引，磁力線的吸引然後就變成了指南針，那樣可以指南北。

也因為這樣的特性，在古代磁鐵不見得是很容易找得到，古代還有一種做法；這是鐵匠都知道的事情，他們如果沒有磁鐵來磨擦鐵針或鋼針來做磁針、做羅盤、做指南針來用的時候，他們有一種方法就是把打造的針在他燒的非常紅熱的時候：甚至接近白熱的時候，把他擺放的方向是南北向，讓他自然冷卻，冷卻到手可以拿起來的時候，用一根繩子綁在針的中間重心的地方，他一樣會指南北，這樣是不是會很奇怪呢？不會奇怪！因為在針燒紅的時候他本身的鐵原子在裡面是流動的，在移動的過程裡如果放在南北向的時候，在慢慢冷卻的過程裡他也開始自行排列，也是向北或向南看齊，然後就變成了規律性的，一旦變成規律性了之後，就會受到地球南北極跟地磁線的影響，就會變成磁鐵，當然會比較微弱一點，但還是可以用，也就是說如果做小型的指南針或小型的羅盤上是勉強可以用的，這也是一種製造磁針的方法。

所以由此可見回頭來講，這些帶電的粒子進來的時候我們身上原本沒有被格式化的很紊亂的這些精微物質，因為這樣感電被電，被電以後會排列起來開始有了一個方向，也可以說這些精微物質它本身也帶著電荷，因為這些高能量的粒子有帶電荷，照射到我們跟我們身體裡有相關的精微物質，可以與它們相感應的也開始向右看齊，變成有了一個方向性，或者說有了一個這樣的屬性，這樣屬性開始也啓動了這個感知系統的這個預設模式網路。所以呢這個預設模式網路就開始作用了，這作用就是說他已經被格式化了，可以儲存一些東西當然這些東西還是從認知系統這邊來的，感知系統雖然也會與外界接觸，但多半時候它的來源還是來自於認知我們認知系統所看到的、所聽到的、所嗅到的、所嚐到的，或在我們意識裡面感受到的，這些東西經過它的過濾以，重要的部分也就是內我的這個系統，它就儲存起來了它儲存的跟認知的並不完全一樣，當然每個人的經驗還是很個人的，所以每個人的感知系統不一樣，認知系統不一樣感知系統不一樣是因爲認知系統不一樣。

在非洲生長的人、在美國生長的、在台灣生長的，他們每個人的認知都不一樣，或者宗教信仰的不同，他的認知不一樣，他的感知當然也不一樣，所以也就是這樣形成了不同的靈魂，靈魂是這樣形成的。

爲什麼要這樣說呢？從四萬年開始人類發生太大的變化，這個變化絕對不是一般的沒有解釋的，我唯一能夠找到的就是地磁逆轉，或者地磁沒有逆轉但是有減弱這個理由，在四萬年前左右的這個時間。但是我認爲地磁的逆轉的時間是很快，但是地磁的減弱他的時間是很長的，我認爲最長最遠不會超過四萬五千年，因爲有很多的跡象顯示四萬五千年的遷移，從東非遷移出去的從那個時候出去的，還有包括其他地方的如歐洲的尼安德塔人，或西伯利亞的丹尼瑣瓦人，他們有沒有靈魂？我相信他們同時也一樣會受到太陽風的影響，只是程度不同而已，但是我相信他們已經具備靈魂已經完整；

但是有靈魂不代表就一定是最強的，就像以現代來講，現代人幾乎全部都有靈魂，可是一樣有弱肉強食的情況產生，所以東非的這些人，當他們也具備了靈魂，他們到了歐洲把尼安德塔人消滅了吃掉了，到了西伯利亞把丹尼瑣瓦人消滅了吃掉了，到了其他地方中南半島，到了中亞、到了中東、甚至更遠移民下來到印尼，最後有一部分人移民到澳洲去了。那這些人基本上都已經開始具備了有靈魂，我認爲最遲的話不會遲過四萬年，所以我爲什麼要定義爲四萬年在之前沒有，或許會有一個疑問爲什麼沒有爲什麼不是 20 萬年前？爲什麼 78 萬年前地磁大逆轉？爲什麼那時候不能形成靈魂？這很簡單阿條件不夠啊！在那個時候的條件是不夠的，比如我們很簡單講；你去教一個小朋友 99 乘法表，那你要看他是幾歲？如果是一歲你交他 99 乘法表根本聽不懂，他到了大概四五歲你教他 99 乘法表他可能學的會，到了小學先加減然後再乘除學到乘法的時候 99 乘法表背起來他就 OK 可以了。那同樣的你今天要看 78 萬年前那時候的原始人，他們的那種認知跟他們大腦的進化的程度還沒有達到這樣的程度，也可以講說那時候還不具備靈魂的。這個預設模式網路根本還沒有成形，所以那時候你給他機會也沒有用，名作家海明威曾經講過：機會就像蝴蝶，你沒有辦法確定蝴蝶什麼時候會出現，但是沒有關係，你先準備一個網子，蝴蝶也許永遠不會出現，但是你有一個網子在，當蝴蝶出現的時候¡A 你就可以抓的到牠，那這個意思我們來延伸到這邊來講也是一樣。

假設說地磁逆轉是像一隻蝴蝶一樣，我們不知道他什麼時候會發生，但是你準備好了沒有?你沒有準備好蝴蝶來了你也抓不到牠，但是當你網子準備好了蝴蝶一旦出現的時候你就可以捕捉到蝴蝶。也可以講說在 78 萬年前地磁逆轉的時候，人類並沒有準備好那個網子，也就是靈魂的這個預設模式網路根本沒有準備好，你當然抓不到牠。可是到了四萬年前的這一次不管地磁有沒有逆轉，即使是地磁非常強烈的減弱以後，大量的太陽粒子就像蝴蝶一樣紛紛飛過來的時候，被人類捕捉到了，他不是刻意的而是無意捕捉到了，補捉到了以後他的帶電的高能帶電的粒子穿透人體以後，我們人體也受到這種感應也就是感磁一樣，像磁鐵一樣排列同樣的我們的精微物質開始排列排列完了以後他開始凝聚起來也許他本來散佈在全身各地，有一部份就凝聚起來我認爲還是在腦部，大量的凝聚在靈格裡面；一個內建的感知硬碟。在這裡面凝聚在這個地方，也就因爲這樣形成了我們的靈魂，當然你也可以說這是假說，我也承認因爲在四萬年前的時候沒有發生什麼大事啊?沒有火山爆發，也沒有小行星撞擊地球，也沒有造成什麼樣的情況唯一我能找到的最大的證據就是地磁減弱或地磁逆轉我認爲這個是比較可能性是合乎邏輯推論，或者是一個假說就留給後人吧!讓後人來證明 1.我錯了 2.我對了!老實講這都沒有關係，我們大膽假設小心求證的事情，我們只要努力去做，如果我做不到的話留給後人去做吧!

21 人類演化的「斷層」之謎

這是「考古人類學」上的一個難解之謎，當然並不單單屬於考古學家的難題，也是對人類演化過程有興趣者的同樣難題；因爲自從人類對考古工作正式展開科學化的研究（迄今不過 200 年），越是晚近，由於諸如碳 14 的鑑定法和 DNA 的溯源科技，讓我們對人類自身起源有了更豐富的認知。

關於對於人類的考古學，從直立人開始一直到所謂現代人的祖先—晚期智人的發掘研究，都有了可徵信的斷代，各個時期的各種人類化石，從大約 700 萬年前迄今的都有珍貴的化石或實體樣本。但是，唯獨大約 10 萬年至 4 萬年之間，沒有什麼發現？

簡而言之，現在考古人類學家手中握有的具體人骨化石或尚未成爲化石的遺骸，從 700 萬年前到 10 萬年前的都有，從 4 萬年前到今天的各類人種的遺骸標本也很豐富，但是，卻少了 10 萬年至 4 萬年之間的遺骸標本，在全世界各地大規模發掘的原始人類遺址中，都是在這段「真空期」之前或之後的？

難道這大約 6 萬年的時光中，全世界的人類都突然憑空蒸發消失了嗎？不然怎麼會有所謂的「北京原人」和「爪哇原人」以及「山頂洞人」、「尼安德塔人」、「克羅馬囊人」，前三者是數十萬年前的人類，後者是 4 萬年以後的人類，那麼中間那些人類去了那裡呢？

這個謎團，從 10 萬年到 7 萬 5 千年之間，地球發生了什麼重大的事？迄今還沒有人知道？但是，時當 7 萬 5

千年時，地球上確實發生了重大的變故，那就是「印尼蘇門答臘島」上的「多峇火山」曾經發生了超級巨大的爆發，所以又被稱爲「多峇巨災」（註1）。

由於這個超級火山的猛烈爆發，使得火山熔岩和高熱的火山碎屑流迅速吞沒了大半個「蘇門答臘島」，所有的生物包括人類瞬間就被燒光了，但是，「多峇火山」噴出的火山灰，直衝到了平流層，並且很快速的散布到全世界，整個地球都被灰濛濛的火山灰所籠罩，陽光迅速的失色和失溫，地球有好幾年變成突發性的「小冰河期」，所有的植物因爲缺乏足夠的陽光進行光合作用，所以幾乎都無法存活，而草食動物首先遭殃，因爲食物匱乏而大量死亡，而連鎖反應的，肉食動物也隨之滅絕，人類當然也不例外，依照模型實驗的推斷：當時全世界大概只剩下2000到不足10000人的一個氏族種群，也就是居住在現今東非一帶的原始土著（按：據基因研究，應該就是現在還存在的「布須曼族」的直系祖先）。

然後，這些倖存的人類直系祖先在往後地球逐漸回溫之後，因爲食物和其他物資的嚴重匱乏，被迫向北和向東邊長距離的遷徙------最早一批人大約在45000年前沿著非洲南方海岸，以各種還同樣倖存的海鮮魚類、貝類、軟體動物等等爲食，逐漸經由印尼爲跳板，渡海移民到了澳洲，而另一支北上到了中東地區，再遷徙並擴散至整個歐洲地區，中間一支則是經由印度大陸再經由中南半島，最後來到中國定居。還有一小部份則從中東北上到了西伯利亞，最後才經由「白令海峽」當時的陸橋；直到大約12000年前才進入北美洲大陸，最後又擴散到了中南美洲（就是印地安人，也是最後一次大遷徙的族群，其中也有一小部份仍居住在西伯利亞）。

由於這次「多峇巨災」的影響至爲重大，全世界的原始人類從原先的將近百萬人（筆者按：依據人類學家對於古今人口數的推估，在距今10萬年前，分散在全世界的人類總數大約在數十萬人左右，最多應該不會超過百萬人以上），遽然減少到了幾近滅絕的數千人，這也就形成所謂的「種群瓶頸效應」或「人口瓶頸」。

依據地質學家的研究，地球上的陸地像千層派一般，隨時間的推移，一層一層的由下往上堆積，越往下的地層年齡越古老，越接近地表的越年輕，所以，地質學家可以依據一層層的地質特徵進行比對，並且可以由此來斷代，但是，例外情形是在「板塊與板塊」互相推擠的斷層線，被往上推抬甚至自然露頭的岩石，往往可以更清楚的看到一層層不同年代形成的地層，甚至也往往因爲滄海桑田的地形地貌改變之下，譬如像喜馬拉雅山脈這麼高聳的山峰上；竟然會發現許多遠古海洋生物的化石，如海螺、貝類、蝦蟹類的化石，可以證明整個喜馬拉雅山脈是在遠古時代，印度板塊猛烈撞擊推擠歐亞大陸板塊，而使得原本是海洋的地層猛然的隆起，變成了全地球最高的山脈。

同樣的，有些原本是陸地的地區，因爲滄海桑田的變化，甚至是冰河期結束時，大量溶冰造成海平面的上昇以及大洪水的沖刷而下沉或沒入海中，但是，也因爲地層的沉積作用，使得每個「沉積層」中夾藏的各種化石，因爲地層的斷代定年，可以得知這些化石存在的確切年代，同樣的，有關人類的化石或者尚未形成化石的人類骨骼遺骸被夾藏的「沉積層」會自然透露存在的年代，再加上一直沿用的放射線碳 14 的定年法，考古學家對於原始人類的化石或遺骸，通常推估出來的年代差距還不算太大。

那麼 10 萬年前到 7 萬 5 千年之間；地球到底發生了何種重大變故，而使得這段期間人類化石的環節缺失謎團，目前還無法得知？不過，因爲「多沓巨災」的緣故，當時期全世界各地將近百萬的原始人類，幾乎死亡殆盡，差點像生存了一億多年的恐龍一般悉數滅絕，只留下東非幾千人的小氏族不知道何種原因，竟然奇蹟似的僥倖存活下來，也才造就了今天的我們及全世界超過 70 億人口的存在。

如果說，當時期全世界有將近百萬的人口規模，短時間內幾近全數滅絕，跟其他動植物一樣的屍橫遍野，白骨累累，那麼爲什麼從7萬5千年到4萬年前這段期間，竟然沒有原始人類的化石被發現呢？

這的確也是令人百思不解的大謎團？

不過，我們雖然未必都是考古人類學家或生物學家或地質學家，但是，好奇心人人都有，我們難道就不能發揮一下「福爾摩斯」或者「柯南」的研究精神，合乎邏輯的來推理一下？

不妨想想，譬如非洲的「露西」，譬如「北京原人」、「爪哇原人」以及其他一些知名卻是「獨一無二」的人類化石等等，他們生存的時代絕對不可能是孤家寡人一個人單獨存活在自己的時代，一定是和我們同樣「群居生活」的，那麼爲什麼被考古學家發現並確切斷定生存年代時，卻是如此寂寞孤單而沒有任何同伴或親人同時被發現的呢？

答案也不難，因爲時空環境，一是當時「這個露西」或者「這個北京原人」或者「這個爪哇原人」恰好是正在單獨離群的某個地方，所在位置與同伴或親族有一段距離，但是，單獨的個體和原本隸屬的族群可能遭受了不同的外在條件而死亡，死亡之後正因爲自然環境的不同，經過幾百幾十萬年滄海桑田的自然變化，原本的同伴遺骸可能被洪水沖散，各自分別被泥土掩埋在大面積的地層裡，又或者散落在河流、沼澤、湖泊或被沖進海裡，以致徹底腐爛到「屍骨蕩然無存」，那麼當然「這個露西」或者「這個北京原人」或者「這個爪哇原人」就可能變成全球「孤品」而獨一無二了。

依據這樣的推理；我們不妨想像一下，因爲「多峇超級火山的大爆發」，在發生地的「印尼蘇門答臘大島」的幾百公里方圓內，所有動植物和原始人類瞬間就被巨量的火山熔岩和碎屑流直接吞噬而化爲烏有，沒有留下任何一丁點的殘片。但是，整個地球也很快被巨量的火山灰所籠罩，不只是遮天蔽日的擋住了正常的陽光，使得全球溫度急遽下降，形成了「短期小冰河期」，而火山灰和空中水氣的結合，形成了濃度極高的「硫酸雨」，有可能連續下了幾年，而人類和其他動物的屍體暴露在荒野，最先腐爛的當然是皮肉筋膜，留下的只剩骨骼，而動物的骨骼成份就是石灰質和鈣，這些成份又正好是最經不起強酸的腐蝕，因此，在連續由濃變淡的高濃度「酸雨」的腐蝕之下，也許有的是「屍骨蕩然無存」，有些則變成一碰就碎成齏粉的狀態，那麼再經過自然風化和冰河的擠壓，結果依舊是「屍骨蕩然無存」，也所以，從7萬5千年到4萬年前這段期間，沒有留下可以被我們後代考古人類學家或古生物學家發掘到的化石或遺骸；而那些留在非洲以及被迫大遷徙的倖存人類，從幾千人慢慢繁衍的後期人口，人數當然不會突然暴增，甚至有些少部份的族群可能就在大遷徙的過程中，不幸做出錯誤的選擇，最後就因爲饑餓或疾病而死在半路上------

而從第一批移民經由印尼抵達澳洲，大約是距今4萬5千年前，也是從那時開始，不論是成功長距離遷徙移民到了中東、歐洲、東南亞、中國，最後移民到了北美洲的原始人類，當然是逐漸繁衍出了更多的人口，也因此才會在距今4萬年開始起，又重新在世界各地留下了較多的骨骼遺骸，可供現代考古研究。

以上當然是筆者個人的假設，不過在這個「人類考古大謎團」目前還未能完全解開之前，筆者的這個推論假說未必就一定不可能或者完全是荒誕不經的無稽之談。當然，筆者基於對自然和生命研究的熱衷，也衷心的期盼能很快的就看到有真正確切可信的解答出現！

註 1：根據多峇巨災理論，現代人的進化是受到近期一次在印尼蘇門達臘島北部的多峇湖(en：Lake Toba)的大型火山爆發造成的巨災所影響。這個理論由美國伊理諾大學(University of Illinios at Urbana-Champaign) 的史坦尼．安布魯士(Stanley Ambrose) 最先提出。

理論人類在最近三至五百萬年與其他靈長類動物在進化中分離。人類之中產生了數種不同的物種。

根據這理論，一次大規模的火山爆發使人類數目大爲減少。這火山爆發可能在七至七萬五千年前在印尼多峇湖發生，強度爲火山爆發指數的 8 級，即超大規模 (mega-colossal)級數。釋放的能量達到十億噸列性炸藥當量，或爲 1980 年聖海倫火山爆發的三千倍。大量的火山灰令全球溫度在之後數年間下 降了攝氏 3 至 3.5 度，引起一次冰河時期。

突然的巨大環境改變可能令當時各種物種進入群體樽頸(英語：Population bottleneck)，導致分散的人類群體加速異化，最終使現化人的先祖以外的人類絕種。

地理證據一些地理證據及電腦模擬支持多峇巨災的可能性。基因遺傳證明現在的人類雖然表面看來分別頗大，但根據遺傳基因突變的平均速率推算，現代人全都是源自一個在多峇巨災發生的年代只有一千至一萬人的群體。

遷移按這理論，巨災之後一段時間，氣候及環境好轉，現代人的祖先從非洲出發，先到達印支半島及澳大利亞，然後再往中東雙子河流域，及亞洲其他各地。

人類基因組測序計畫進行了29年，顛覆了之前古人類學的人類多地起源模型，從現存人類追溯到非洲6萬至20萬年前的智人。非洲智人的一部分在4.5萬至6萬年前走出非洲，遷徙到世界各地。

智人出非洲時，全球還在末次冰期中。末次冰期是第四紀的更新世內發生的最近一次冰期。末次冰期約於11萬年前開始，於西元前9600-9700年完結。這 段期間曾出現數次的冰進及冰退。冰退稱爲間冰段。格陵蘭的冰芯鑽探表明，過去十萬年的末次冰期共有24個間冰段。末次冰期的最盛期發生於約1.8萬年前。 一般而言，全球冷卻及冰川前進的模式相似，但也有局部的分野，因而很難以大洲來比較。

在末次冰期，海平面下降，最多時海平面比現在下降120米。大陸和島嶼周邊有很大面積的冰層，河流也往往結凍。有些大陸之間、與島嶼之間、島嶼之間因海平 面下降連接起來或被冰層連接起來。例如：東南亞（緬甸、印度支那半島、海南島、馬來半島與巽他群島的蘇門答臘島、爪哇島、加里曼丹島、菲律賓群島的一些島 等）露出水面並連成一體的陸地，是巽他古陸（Sundaland）；而澳大利亞、新幾內亞和塔斯馬尼亞，合爲一體，稱爲薩胡爾古陸 （Sahulland）。如下圖所示：

美國伊利諾伊大學的斯坦萊．安布魯斯（Stanley Ambrose）提出多峇巨災理論：7萬至7.5萬年前在印尼多峇湖發生一次大規模的火山爆發。這火山爆發強度爲8級，即超大規模級數。釋放的能量達到 10億噸烈性炸藥量，或爲1980年聖海倫火山爆發的3000倍。大量的火山灰令全球溫度在之後數年間下降了3至3.5攝氏度，引起一次冰進時期，使那時 的世界人口大爲減少。

此後氣候寒冷而乾旱，而大海可以緩解下降的氣溫和乾燥的空氣，海貝等食物又容易獲取，非洲智人群體在印度洋東非海岸線生存。

在4.5萬至6萬年前的某段時間，海平面較低，在紅海的曼德海峽（今非洲吉布提與亞洲葉門之間），海冰連接了東非和阿拉伯半島。一群非洲智人（帶有Y染色體單倍群CT）爲了追逐食物，不經意地踏上了歐亞大陸。

這個群體繼續向前沿著印度洋的海岸線遷徙，不久就就到達了印度河河谷。這個河谷以及南亞次大陸是遷徙者遇到的氣溫和濕度最高因而植被最茂盛的地方，如下面的末次冰期的陸地植被圖所示：

因爲自然環境好，他們在此停留，後代分化出CF人群和DE部分人群。CF人群的部分後代的Y染色體單倍群的突變經歷了：

22 現代智人生存競爭法則：趕盡殺絕

「現代智人」在此指的是距今 70000 年前開始，由非洲出走並逐漸散布自世界各地的現代人類。

逃離非洲

非洲是現代人類的發源地，這一點目前已經是個共識，現代人發展是在 20 萬年前，現代人是從非洲開始的那個時期在世界各地落地生根，還有其他原始人他們的發展比我們現代人更原始，所以當兩邊碰到的時候對壘時，肯定不是現代人的對手，從非洲出走應該是從 20 萬年前開始，也就是說從 20 萬年前非洲孕育出了現代人，逐漸開始往外擴散這是很正常的，民以食爲天，通常是爲了尋覓食物，人類走下了叢林雨林進入了草原，兩足行走已經跟現代人一模一樣。也有科學家說如果把 20 萬年前的非洲現代人小孩，帶到 21 世紀的現代來，給他受現在的教育，他長到以後就跟我們現代人一樣，沒什麼兩樣，甚至包括腦容量各方面整個智力的發展都是一樣。所以在這方面來講的話人數越來越多的時候，他們開始離開非洲經過中東或從中東進入歐洲，也有可能經過海岸路線進入到印度次大陸到中南半島等等，這些都是可能的，當然中間距今十幾萬年前也是有很多非洲的現代人出走離開非洲。

當然其中最重大的一次是七萬五千年前的大逃亡，因爲印尼蘇門答臘的「多峇火山」大爆發，在火山四周的居民幾乎死傷殆盡，更重要的是他的火山灰噴發到了平流層，蔓延到整個地球大氣通通被汙染，陽光被遮住了，不但陽光沒有辦法照進來，氣溫開始降低形成了一個小冰河期，不只是這樣而已，很多的植物不管是樹林或叢草灌木，這些都開始凋零，那麼最早死亡的一定是草食性動物，在非洲的各種草食性動物先死亡，接著肉食性動物沒有食物吃了，也跟著死亡，食物鏈最高層的人類在整個動植物相繼滅絕的過程中，難免也會跟著死亡，先是餓死然後在小冰河期是凍死，最後幾乎全數滅絕，而進入所謂的「種群瓶頸的狀態，他的意思就是說在滅絕的邊緣的人數，推斷那時候的非洲只剩下約兩千人，也有人說不超過一萬人，那麼這些人以家族或氏族為單位組成團體，單打獨鬥是絕對活不下去的，他們不約而同的在一個地區，可能是東非大峽谷這一帶，開始逃亡因為已經沒有食物可以吃，這時還有殘留的食物是在海裡，所以他們就沿著海岸往外逃亡，當然海裡還是有些生物也死亡但，還是能有存活下來的特別是像一些貝殼類、小魚螃蟹至少這些可以當成是活命的一個充饑憑藉。

順著海岸走到達中東、北非等地----當然這裡面也開始分支了，沒有指引沒有目標，不同的氏族家族個人有個人的意見，總是會往自認為食物多的地方走，從這時候開始分支，有一支順著東非海岸往東經過中東再往下到了印度次大陸，再經過印度次大陸到了中南半島，或者說經過比較短程的海路進入到印尼，在印尼還留下很多當時的遺跡，再往東邊走到新幾內亞，從這地方有一部份的人率先到達了澳洲，這個年代距現在四萬五千年左右。

另外有一支往西北方向走進入到了歐洲，在歐洲也留下足跡，還有一支往正北經過中亞到達西伯利亞，因小冰河時期並沒有很長，據考據小冰河期只有幾百年歷史，他們開始找有食物的地方往西伯利亞方向去，那可能會遇到丹尼瑣瓦人，往歐洲這邊走的人，碰到尼安德塔人。

這裡就有一個很特殊的一個現象，這些從非洲出走的難民，花了很多年走出來以後他們走到哪裡吃到哪裡，什麼都吃沒有東西吃的時候也是啃樹皮挖樹根甚至吃泥土，最後不得已的話吃人，那當然先吃的是敵人，不同種的敵人最先碰到的就是尼安德塔人，當然跟尼安德塔人或是西伯利亞的丹尼瑣瓦人，遇見的時候一開始也許互相有些交流，最後還是會爲了塡飽肚子不得不吃人，當然會先吃異族。而且這些現代人應該說他們智力比較進化，尼安德塔人的腦容量雖然比較大，但是不是要比頭大，現在的說法是現代人的腦有比較多皺摺，還有就是他們發明了許多武器，但是我認爲最重要的觀念還是吃人的觀念，吃人以現在來講是很不可思議的事情，可是在遠古時代這是很正常的，甚至到了中國近代都還有吃人的事件。像在明末時候張獻忠、李自成流寇到處殺人擄掠，也因這樣農民根本無法去種植，到處被殺也交迫大量的在逃亡，所以造成普遍的飢荒，在這過程中張獻忠、李自成這些流寇他們是拿人肉把他醃製曬乾了以後，背在背上當成乾糧。民間還有所謂的菜人，有專門賣人肉的攤販。

其實人吃人在關中大旱時人相食這些是稀鬆平常的事情，在中國的歷史上這類記載非常多。在七萬五千年之後因爲火山造成的難民，開始離開非洲大逃亡的時候，沿路看到什麼吃什麼，有什麼吃什麼，包括吃人。也因爲這樣尼安德塔人是被現代人吃光，或是丹尼瑣瓦人被現代人吃光，這是很合理的事情，這兩個是很代表性的，還有其他的一些原始人也應該都是被現代人吃掉的。

還有一點人類很早就會使用火，早就會熟食也就是說這些逃亡的難民他們是吃熟食的，也因此我們應該了解到爲什麼在考古學上，從距今十萬年到四萬年前的這六萬年間找不到人類的遺骸，殘留的骨骸不能說完全沒有，但是幾乎是等於0，就是挖不到什麼這時的骨骸，四萬年之後的有，十萬年之前的也有，像北京猿人、爪哇猿人這些都找的到，甚至是尼安德塔人的；丹尼瑣瓦人的也有。但是爲什麼十萬年到四萬年的這六萬年中幾乎是斷層的呢？這也沒有人提到這個問題的真正癥結，但是我想我用合理的邏輯推論的話就是那些原始人都被吃掉了，那被吃掉了總會留下骨頭吧？其實那也不一定，第一可能散掉了，可能一面走一面吃亂丟，第二他被煮過了；因爲那時已經會吃熟食了，可能會煮過或烤過，我們都知道像大骨湯的骨頭已經被煮過了的，埋在土裡或亂扔在外面很容易就比沒有煮過的骨頭更容易腐敗，因爲組織已經鬆散了，可能很容易就風化掉了，所以沒有留下來，這是很正常的。所以爲什麼十萬年到四萬年前這六萬年中間，造成的人類化石的斷層，這其實跟這次的非洲大逃亡有關係。

另外還有一件事情可以兩相比較，在七萬五千年前的火山大逃亡還是有人留在非洲，比如現在的「布希曼人」（桑族），是很原始的民族，我們去推斷用 DNA 去比對的話；我們都是有跟他們一樣的 DNA，可見我們也是來自於非洲的基因，我們的基因跟他們是類同的，那些人留在當地沒有離開，也許天氣開始變暖和了，有些植物長出來了，有些動物存活下來，所以他們能夠繼續留在非洲，到今天沒有離開過，像「布希曼人」（桑族）可以講說他們從七萬五千年前「多峇火山」爆發以後到現在都沒有離開過，都一直保留在原來居住的這一帶，也許做小規模遷移是有的，但不是大規模的。

那麼這裡面有一件很特別的事情弓箭是現代人發明，的但是弓箭的發明可能是在五、六萬年以後，因爲有一個證據可以證明：就是移民到澳洲的原住民從東非經過印尼，再經過海路；甚至也可能是南島民族經過中國大陸經過台灣然後移民到菲律賓，再移民到澳洲去的，這些人他們沒有弓箭，所以澳洲的原住民是沒有弓箭的，他們的遠拋武器用的是矛，以外用的是所謂的迴力鏢，他們用來捕獵袋鼠或者野兔這些動物，迴力鏢的好處也是萬一沒射中的話會再飛回來，可以撿起來重用，所以不會有什麼損失。

可是這個很奇怪的就是說，移民到澳洲的這些難民爲什麼他們沒有弓箭，反而是在非洲的「布希曼人」有弓箭，當然這是很原始的，只是一根細木條前面削尖沒有尾羽而且沒有箭鏃，不過當時他們可能不需要；因爲他們會用植物或動物的毒混合之後沾在箭頭上，而且他不需要射得很遠，精準度也不需要很高，他只要近距離的慢慢接近動物，如羚羊野豬甚至是比較兇猛的動物，他只要有辦法近距離接近射中以後，這動物不會馬上死掉，牠們會走一段時間以後等毒性開始發作了擴散到心臟以後，心臟會痲痺然後這動物就會倒地死掉，他們就可以抬回部落來。當然他們會有自己解毒的方法把那些有毒的地方通通挖掉，以後把其他部分拿來當食物，外皮拿來當作衣服這類東西。

這種是很原始的弓箭還是在非洲發展出來的，慢慢的，弓箭體積增大箭身增長也變粗了，然後再裝上箭鏃，這樣當然是以經比較進步了¡A因爲有了箭頭射中的話即使上頭沒有沾毒，殺傷力也是蠻強的，我想這些都是偶然發生的，加上了羽毛之後發現射出去的箭比較穩定，也因爲穩定所以射的距離也開始拉長，也因此弓箭在這時候已經與現在的弓箭沒什麼兩樣了。在當時箭鏃的部分用的是石器，那時候還沒進入到青銅或鐵器時代，用的可能是尖的石頭或石片就是把石頭敲碎以後撿選較尖銳的，像是瑪瑙玉石這種的硬度高只要能敲成薄片作成箭鏃就會非常鋒利，也因爲鋒利所以殺傷力非常強與現在鋼鐵打造的獵弓刀面其殺傷力是一樣強的

*弓箭部份在「拋射武器的發明」及「弓箭人類最終極的掠食利器」都有提到過。

所以弓箭是在五、六萬年前才發明的，是因爲從非洲出來到澳洲的原住民是沒有弓箭的，他們從非洲到澳洲經過的時間也有一段了，但是至少他們離開非洲的時候是沒有帶弓箭的，我們來比較一下矛跟弓箭來，哪個工具比較粗重?當然是矛比較粗重，他們總不至於說不帶較輕便的弓箭而執意要帶矛那是不可能的，如果那時候有弓箭的話，他們應該會帶弓箭，當然帶矛也是有可能它可以雙手握著用刺的，當然有它的功能性在近距離的搏鬥中，矛的殺傷力當然勝過弓箭，所以帶矛是對的，但是如果有弓箭他們不可能不帶弓箭，所以到澳洲去的這些先民他們沒有弓箭，就可見他們離開非洲之前弓箭是還沒有發明出來的，不過，也正是因爲一旦弓箭被發明的出來之後人類就變成了食物鏈的最高層。

所以現代人在困苦的生存中必須要去吃人，或要去掠奪的時候在歐洲碰到尼安德塔人，或是在西伯利亞碰到了丹尼瑣瓦人，他們可以用誘捕的方式找到尼安德塔人或丹尼瑣瓦人居住的洞穴，裡面或許十來個或上百個居民，非洲來的入侵者只要派十幾個弓箭手在洞穴外藏好位置，在洞穴外在派人帶引火工具，用乾草木頭樹葉等等在洞口放火薰或投擲火把進洞內，就會把洞穴裡的人薰得受不了；把所有人逼出來，然後再把逃出來的人利用弓箭手進行殺戮，或者選擇性的射殺武士及男人或老人，而留下婦女當奴隸洩慾或爲他們傳宗接代的工具。但是，如果食物和男人肉也不夠吃了，就也會把那些擄掠來的女人吃掉，也因煮過後骨頭散掉泥土沖刷腐化掉，什麼都沒有存留下來，這也是爲什麼非洲人占了優勢消滅掉了尼安德塔人、丹尼瑣瓦人，最後只留下這非洲難民的入侵者一支，然後也就變成了我們的祖先，我們身上帶著現代人的基因這跟「多峇火山」爆發有絕對的關係。也因爲這樣人種交配然後又開始慢慢從「種群瓶頸在幾乎滅絕的危機下又開始恢復生機人數也開始增加到今日超過70億大關。

附錄：愛斯基摩人的漁獵生活方式

人吃人、和非洲人發明弓箭、人知道用火烹煮食物與取暖、爲什麼尼安德塔人、丹尼瑣瓦人會全部滅絕？爲什麼人類考古會有斷層？這就是本章節逃離非洲主要談的主題。

愛斯基摩人（Eskimo）北極地區的土著民族。自稱因紐特人，分佈在從西伯利亞、阿拉斯加到格陵蘭的北極圈內外。分別居住在格陵蘭、美國、加拿大和俄羅斯。屬蒙古人種北極類型。先後創制了用拉丁字母和斯拉夫字母拼寫的文字。多信萬物有靈和薩滿教，部分信基督教新教和天主教。住房有石屋、木屋和雪屋。房屋一半陷入地下，門道極低。一般養狗，用以拉雪橇。主要從事陸地或海上狩獵，輔以捕魚和馴鹿。以獵物為主要生活來源：以肉為食，毛皮做衣物，油脂用於照明和烹飪，骨牙作工具和武器。

男子狩獵和建屋，婦女制皮和縫紉。已使用現代漁獵工具，並乘汽艇從事海上狩獵，亦從事毛皮貿易。日益受到白人文化影響，在格陵蘭地區已有80%的人移居小城鎮；出現貧富分化，美國愛斯基摩人已有個別資本家。

從白令海峽到阿拉斯加、加拿大北部，經格陵蘭島一帶，在北極圈生活的蒙古人種的一個集團。在身體上，文化上都適應於北極地區的生活。面部寬大，顴骨顯著突出，眼角皺襞發達，四肢短，軀幹大，不僅有這種形態，而且生理上也適應寒冷。

愛斯基摩人是由從亞洲經兩次大遷徙進入北極地區的。經歷了4000多年的歷史。由於氣候惡劣，環境嚴酷，他們基本上是在死亡線上掙扎，能生存繁衍至今，實在是一大奇跡。他們必須面對長達數月乃至半年的黑夜，抵禦零下幾十攝氏度的嚴寒和暴風雪，夏天奔忙于洶湧澎湃的大海之中，冬天掙扎於漂移不定的浮冰之上，僅憑一葉輕舟和簡單的工具去和地球上最龐大的鯨魚拼搏，用一根梭標甚至赤手空拳去和陸地上最兇猛的動物之一北極熊較量，一旦打不到獵物，全家人，整個村子，乃至整個部落就會餓死。因此，應該說，在世界民族大家庭中，愛斯基摩人無疑是最強悍、最頑強、最勇敢和最為堅韌不拔的民族。

他們世世代代以狩獵爲主。在格陵蘭北部，他們在冬夏之交獵取海豹，6—8月以打鳥和捕魚爲主，9月獵捕馴鹿。而在阿拉斯加北端，全年以狩獵海豹爲主，並在冬夏之交獵取馴鹿，4—5月捕鯨。不同季節、不同地區，愛斯基摩人採用不同的方法獵取海豹。

夏季，愛斯基摩獵人劃著單人皮划艇，帶上海豹叉或帶刺梭標、網、繩子等工具來到海豹經常出沒的海面尋找獵物。獵人靜靜地劃著雙槳，不停地搜索海面。愛斯基摩獵人從小練就一副好眼力，能看見100—200米遠處嬉戲的海豹。一旦發現獵物，獵人便儘快悄悄接近目標。等到靠近時，獵人迅速拿起魚叉使勁投向海豹。動作要快，投擲要準確，否則海豹瞬間便會潛入水中逃之夭夭。被叉到的海豹同樣也會潛入水中，甚至會把船拖翻。因爲即使後面拖著條船，海豹也能游得跟平時一樣快，所以獵手必須用網迅速拖住海豹，直到其最後精疲力盡。這時獵人再接近獵物，殺死它，把它拴在船邊。然後全面檢查一下船上設施，繼續尋找下一個獵物。如果運氣好，一個獵手一天能獵到二三隻海豹。不走運的就只能空手而歸了。

到冬季時，海面冰封，愛斯基摩人就採用另一種方法獵海豹。海豹屬於哺乳類動物，雖然生活在大海中，但卻靠肺呼吸，所以必須經常不斷地浮到海面呼吸空氣，然後再潛入水中。海豹每吸一次氣，可在水下呆7—9分鐘，最長可在水中呆20分鐘左右。如果超過這個時間，它們就會窒息而死。由於北極地區冬季海面結冰，海豹無法在冰下找到換氣的地方，它們就由下而上把冰層鑿出一個洞，作爲呼吸孔。愛斯基摩人就是通過尋找海豹呼吸孔來獵捕海豹的。

加拿大北極地區冬季時海面封凍的時間長達幾個月，這段時期是愛斯基摩人食物來源最少的艱苦日子。這裏的庫普愛斯基摩人卻有非常高明的尋找海豹方法。他們發動全村的人都到距海岸幾公里的冰面上尋找海豹呼吸孔。在相當大的範圍內找到一批呼吸孔後，若干名獵手便同時出發，在每一個呼吸孔旁守候一個人。這樣，如果海豹在一個呼吸孔被嚇跑，勢必要到另一個呼吸孔吸氣。守住一片區域的每一個呼吸孔，海豹就難逃天羅地網了。採用這種方法，總有一兩個獵手每天獵到至少一隻海豹。直到幾星期後，這一地區附近的海豹全部消失，於是村裏的人再遷往別處狩獵。

根據「紐約時報」報導：在美國阿拉斯加州，愛斯基摩人古老的捕鯨活動正在擁抱一系列現代技術。從叉車到推土機，再從動力艇到裝載機，這項古老的活動也散發出現代氣息。美國聯邦政府和國際捕鯨委員會允許愛斯基摩人繼續這種傳統的方式，但嚴格控制捕鯨數量。北極露脊鯨當前的數量大約在1.1萬頭左右，政府允許愛斯基摩人每年的捕鯨數量不得超過總量的1%。

秋季捕鯨季的一天早上，一群伊努皮亞特愛斯基摩人乘著小型動力艇在北冰洋上尋覓，搜尋鯨魚噴出的水柱。發現一頭鯨魚的蹤跡後，他們立即靠過去，利用捕鯨叉捕　殺鯨魚。得手之後，他們將鯨魚拖上岸。午餐時間，孩子們朝著這頭鯨魚的噴水孔扔石塊，鯨魚的屍體好像海草一樣在海岸上擺動。很快，一輛推土機便開過來，載　著這頭28英尺（約合8.53米）的鯨魚在佈滿石塊的海灘上行進。血順著鯨鬚，流的到處都是。推土機停下來後，一名男子（並非伊努皮亞特人）手持小釣魚竿　站在鯨魚屍體旁拍照，似乎是他釣到了這頭鯨魚。

推土機最後將鯨魚運到雪地上。伊努皮亞特人拿出大刀，開始開膛破肚，遇到北極的嚴寒，鯨魚的內臟升起陣陣蒸汽。不到一小時，當地婦女便將煮好的鯨皮和鯨肉拿給陌生的客人享用。在屠　鯨現場，一名年輕男子彎下腰，剝掉肝臟外面的膜，而後帶回家製成傳統的鼓；一群愛斯基摩族的孩子在光滑的鯨骨上打滑梯；一名生物學家則檢查鯨魚的眼窩，看　看鯨魚的眼球是否已被切除。眼球可用於確定它的年齡。

當天晚上，又有一頭鯨魚被拖上岸。捕殺它的船長是一名中年人，他的祖先世世代代在這裏捕鯨，已經有數千年歷史。與祖先不同的是，他使用了一系列現代裝備，其中包括舷外馬達、卡特彼勒 D7H 推土機和抵禦惡劣天氣的 Carhartt 防寒服。與第一頭鯨魚一樣，這頭鯨魚的鯨皮也被割掉。來自美國東北俄亥俄大學醫藥學院的鯨魚專家漢斯．瑟維森切除它的眼球，用於進行檢測。當被問及是否可以在其他地方進行這種鯨魚研究時，他回答說：「這裏是唯一的地方。」

未來幾天，捕鯨船船長將舉行家庭招待會，將鯨皮分給族人。這種做法與他們的祖先截然不同。在 19 世紀阿拉斯加成爲美國領土以及 1978 年墨西哥人的餐館 Pepe，s North of the Border 在巴羅開張營業前，北極露脊鯨是愛斯基摩村民的主要食物來源。此外，他們還用鯨魚骨搭建草泥牆房屋，同時充當逝去親人墓地的標記。

美國聯邦政府和國際捕鯨委員會允許愛斯基摩人繼續捕鯨這種傳統的生活方式，但嚴格控制捕鯨數量。北極露脊鯨當前的數量大約在 1.1 萬頭左右，雖然數量呈增長趨勢，但仍舊是一種瀕危物種。阿拉斯加的愛斯基摩人每年的捕鯨數量不得超過總量的 1%。2011 年，巴羅的捕鯨配額爲 22 頭——這是給予阿拉斯加捕鯨村落最大的一次配額——其中包括巴羅獵人在春季鯨魚遷徙到夏季覓食區時捕殺的 9 頭鯨魚。秋季，鯨魚在冬冰到來前遷往西部和南部。

巴羅捕鯨船船長協會負責人尤金．布羅維表示：「秋季是懶惰的捕鯨獵人捕鯨的季節。」當然，這句話是在和其他獵人開玩笑，而不是一種諷刺。經驗豐富的捕鯨獵人表示，由於相對較爲容易以及氣候變化導致的冰層變薄等一系列因素，秋季捕鯨越發活躍。這一年的秋季捕鯨季開始於 10 月 8 日，是愛斯基摩人記憶中最晚的一次。布羅維的爺爺是一名白人，名叫查理斯．布羅維，19 世紀 80 年代搭乘一艘商業捕鯨船來到北極，而後迎娶一位伊努皮亞特女性爲妻，從此留在這片土地。布羅維仍在使用祖輩傳下來的銅制捕鯨槍，1878年在美國麻塞諸塞州的新貝德福德製造。

屠宰鯨魚之後，被雪覆蓋的巴羅海灘到處是鯨魚血和內臟，一場大雪之後，一切歸於平靜。一些鯨脂最後被扔掉，不再像過去一樣充當取暖和照 明用的燃料，因爲附近的鑽塔可以提供便宜的天然氣。阿拉斯加的鯨魚獵人深知一些人如何看待他們的捕鯨行爲，很多人對帶著照相機和攝像機前來採訪的新聞記者 感到惶恐不安，他們知道動物保護主義者會如何抨擊這種行爲。阿拉斯加州北坡自治市（美國最北端的市）市長候選人芬頓．萊克斯福德說：”我們永遠不會停止捕鯨活動。我們的祖先幾千年來就在這裏捕鯨，沒有人能夠阻止我們繼續這種活動。我們是一群適應力很強的人，利用能夠利用的工具讓我們的生存變得更容易。“

筆者評註：由現代愛斯基摩人的捕獵海豹和鯨魚的生活方式，很能代表人類「漁獵時代」的生活特色和生存方式，爲了族群的生存，沒有對錯善惡的問題，也能看出人類的祖先在距今七萬年前陸續遠離非洲之後，是怎樣的走到那裡，殺到那裡，吃到那裡，也是看見什麼殺什麼，殺了什麼就吃什麼。

23 為什麼只有人類才有靈魂？

這個問題其實很簡單，除了本書各章節中的種種內容的佐證，還有更實際的證據。

想想看：相信人人都聽過和看過林林總總、古靈精怪的各種「鬼故事」，不論古今中外都有，雖然因爲國情及民俗觀念不同，中國有殭屍，歐洲有吸血鬼，日本有紅鬼綠鬼的傳說故事，不過，以上這些都是有實體的；我們撇開這些不談，只談所謂的「鬼魂的和「幽靈」；

越是古老的國家，歷史悠遠，各種鬼故事越多，中國更是琳瑯滿目，讓人目不暇及外加汗毛直豎，而一些膾炙人口的鬼怪的小說，譬如「聊齋誌異、子不語、閱微草堂筆記、述異記、冥祥記、搜神記、酉陽雜記、拾遺記、靈異記、神異記-----」等等，其中出自「聊齋誌異」中的「倩女幽魂」故事更是人人耳熟能詳，不知道拍過多少部電影了。

但是，這些主題以談靈說鬼的「鬼故事」書，其中的主角—「鬼」；可以說百分之九十九都是「人」死後所變成的「鬼」，不論是「善鬼」或「冤魂」更或者是「厲鬼」，幾乎沒有其他動物死後變成的「鬼」。

在所有鬼故事中，誰聽過「老虎鬼、獅子鬼、犀牛鬼、大象鬼、蟒蛇鬼、蜘蛛鬼、蠍子鬼」或者「蟑螂鬼、蒼蠅鬼」吧？

甚至連和人類最親近的「貓狗」也沒有死後變成「貓鬼、狗鬼」的，當然這點對於那些現今越來越多所謂「貓奴、狗奴」的愛貓愛狗人士是萬難接受的，現在居然還有「貓狗寵物的專屬靈骨塔」，那些寵物主人還會定期去上香祭拜……

說的直白一些，全是一些商業操作的賺錢手段，其用心真是荒謬絕倫！

因爲除了人類，地球上沒有其他任何動植物死後會有靈魂變成「鬼」的，這不是你高興不高興？生氣不生氣的問題？而是一個不能改變的事實。

「靈魂」的生成和「心智能力」有絕對的關係，只有人類擁有「靈魂預設模式網路」，一如人類才有的「語言預設模式網路」，然後在偶然是機遇中被激活，所以才形成了「靈魂」。

「貓狗」的祖先在四萬年前同樣跟人類有過「地磁逆轉」相同的機遇，但是，因爲沒有先天遺傳的「靈魂預設模式網路」，所以，也許細胞有些改變，卻不像人類一樣形成「靈魂」，而且，可以預見的，地球上除了人類，其他任何生物要在幾百萬年內也不可能形成」靈魂」。

我們來看看人類的近親—也是舉世公認最聰明的猩猩和猴子吧，紅毛猩猩和人類有98%相同的DNA，但是，一樣沒有靈魂，死後也不會變成「紅毛猩猩鬼」。

其實，何止是猩猩猴子，連人類的老祖先，那些早期智人、巧人、匠人、原人和猿人等等，同樣統統是沒有

「靈魂」的，死後肉體與草木同朽，一切灰飛煙滅，什麼都不復存在，幸運的或許可以留下幾顆化石供後人研究而已。

重點：「靈魂」是地球上人類特有的一種轉換的生命型式，能否永遠我們並不知道，但是，長久續存超過人間肉體生命的時間卻是非常確定的，在靈界待了超過五、六千年的老靈魂比比皆是（外星人有沒有靈魂，目前不能確定）。

基於情感因素，有人會供奉死去「貓狗寵物的專屬靈骨塔」，那是個人歡喜就好，但是基於學術求真的心態，我還是必須真誠的說：只有人類才有「靈魂」，其他動物是不足以形成「靈魂」的。

24 相信與不相信靈魂的存在

靈魂存在與不存在，其實從有人類以來從人類開始會談這個問題以來，就一直在爭執著，因爲人類的肉眼幾乎是看不到靈魂的，所以很多人是眼見爲憑，沒看到我就不相信，沒看到我就不認爲它存在。

當然有很多宗教都是建立在靈學上的，也就是建立在靈魂永存上面，所有宗教都是相信靈魂存在的，那麼全世界70億人口裡面至少是有50億人口是有宗教信仰的，有宗教信仰的只要他是很虔誠的信徒，都會相信靈魂存在，其他不相信的包括有一些是無神論者，有一些是不可知論者，還有一些單純的就是我不相信，因爲我沒看見過。

不過我想這不是重點，我們來談一下所謂的人與禽獸差別幾希？也就是說人和動物到底有什麼樣的差別？如果我們要從外在生活上來講的話，都是一樣的，從出生開始到死就是吃喝拉撒睡而已，根本沒有任何例外或顯著不同。動物會生會死，人也是會生會死，那差別在哪裡？差別好像沒有，人類你說比較偉大，那人類偉大在哪裡？這個問題說簡單也很簡單，說複雜也很複雜，爲了讓大家了解，我很簡單的來說明：我們來想想看所有動物都照著他的生物本能來生存，當然人也是一樣，肚子餓了就要吃東西，睏了我要睡覺，人類跟動物一樣要覓食，一樣要求偶，有些動物的壽命很短，像所謂的蜉蝣朝生而暮死，確實是如此蜉蝣的生命真的是很短，從出生到死亡可能只有一天的時間；或一天半兩天頂多是這樣就死了，當然也有很多動物比人的壽命更長，比如像烏龜，但是壽命的長跟短並不是問題重點。

人類的平均壽命目前已經拉長了到7、80歲，在20世紀初的時候全世界人類的平均壽命才40歲而已，這個拉長是因爲包括我們的醫藥，包括我們的衛生和營養各方面長足進步和改善，還有科技的發展使我們的生命延長，但是不管長短，人總是有一死，那麼死後到底有什麼差別呢？真正差別就在於人有靈魂，人跟動物來相比最大的差別就是人有靈魂，死了以後靈魂還是永存的。說永遠好像非常不可思議，至少他是長久存在的，也就是說死後的靈魂是長久存在的。

現在問題就是有人相信靈魂存在，有人不相信靈魂存在，其實這個答案真的非常簡單，好好去想人跟動物差在哪裡？差別不就是人有思想嗎？最簡單講人會問爲什麼？但是動物不會，沒有一隻動物會問爲什麼，動物他就理所當然的活著，比如很簡單講；天空爲什麼是藍的？一個小朋友就會問天空爲什麼是藍的？雲爲什麼是白的？海水爲什麼是鹹的？太陽爲什麼是東昇西落——請問一下有哪個動物會這樣問？連我們認爲很聰明的；包括猩猩海豚會問這個問題嗎？不會！他們理所當然的認爲天空是藍的，本來就是藍的。但是人就不一樣人，從小就會問這個問題，一個小朋友就會問爲什麼天空是藍色？爲什麼不是紅色？不是紫色？再來問一個問題可能很多大人也不會回答的，也許小朋友聰明一點的就會問爸爸媽媽東西不是越近越大、越遠越小？那麼爲什麼早上或黃昏時候太陽看起來爲什麼是又大又圓；他是黃色的可是不熱，看起來很大那應該距離我們比較近啊？可是爲什麼到了中午的時候；日正當中的時候太陽在頭頂的時候它變小了，但是它變得特別亮或者特別熱，那不是應該越靠近我們越大才會越熱嗎？爲什麼會有這樣的問題呢？這問題可能很多大人也無法解答，當然它是有科學解答，我們今天不是研究科學我們不談這個。

我們現在要談的是一個小朋友他會問這個問題，到了成長以後會有更多更多問題，包括你相信靈魂存在也好，不相信靈魂存在也好，可能也都問過這些問題；我是誰？我爲什麼要活著？我從哪裡來的？那我死了以後我會去哪裡？我死了以後是否還存在？當然你如果不相信靈魂的，就認為說人死了以後就土葬或者火葬，燒掉了變成一堆灰就灰飛煙滅什麼都不存在了。其實這個已經回答了剛剛的問題也就是靈魂存不存在這個問題，我們可以想想看；相信靈魂存在的也好，可能只是因為家庭裡的宗教告訴他，或者說他自己相信了宗教以後，不管是牧師、不管是神父、或者是佛教印度教、耆那教這些的師父告訴他的。

當然佛教是不談靈魂的，佛教是不相信靈魂的；佛教講識所謂第八識，其實這是換湯不換藥，識就是靈魂，這沒什麼好爭議的，換名稱而本質還是相同是沒有意義的，既然它的本質是相同的，那就還是「靈魂」。

所以我們來講靈魂是存在的，如果你說不存在這是很不可思議的事情？相信靈魂存在這再自然不過，沒有什麼好稀奇的。你不相信靈魂存在的人才是很不可思議的？為什麼要這麼說？你要想想看相信靈魂存在；那麼是什麼相信靈魂存在？動物會不會相信靈魂存在？不會！那為什麼人會相信靈魂存在呢？不就是那個靈魂嗎？會相信的就是那個靈魂啊！是那個靈魂是你的思想、是你的意識在相信靈魂存在。那你說我不相信靈魂存在！那請問一下是什麼東西不相信靈魂存在？動物會不會講說我不相信靈魂存在？不會！只有人會說我不相信靈魂存在，很多人包括無神論者說自己不相信，那麼請問一下是什麼東西讓你主張我不相信靈魂存在呢？不就是那個意識嗎？不就是你的思想嗎？那這是什麼東西？這就是靈魂啊？

其實靈魂是很自由的，你相信靈魂的存在很 OK 很自由啊！那是你的權利，你不相信靈魂存在，那也是你的自由你的權利，但是這個權利這個自由是什麼？結果搞了半天爭了半天，其實它還是的的靈魂本身！因為你有靈魂，所以你才會說我相信靈魂存在或者說我不相信靈魂存在，就是這個問題，因為你有思想你有意識，靈魂就是這個思想和意識組成的，所以你才會問很多這些問題。

或者你反駁說我絕對不相信靈魂存在，那是你的權利，但是這個權利來自於哪裡？這個權利不是神給你的，也不是某一個人給你的，它也不是自己憑空冒出來的，其實這就是你的意識你的思想。也許你從書裡得到的，或者你的同儕告訴你的，甚至是你的老師告訴你的，如果在共產社會無產階級無神論的環境裡；是你的領導告訴你的，所以你不相信靈魂存在。

如果你曾經好好去思考過，你曾經自己去思辨過，你覺得說我沒有證據，我沒有看過任何靈魂，也沒有找到任何證據證明靈魂存在，因爲這樣所以你會覺得說靈魂是不存在的，你會想過這個問題，就是你的靈魂在思想，你的靈魂在告訴你，因爲靈魂它不會強迫你相信它，沒有必要強迫你相信，因爲靈魂它就是一個思想，思想或你的意識你要怎麼想，你要怎麼認定，你要相信什麼？你不相信什麼？都是自由的，自由就是你的權利，所以你會這麼想這個答案就已經很簡單了，你會這麼想，就是靈魂讓你這麼想，所以呢你相信靈魂存在是靈魂在作用，你不相信靈魂存在還是靈魂的作用。

如果不要很武斷的去否定說胡說八道，或者說我不相信你---請不要這樣，你自己好好去思辨，你在經過思辨過；看看到底是什麼樣的東西？到底是什麼樣的一個原因讓你不相信靈魂存在？請不要誤會以爲我在傳教，或者我在強迫你相信什麼；沒有！我絕對不會強迫任何人相信什麼，你也不用相信我，因爲我不是傳教士，我本身也沒有宗教信仰，那你會說我爲什麼相信靈魂存在？因爲其一，我有我自己的經驗；就是實際而長期的靈異經驗，就是跟靈魂的接觸的經驗，其二，還有加上我長期追蹤研究所蒐集的各種證據，也就是因爲這樣我想要找到答案，我所蒐集到的很多很多的案例實證的案例，它確實可以去證明可以去追蹤這個結果的。把它編集起來以後我合理的邏輯推理以後；我認爲靈魂是存在的。

而且靈魂不但是存在，也且是長久存在，比我們肉體的生命更長久，我們肉體的生命平均來講算是有7、80年，靈魂的在人死後肉體死亡以後它可以存在多久呢？其實到現在沒有答案，據我自己的接觸我曾經有遇過在靈界存在6千年以上的老靈魂。那你想想看跟人的肉體生命來比的話，人的肉體生命只不過百分之一而已，6千年比60年好了，古代人生命比較短他在人間活了60年死亡了，以後在靈界活了6千年，這能比嗎？我是建議你不相信靈魂沒有關係，你永遠不相信也沒有關係，這個世界上的事情並不是因爲你相信它就存在，或者你不相信它就不存在，它是有一個主觀的跟客觀的，在客觀的世界裡面只要它是存在的事情，你主觀再怎麼不相信它還是存在。在客觀的世界裡它不存在原來就不存在的事情，你相信它存在也沒有用。

譬如說我們講「神」，所謂一神主神我們用假設的；假設他不存在，你再怎麼相信你再怎麼樣的虔誠去敬拜他，他不存在就是不存在，並不因爲你相信它就會存在，他還是不存在。但是有些事情你想想看；當黑洞理論被提出來以後，之後有很多人反駁，在大霹靂理論提出的時候也有很多人反駁，到現在爲止我們經過科學的驗證甚至已經看到拍攝到：哈伯望眼鏡已經拍到黑洞，那就證明說你相信它存在的它也存在，以前反駁它的人不相信它存在的它還是存在，並不因爲不相信就不存在。同樣靈魂在我們活著的時候它依附在我們的肉體裡面，死亡以後他脫離我們肉體，但是他繼續存活，我現在用假設的；假設他不存在，那麼很多相信靈魂存在的人，再怎麼相信靈魂還是不存在，但是反過來講；如果人有靈魂死後還會繼續存在的話，那就不是因爲你反對或者你不相信他就不存在。簡單講很有可能；假設這樣說你生前不相信靈魂存在，但是你死後還發現原來你有知覺，原來你還繼續存在的，那你這個存在的是什麼東西？這不就是靈魂嗎？到那時候你會很驚訝，你會非常驚訝？你以爲死了什麼都不存在了，到那時候你第一個念頭是：啊我不是死了嗎？怎麼我還有知覺呢？我怎麼還存在呢？我怎麼還會看到很多其他跟我一樣的呢？他們也是靈魂啊？靈魂原來是存在的，原來我一生我的認知都是錯的！

當然這是我只能說可能。我還是一樣不會強迫任何人去相信你不相信的事情，那麼我只是說可能是不是這樣，你想想看；假設你一生都不相信靈魂存在，但是呢結果等到死亡來臨的那一天，死了以後你突然發現自己居然還存在，那請問一下這存在的東西是什麼？當然不是肉體，因爲肉體已經死亡了，因爲你不相信靈魂的話，那肉體死亡就什麼都不存在了，那爲什麼你還存在呢？你還會思想你還能看到東西你還能聽到聲音呢，還可以看到其他靈魂，然後你可能要進入靈界，要去過一個新的生活，這樣不是很奇怪嗎？也許到那個時候不要說後悔啦，至少你那時候才會覺得說醒悟，說原來我一生我認爲的事情其實是錯的，我不相信的事情它客觀的存在，結果它還是存在。我不相信靈魂存在，但是靈魂客觀是存在的。所以回到最簡單的問題，你相信靈魂存在是因爲靈魂告訴你讓你相信，你不相信靈魂存在，其實也是靈魂告訴你的，你的意識你的思想就算你經過整合以後告訴你：說我不相信靈魂存在，這個還是靈魂告訴你的，這就是靈魂的作用。其實這並不稀奇，沒有什麼好稀奇的；

還是一個問題；人跟動物的差別就在動物沒有靈魂，所以牠不會去問爲什麼？因爲牠的進化程度，牠的腦部進化程度跟人類相差太遠，牠還沒有形成腦部的預設模式網路這個靈格，所以牠沒有靈魂。所有的動物死亡以後就真的是煙消雲散了不再存在了。也因此你一定聽過很多鬼故事；如果你不相信靈魂存在的你也是把它當作是傳說或鬼話連篇，那也無所謂。但是我想請問一下：你聽過的鬼故事，那些鬼都是人死掉變的，你有聽過牛的鬼嗎？你有聽過老虎的鬼嗎？你有聽過蛇的鬼嗎？你有聽過狗的鬼嗎？你有聽過貓的鬼嗎？你有聽過鳥的鬼嗎？你有聽過蜘蛛的鬼嗎？你有聽過蟑螂的鬼嗎？螞蟻的鬼、蒼蠅的鬼、蚊子的鬼，有嗎？沒有！爲什麼？談來談去這些鬼生前就是人，就很簡單就是人有靈魂，人死了以後靈魂，才會繼續存在，靈魂有些到靈界報到了，有些因爲許多原因被拘留在陽間，或者賴在陽間不走，賴在陽間不走的就是我們所說的鬼魂，偶而會被碰上或者他去找人的麻煩的時候，那就會產生很多這些靈異的現象，所以我們才會說有鬼，如果說人沒有靈魂那怎麼會有鬼呢？當然很多鬼故事其實是編出來的，是荒誕不經的，但是也有很多是真實故事，是真實的靈異接觸。那鬼魂的存在，它當然也是靈魂存在的另一種證明，如果人沒有靈魂就不會有鬼魂，那為什麼有些靈異事件是可以考證，是可以追蹤，是可以去印證的，這種書籍和視頻相當多。

這本書不是在探討有沒有靈魂？有沒有鬼魂？因為這些我已經寫在廣義靈魂學上下冊；都是在探討靈魂的存在，拿出證據來證明人是有靈魂，死後靈魂還是會繼續存在的，而你現在正在閱讀的這本書是在探討靈魂是從什麼時候開始的。當然靈魂的存在距離現在時間並不長，大概差不多四萬年，最多不會超過四萬二千年，也不會晚過四萬年以後，大概就在這段時間所產生的，所以相信靈魂存在是靈魂告訴你的，不相信靈魂還是靈魂告訴你的！

25 天生無神論

關於「無神論」的派別和詮釋非常多，在網路上搜尋，那些有關「無神論」的解說多到令人頭痛；

單刀直入的來說，這個問題那有那麼複雜？

事實上，所有地球上的生命，包括人類在內，全部都是『天生無神論』！

除了人類以外的地球生命，沒有宗教信仰，不崇拜任何神，沒有任何宗教儀式，甚至沒有「神」的概念，這是非常肯定的。

而人類，不論人種、不論出生地域、不同國家、不同民族、不同文化背景、不同的歷史源流，在出生開始，就是天生的無神論，根本是無一例外，即使在牙牙學語之前的嬰兒期，也一樣保持著純淨的『天生無神論』！

人類之所以有宗教信仰，相信神（或附帶相信「鬼」）當然都是後天「學習」而來；最直接的當然是來自原生家庭，尤其是父母的教導，甚至是強制且完全不容質疑和反對的強力灌輸。這點可以從伊斯蘭教徒「穆斯林」的家庭最明顯得證；因爲「穆斯林」的家庭對於伊斯蘭教的信仰是一種牢不可破的久遠傳統，只要祖上是「穆斯林」，子孫必定是「穆斯林」，父母是「穆斯林」，子女一定是「穆斯林」，而且百分之百的「必須是」，同樣從來沒有例外，甚至嫁娶的對象也「必須是穆斯林」。簡而言之，只要是出生在「穆斯林」的家庭，日後就一定是「穆斯林」，而且終生都「必須是」，在一些以伊斯蘭教爲國教及虔信伊斯蘭教的地區，任何人一生都不可以「離教出教」，不可以不相信，成爲「無神論者」，更不可以改信其他宗教，否則等同於「叛徒」，也等同宣判自己的死刑，更甚至嫁娶對象不是「穆斯林」也是不可以的，除非對方改信伊斯蘭教，否則一樣等同於「叛教」，在那些虔信伊斯蘭教的地區，家長父兄是可能執行所謂「光榮謀殺」來處置自己的子女，甚而株連那個對象的。

當然，在其他宗教也有同樣的情形，包括所謂基督教的「清教徒」和一些虔信派的基督教派、摩門教，其實連一些佛教徒或一貫道的信徒也有類似強制子女信仰的情形，最明顯的就是強迫子女從小吃素，甚至幼年就送入佛門出家當小沙彌----

當然我們也都知道；天主教徒、基督教徒在嬰兒出生時，就會前往教堂讓小娃兒「領洗」，而伊斯蘭教也有在嬰兒出生後三天內，請一位阿訇給嬰兒舉行命名禮，還要在嬰兒的耳朵邊輕輕吹氣，就是要把剛出生的小嬰兒，由清真寺之外呼喚到清真寺之內，所以，這嬰兒一生下來就要成爲一個當然的穆斯林。

不過，這些宗教儀式對於所有新生兒基本上是沒有任何實質意義的，因爲，無論如何，嬰兒仍然是純淨的『天生無神論』，何況這些儀式也無法保證他日後不會成爲「無神論者」或者某種原因而改信其他宗教。

其次，當然也有一些原生家庭並非虔信任何宗教的，但是，子女可能在成長過程的任何時期，受到傳教士或者同儕、朋友、戀人、配偶等等的影響，或者自身某些體悟甚至心理空虛、創傷等原因，而開始信奉某種宗教的。

因此，無論是上述任何情形而有宗教信仰，全數是後天形成的。

我們要談的還是在『天生無神論』這個議題：

暫時先不下定論，我們不妨先假設有一個全能全知的大神，依照聖經的說法：「神創造了宇宙萬物和一切生命」；那麼爲什麼所有地球上的任何生命都是『天生無神論』，而不是『天生有神論』或『天生一神論』呢？

這不是非常奇怪的嗎？既然神是全能全知的，爲什麼不在創造所有生命時，就事先植入「確定有神」的觀念呢？

是「神」不想讓所有生命知道「有神」這件事嗎？

當然不是，因爲從許許多多宗教經典的教條以及傳教者的宣揚中，「神」是嚴格要求人類必須相信「神」、敬畏「神」並且一切言行必須奉行「神」的旨意和恪遵「神」的戒律的。

那麼，爲什麼人類不是『天生有神論』或『天生一神論』？而必須在後天的教育，特別是有傳統虔信宗教的家庭教育，父母的強制灌輸，教會的宣教，甚至因爲被伊斯蘭軍隊或十字軍征服而不得不信仰宗教，又或者受到同儕、朋友、戀人、配偶等等的影響，以及自身的想法改變，甚至受到創傷刺激之後才相信「有神」呢？

問題的關鍵；爲什麼人類不是『天生有神論』或『天生一神論』，完全是『後天有神論』呢？

而所有宗教的「神」，特別是「亞伯拉罕系統」的「一神教」，有任何實證可以證明其確實存在嗎？

在人類的歷史上，迄今沒有任何證明，既不能證明「神」是確實存在的，也無法證明「神創造了宇宙萬物和一切生命」。

儘管那些「創教者」宣稱自己見過「神」，幾本經典中記載「有神」和「神創論」，但是，「宣稱見過」也只是個人的自說自話，經典記載的也是這些人的自說自話，卻始終沒有任何實證能證明「確實爲真」，更何況那些宗教經典內容又都是諸多自相矛盾，錯誤百出的。

因此，我們必須實事求是的來思辨並作出一個肯定的結論：

「神」是不存在的！

天地宇宙中並沒有「神」，宇宙萬物當然不是「神」創造的。

一個確實存在的人事物，我們大致都能以各種方法來證明其「存在」，但是，一個根本不存在的人事物，或者「神」，卻是我們用任何方法都無法證明其「存在」的。

當然，對於那些相信「有神論」的宗教信徒是絕對不會因此服氣的，但是，不服氣是沒有用的，因爲，「無神論者」並不需要也沒有義務要用任何證據來「證明神是不存在的」，相反的，應該是由「相信有神論者」在試圖傳教或說服他人時，提出確切的實證來證明「神的存在」。

當然，這是不可能的。

因爲，本來就沒有「神」，他們又如何能證明什麼呢？除了「我相信」和「不相信的會下地獄」這種強詞奪理的說詞，他們也沒有更好的方法了。

也所以，人類是『天生無神論』，這點是非常確定的，也是最自然的，那麼，終生維持自然的狀態才是最好也是最正確的。

而竟然會在後天的生長過程中卻相信「有神」，那不是很奇怪的事嗎？

大家應當都知道什麼是「哺乳類動物」吧？簡單說：就是一出生就需要母親餵奶才能存活的動物。

小袋鼠一出生，就會從母體生殖口慢慢向上吃力的攀爬進入母體的育兒袋中，找尋到奶頭去吸奶，這是一種生存的本能。

剛出生的小牛、小羊等等，幾乎馬上就會找尋到母親的奶頭，開始吸奶，因爲這是本能的生存之道，人類的新生兒也一樣，在醫院生產後，醫生或助產士剪斷臍帶，清洗完畢就會抱去給母親，嬰兒也會本能的開始吸吮母乳----

其實所有哺乳類動物都一樣有這類的本能，要活下去，第一要務就是找到母體的奶頭，這種本能，讓小生命「知道」奶頭的重要性，也間接的「知道」母親的重要性。

所以，「知道」母親的存在，是一種天生的本能。但是，知道「父親」的存在確實是經由後天的學習。

人類也一樣，尤其在遠古時代，甚至直到近代，人類一直存在「只知有母，不知有父」的母系社會存在。

不論後天「知不知道有父」，但是，最基本的生存本能就是至少必須「知道有母」，不只是人類，連其他所有哺乳類動物都是先天本能就知道的。當然不是經由後天「學習」才會知道的。

有人提出反對意見道：

「事實上，所有地球上的生命，包括人類在內，全部都是『天生無父母論』！父母的概念也是後天學習灌輸的。相同的道理就可直接戳破無神論者的外行話了。XD太多無神論者來挑戰這個議題了，每個都被戳的很慘，已經讓我覺得很無趣了。」

這種徹底無知卻狂妄自大的人，我是非常不想也不屑回應。

因爲事實可以證明：人類當然不是經由後天學習灌輸才知道父母的概念，連最低等的哺乳類動物都知道，這種人的智力居然連這點都不知道，也敢在那裡胡說八道。

更重要的是；不論是先天知道有母或後天知道有父，至少，總是要有父有母，才會有下一代的產生。

所以「父母」是實有實存的，這點根本不容否認和任何質疑。

但是，「神」呢？

是實有實存的嗎？

這需要辯論嗎？

只有「無父無母」的人才會把「神」與「父母」的實存與否混爲一談，公然在那裡胡扯什麼「包括人類在內，全部都是『天生無父母論』」！他自身如果不知道有父，也許有可能「父不詳」，竟然不知道「有母」，持這種論調還自以爲是的人，還挺可悲的。

※附錄相關文章

1 生命的目標

不說「生命的目的」或「生命的意義」，是因為在詞義上有著容易模糊和誤解的差別；

假設說「生命的目的」，那麼就好像是在談「生命」最終的結果。

假設說「生命的意義」，又好像是在談生命的真諦之類的。

而「生命的目標」就比較屬於短程並且可以分為階段性的；

姑且不論地球以外的星球或星系有沒有「生命」，假設確實有外星生命，也仍然可以大部分涵蓋的；

以地球所有的生命來說，第一要義就是「活著」。

沒有「為什麼？」，也幾乎絕大多數的生命是不會問這個問題的，全部都是為了「活著」和「活下去」，從無例外。可以說所有生命都是不論要歷經任何艱辛困苦甚至拼了性命都要爭取「活著」和「活下去」的任何一丁點機會。

那麼「活著」和「活下去」的目標又是什麼呢？

覓食嗎？

任何形式的「覓食」，不論是草食、肉食、雜食、寄生、共生等等，這些都只是維持自身生命的一種手段而已，卻不是真正的目標。

結果，卻都是爲了交配和繁殖，不論是有性生殖或者無性生殖，是複製分裂或異性交配，結果都是爲了「繁殖後代」。

既然活著和覓食都只是爲了「繁衍後代」，那麼，一代一代賡續的繁衍下去——最終的目標又爲何呢？

現代的生物學告訴了我們一個理性並「除魅」的答案：進化。

生物的進化和其生存的環境有著絕對的關係，因此，只要能夠適存，這種生物可以千萬年或億萬年不變，成爲所謂的「活化石」，而一旦不能適存時，唯有「改變」才能存活，不論是「漸變」或「突變」，生命就是這樣因地制宜的經由繁衍的方式來改變，以求適存，也因此；現今地球生物的多樣化正是如此而來。

我們可以假設如果生存環境億萬年如一日的永遠不變，那麼生命會如何呢？

自然不需要改變，但是，受限於肉體生命的有限，所以，藉著一代一代的繁衍而延續了生物的自然生存——

但是，事實上這是不可能的，僅以地球這顆尚未完全穩定，而時時仍在劇烈變動中的星球爲範圍，所有生物幾乎是不可能不改變不進化的。

但是，「進化」卻仍然只是一種過程或者可以視爲一種「求取適存」的方式而已，仍然不是目的也不是目標。

在所有生物生活在這個多變的地球上；以「進化」的方式來「求取適存」之中，不但要適存在不同的地形地貌、氣候、濕度、陽光、水份、空氣等等變數，還要與其他異類生物甚至同類生物產生各種殘酷的「生存競爭」，所謂優勝劣敗，適者生存。

也因此，可以說所有地球生物都是在爭取最適存和最有利的生存空間，而可以想見的，最終目標都是希望能成爲「地球霸主」，除了自然變化，希望再無其他競爭對手可以威脅到自身（及族群）的生存。

想當然的，也根本不用否認的，人類正是在無數個多變的偶然事件中，歪打正著的成爲目前地球所有生物中的唯一霸主，再也沒有任何競爭對手，同時可以預見的未來幾百萬年之內，若是沒有自然大規模的「滅絕變動」，也沒有其他任何生物能與人類一較長短了。

但是，所有的生物，包括人類本身仍然還是沒有停止「進化」的腳步，人類從最原始單純的「活著」和「活下去」的目標，進步爲「安全舒適、富足快樂的活著和活下去」，再進步爲「自由自在，依照自主意願的活著和活下去」；但是，這樣顯然還是不能完全滿足人類『能夠長長久久自由自在，依照自主意願的活著和活下去』的欲求，於是，物質文明伴隨科技的日新月異，尤其是在醫藥及生物科技方面的長足進步，人類可以說已經開始逸出自然律設限的「進化準則」，從地球物種的「進化樹上」脫離出來，雖然還沒有任何人知道人類未來何去何從的大方向？但是，人類和其他物種分道揚鑣，漸行漸遠已經是一個不爭的事實。

當然，更重要的是人類已經找到「用另一種生命形態使自己長久存活」的方式，那就是「死後靈魂不滅」，並且可以存活在任何依照自己意願選擇的「靈界」區域（包括天堂、地獄、一般類人間社會生活型態的靈界、或者較好的靈界或較差的靈界，以及更高層的靈界），也更甚至似乎可以以「能量態」的方式自我長久存活，而且不但更自由自在，也更加隨心所欲——

然而，這些對人類而言，都只是一個又一個持續不斷的「目標」，卻仍然不是最終極的目的，也更遑論究竟「生命的意義何在？」、「人類的生命意義又何在？」

生命是偶然出現的，人類是偶然進化而來的，迄今不過700萬年，和地球46億年的歷史相較，只不過是不久之前的事，然後又歪打正著的成了地球物種中的霸主，並且自行跳脫了「進化樹」，自行劈荊斬棘、另闢蹊徑的走上一條沒有路標，沒有終點，更不知道究竟是何去何從的道路（更正確的；應該說根本沒有現成的道路，只是一片無垠的荒原）？

人類的世界裡，還沒有出現任何偉大的先知，也根本不會出現這樣的先知，能夠規劃出一條正確的道路地圖，以供全人類參考，也所以，人類目前的狀態真的是「摸著石頭過河」，或者說只是隨波逐流的盲目前行，走一步算一步，沒有任何人能預知人類肉體生命和科技文明的長遠未來將會如何？

是科技武器意外毀滅了人類大好的前程？還是高智慧的機器人終結了相對無能的人類物種？又或者是外星文明毀滅了地球人類？

又或者；人類可以任意的轉換生命形態，在其他時空中繼續存活，直到不可知的永遠永遠————？？？

2 誰見過神了？

人類在新石器時代已經有了「萬物有靈論」的泛靈信仰，也是雛型宗教。一直到大約 6000 年前的埃及，才有了正式的宗教信仰。

之後，隨著地域不同、民族性不同、風俗觀念不同，在後來的各種文明中又形成了不同的宗教信仰，也出現了各種不同的神祇，特別是「主神」也有所不同。

我們先看一下我整理的各種宗教的歷史、神祇的不同，按歷史年代的先後排列如下：

埃及：約 6000 年歷史
宗教信仰：多神教
晚期主神：阿蒙拉
****
蘇美：約 6000 年歷史
宗教信仰：多神教
主神：安努
****
亞述：約 5500 年歷史
宗教信仰：多神教

****

巴比倫：約5200年歷史

主神：阿舒爾

****

印度：約5500年歷史

晚期主神：濕婆神、毗濕努神、梵天

****

猶太教：約4000年歷史（從「亞伯拉罕」算起）

主神：耶和華

****

希臘：約3000年歷史

宗教信仰：多神教

主神：宙斯

****

佛教：約2500年歷史

宗教信仰：無神論

註：後期包容了許許多多的菩薩、阿羅漢

****

天主教、基督教、東正教：約2000--1500年歷史

主神：神、天主

****

道教：約 2000 年歷史

宗教信仰：多神教

****

伊斯蘭教：約 1300 年歷史

主神：安拉

****

註 1.其他信徒較少或新興宗教，不列入探討。

現在，我們來探討一下；在人類文明史中，6000 年來，出現了這麼多不同的宗教，有些已經滅亡了，有些還繼續在流傳；

那些已經滅亡的宗教，包括同時滅亡的神祇，那些曾經被虔誠供奉和眾人膜拜的神祇去了那裡?除了歷史學家、宗教學家，恐怕根本沒有人關心；那麼跟「灰飛煙滅」有什麼不同?

那麼，不論已經「灰飛煙滅」的古老神祇，以及目前仍然繼續流傳的宗教中，那些知名的主神，究竟真的存在嗎?

排除單一個人「自說自話」的宣稱、以及傳說神話和作夢、冥想（甚至「鬼幻症」）等等「說自己見過神」，卻沒有任何實證、旁證的說法。

究竟，在歷史上或現代社會中，有誰真正見過「神」了?

答案非常明確：沒有！

當然更沒有一大群人，或者在人潮洶湧的地方，集體同時見到「神」的。

那麼，很奇怪的是，許多宗教都宣稱「神是萬能的」，是無所不知，無所不能，無所不在的；既然如此，爲什麼從古到今，「神」從來不公開現身呢？

如果「神」是至高無上，不屑和人類這種小東西打交道，也根本不在意這些可憐又渺小的小東西在想些什麼？做些什麼？又不喜歡這種小東西像螞蟻一樣在眼前爬來爬去挺煩人；所以不想和人類見面；如果真的如此，那也就罷了。

可是，偏偏所有的「神」都希望甚至嚴厲規定人類這種可憐的小東西一定要「相信神」，而且，有些還會強調甚至恐嚇「不信神的會被滅掉」或者「不信神的會下地獄」——

哇！這可就不可思議了？

既然要人類相信「自己的存在」，偏偏又從來不現身，這就很爲難了。

因爲，既然其中大部份的「神」都宣稱是自己創造了人類，那麼自己又是無所不知的，那麼理當了解人類是很渺小又無能的，對於整個宇宙自然和環境的認知全靠肉體的感官，尤其是總要看得到，聽得到，甚至摸得到，才會確實相信的。

因此，非要人類相信自己的存在，那麼無所不能的「神」最簡單的方法，就是不時或者偶而「露個面」，甚而顯顯神蹟，這樣不是連「傳教」都省了，還有那個人類會不信神，那個人類敢不信神呢？

但是，萬能的神偏偏不這麼做，又要人類相信祂的存在，要遵守祂的戒律，卻又偏偏不肯公開現身，讓全人類相信；於是也就從來沒有人見過「神」。

也因此，就出現了各種不同的神，甚至同樣來自同一個源流的「神」，被相關宗教形容的也不同，甚至各種賞罰也不同，然後就互相攻擊，認為只有自己相信的「神」才是「唯一真神」，其他的都不是，更糟糕的甚至從拿刀拿矛到現今用大炮、火箭、只差沒動用核子武器來互相殘殺了。

神既然無所不知，又無所不能，更無所不在，那麼只是簡單的「現個身」，不就一切定案，所有紛爭都自然平息，然後全人類一起統統信仰唯一的神，這樣不是完全符合神的旨意嗎？

為什麼偏偏不呢？

是神做不到同時在全世界各地同時現身嗎？那這樣又如何能宣稱是「無所不在」呢？

這樣也不能宣稱是「無所不能」了。

當然，神如果連這樣的方式都不知道，那就更不是「無所不知」了！

好吧！

人類開始有宗教信仰，相信有各種「神祇」存在，居然從來沒有人真正見過神。

那麼，所有與「神」有關的各種傳說、神話、經典，各種傳教者宣稱的標語、講道以至各種荒謬絕倫的謊話、騙局，顯然全是出自「人嘴的兩片皮」，沒有一句是「神」公開對人類說的。

而既然全是人說的，不是神說的，那麼「神」究竟在那裡？又究竟都在幹什麼呢？爲什麼始終就是偏偏不肯現身呢？

答案已經很明顯了吧？

因爲，神根本不可能現身，不論是古代、現代或者未來，都不會現身的。

因爲，「神」根本不存在。

不論古代或現代，所謂的「神」，不論名稱爲何？全部都是人自己創造（應該說編造）出來的。

當然，人類最可貴的權利就是「自由」，宗教信仰也是自由的，所以，相信或不相信「神」也是自由的，無人可以干涉或強迫。

你，或者任何人相信不相信「神」的存在，我沒有意見，但是，從歷史的證據來看和思辨之後；我個人不相信「神」的存在！

3 宇宙與生命的起源存在之思辨

當思辨的尺度是宇宙時
起源和存在就沒有「爲什麼」了
因爲就是自然而已
假設宇宙有意識，我們問宇宙爲什麼要存在，我相信他也會回答：不知道
或者不爲什麼
就是自然而然的存在了
就像生命一樣
沒有什麼爲什麼
都是偶然的
地球最早的生命也是偶然從無生物變成生物的
宇宙也不會在意無生物和生物有什麼差別
生命其實非常脆弱
一點點星球間的變動就可能悉數滅絕
而且人類也不可能改變宇宙
所以求生和追求永生也只是人類主觀的意識
所以我現在是齊觀「永生」和「不存在」
人類已知的宇宙中有 1000 億乘以 1000 顆恆星

我們只是其中一個恆星系中一顆行星上的微塵
奢言要了解整個宇宙或者要如何如何，豈不是太可笑了？
所有的先知和大哲都堅信生命是有意義的
能夠知曉「生命是沒有意義」是人類最切實的發現
不會輸給發現空氣一樣重大！
想想；地球如果和其他七大行星一樣死寂一片
何來人類？
火星上沒有生命，火星一樣存在
地球沒有生命，也是一樣存在
人類這小小生命「不存在」過或者日後「不存在」了，又怎樣呢
所以人生在世何苦太計較？太在意？

地球生命的起源當然是偶然；
因為剛巧地球有這樣恰當的條件：

1. 離恆星「太陽」不遠不近，這個距離恰到好處，太近溫度太高，水份和一切有益生存的物質都會被蒸發。太遠又太酷寒，不利生命的生存與成長活動，而且缺乏充足的陽光讓植物行光合作用（太陽對生命太重要了，我們到現在使用的能源泰半還是遠古由植物直接儲存的太陽能，譬如煤炭，間接的太陽能，譬如石油。直到現今，仍然需要太陽能，植物才能生存，動物才有食物。

2. 地球是太陽系八大行星中最不穩定的星球，迄今還在變動中；地球存在46億年了，最早的生命起源於40億年前變動更劇烈的嚴酷環境中，那時各處火山仍然在不停噴發，處處都有大規模閃電和熔岩流，

形成暴風雨，鉅量的降雨逐漸形成海洋，再火山噴發形成的硫酸池，據科學家推測，可能是形成最初生命的「濃湯」----

3．地心鎳鐵熔岩劇烈的流動加上地球的自轉，形成了地球磁場，阻隔了劇烈的太陽風暴，形成一個適合出現生命的罩。

4．在「濃湯」中原本的無機物質在劇烈的環境變動中，高溫的融合化合中先形成有機物質---氨基酸，也就是生命最基本的構成物質。

5．或許在隨時發生的大規模的閃電襲擊中，偶然的擊中富含氨基酸的濃湯池，使得整池濃湯產生動能，這種動能隨機的推動或供應了這些事機物質強大的動能，這種動能形成最原始的「會動有機物」，但是還不能稱爲生命；

6．「會動的有機物」在動能遞減時，會自然被周遭有如「電池」一般帶有電能的無機物質或事機物質吸引，獲得源源不絕動能的補充，然後自然的互相結合，卻無意識的會自然吸收能量，這是「吞噬」的最爲狀態，然後最初的生命個體於焉形成，就如同放大倍數後的「星系碰撞吞噬與結合」一樣，從最初雜亂無章的形態慢慢趨向「均等化」，這些最初的生命原型大大小小的，紛紛開始活動，同樣是大小相撞，自然吞噬吸收和兼併融合，形成更大的個體；當多數個體都「均化到等大」時，就形成單細胞的生命群體，據生物學家研究，最早的生命群體就是「藍綠藻」。

7．然後當地球活動漸趨穩定緩和時，海洋提供了最佳的生命活動空間，而陽光提供了長期能量的供應，於是藍綠藻就這樣大量繁殖，遍布於海洋及近陸地的淺灘濕地上------

8．然後爲了生存，也開始了「變化」（進化）以求更適存，先形成固定的植物又變成可以自由活動求生的動物----

9．而一些海生植物蔓生到漂浮在熔岩上的板塊陸地上來

10．後來有些海洋動物同樣爲了生存，特別是容易取得食物也爬上了陸地，逐漸演化成陸生動物，然後在激烈的競爭中，又從原本草食動物轉變成「雜食動物」，再轉變成「純肉食動物」；

11．激烈的生存競爭，弱肉強食，物競天擇的情況由海洋又擴及陸地，一直不停被迫快速進化，以適應生存競爭——這些都是偶然的，然後歷經好幾次氣候環境變遷的大滅絕，最後幼小的哺乳類生物勝出，取代了龐然大物的恐龍，再逐漸進化出靈長類——

12．同樣基於氣候改變，環境變遷，靈長類中的一支或數枝從逐漸減少的雨林中嘗試遷移爲「半草原」生活，這是非常冒險的行爲，但是爲了存活卻不得不爾——

13．其中有數支不幸競爭失敗而滅絕，例如草食性的「鮑氏旁人」等等；

14．最後，「智人」形成了，經過一段漫長的時間，「現代人」以優異的智力發明了更犀利的武器，霸佔了最好的獵場，壓縮了「智人」的生存空間，也或者有著實際的戰鬥，「智人」和人類共存了一段時間後，終究被自然給淘汰了，最後就由我們現代人的祖先取得了地球生物霸主的地位，一直迄今——

生命起源於偶然，不是來自更高智慧的設計或創造，單純只是宇宙天地間的自然而然，沒有什麼「爲什麼？」

中國古人是相當有智慧的，在幼兒讀本「千字文」一開頭就是「天地玄黃，宇宙洪荒」；

真奇怪？「玄」是黑色或極深的藍黑色，我們生活在地球上，正常天氣時，白天看到的天空是藍色的，夜晚是黑色的，爲什麼我們老祖先會知道「天是黑色」的呢？

因爲只要駕駛太空船飛離大氣層之後，所看到的「太空」就是黑色的背景，不再有藍色，或者說整個太空確實只有黑色的背景！

而中國文明發源於黃河流域及黃土高原，所以土地是黃色的也是正確的！

中國人所說的「宇宙」，「宇」是上下四方的「空間」，「宙」是古往今來的「時間」，也就是認爲宇宙其實就是時間和空間的組合，而且空間其大無外，時間沒有開始和盡頭，都是無限的。關於這點，西方要到隔了幾千年之後才有類似的定調。

然後「洪荒」正是地球開始形成初期的樣貌，是非常不穩定的狀態，但是，也正是在這麼不穩定的狀態中卻偶然的產生了生命；

這點也是非常吊詭的，地球到現在還是沒有停止各種劇烈的活動，只是比較形成初期緩和一些而已；但是，地底熔岩的活動還沒冷卻，依然活動頻繁，火山依舊隨時會噴發，大氣隨時會激烈擾動而形成狂風暴雨，陸地板塊依舊是在熔岩上層漂浮，隨時會互相擠壓碰撞⋯⋯

然後卻也只有在這樣「活動頻繁」的星球上才能產生生命，其他已經穩定的鄰近行星上卻是死寂一片，始終不見生命出現（沒有活動怎麼可能出現活的生命呢）？

偶然！偶然！偶然！

宇宙的形成和存在，以及地球生命的起源和存在都是偶然，沒有什麼「爲什麼」？也因此，「生命」既然不是必然一定會出現，也隨時可能完全滅絕，那當然絕不可能是被有目的創造出來的，就是自然而然產生的，也所以毫無任何「意義」可言！

4 宇宙間唯一的絕對真實▼「我」！

我們都知道，我們是生活在一個「相對」的世界裡，一切的一切都有其「相對性」。

我們是如何知曉這是一個「相對的世界」，那是基於一種「超然」；而且是超過「相對的狀態」；以「絕對」的立場才能觀察並加以肯定的。如果以簡單的比喻而言：有二個同類或不同類的物體，我們如何來判別輕重和長短？當然我們需要一台精準的天平及尺。我們把那兩個物件放在天平的各一端，可以比較出孰輕孰重？我們也可以用尺來丈量，就可以知曉孰長孰短了？那麼相對於那兩個物體，天平和尺在此時此刻，就頓時成了一個「絕對」的標準。至少對於那兩個物件來說，是這樣的沒錯。但是當我們不是用來秤重或丈量「天平」或「尺」時，「天平」與「尺」又回歸到「相對」的狀態或身份。因爲「天平」也有相對的「大、小」不同；「準」及「不準」的差別。「尺」也有或長或短，是新是舊可以「相對」得比較。

如果是這樣，「短暫的絕對」是否有可能變成「永恆的絕對」呢？那是不可能的！因爲只要是可以被「觀察」、被「比較」的，那就是「相對」的，不會單獨成爲「絕對」的存在。

那麼在這宇宙天地之間，是否有「絕對的存在」呢？

有的！那就是「我」，而且是「唯一絕對」的存在！

在進入真正的主題，也是主體—我之前，我們必須了解一些基本概念，才不會一開始就墜入五里霧中而不知自身何在？不知立場爲何了？

首先；我們當知道：

一.「相對」的相對，不是「絕對」！

二.「絕對」本身就是在唯一單獨存在的，所以也根本沒有「絕對」的相對。又爲何？當然，「絕對」當然不是相對於「相對」的！

現在，我們就來看看「我」，爲什麼會是這「宇宙間唯一的真實和絕對」呢？

首先，我們當然知道，這世界不只有「我」一個人獨立存在的，還有其他各種人、事、物的存在。

把範圍暫時縮小至「人與人」的關係的方面而言。第一要務就是「人類」是必須已經擁有「自我認知能力」及「環境認知能力」時才能論斷。

也因此；第一要義就是首先必須先有「我」的存在，因爲只有透過「我」是一個「絕對真實」的標準立場，才能去衡量其他人事物的關係？

那麼，「我」又是什麼呢？以普世對「我」的最明確解釋，就是指「發語說話」或「提筆寫字」，甚至以手勢表意，指著自己鼻子時，這個主體就是「我」。

但是，也正因爲「我」是在擁有「自我認知能力」以及「在自然及社會中的定位」時就已經卓然獨立的存在了，而且是「絕對真實的存在」，也是毋庸任何人或以任何方式來證明的。正如同此刻的當下，你正在讀我寫的這篇文章時，不論你是否能完全融會貫通，從「你」自己能擁有這樣的閱讀能力時，你這個會自稱「我」的個體已經「絕對真實」的存在了；當然這並不限於文字的閱讀能力；即使是一個文盲或瘖啞人士、盲人，只要有人用語言誦讀這篇文字或用手語、點字書，讓你了解本篇的旨意時，你也一樣確定是「絕對真實」存在了！

而且，在單論「人與人」的關係時，我們最容易意會到的就是「我、你、他」了，其實如果撇開一些血親、朋友、不同國家、種族及甚至所謂「外星 人」這些不同的結構關係時，人類最基本的稱謂分類關係，其實也確實只有「我、你、他」三個代名詞就能完全包括。

同樣：「我」是一定要率先存在的，因爲「我」是「我、你、他」關係中最首要的張本及立足點；也因爲先有了「我」之後，「你」這個代名詞才存在，而「他」又一定是先有「我、你」存在之後才得以存在的。因爲「你」是對應於「我」這個主詞才得以存在的受詞，「他」則是對應於「我、你」兩個互聯互動主詞才得以存在的受詞。

但是，不說「相對」，而改說「對應」是要避免「名詞」上的混淆而造成誤解。因爲既然「我」是唯一絕對真實的，那麼，「我」就沒有任何「相對」的人事物。「你」和「他」雖然因爲對應了「我」而持續存在的，但是，「你」和「他」就不會是「我」的相對詞或相對物。所以，我們不能說：「我」的相對就是「你」，因爲「我」就是「絕對」的，那就是唯一的，可以用來相對於許許多多或一切人類與非人類中任何一個「你」。因此，就不能單一指定說究竟那一個「你」才是確定的相對代名詞；而「他」那自然就更不是了。因爲前面已經說過：「他」必須是同時對應於「我、你」先行存在之後，才會出現在語言及文字中的，而且除了會出現在語言、文字、手勢、眼神等等表意方式以外，「他」是不可能單獨存在的；而且還更受限於只有「我、你」在用任何表意工具談論或指示時，才會出現「他」這個代名詞！

在此，我們當可看出，「我」是第一要義，如果「我」不是確實其存在，那麼，「你、他」是不可能先行存在的。因此，斷然不會只有「你、他」的存在，而「我」竟然可以「不存在」的狀態產生。所以，「你、他」當然就不是「絕對」存在，而是「相對存在」，只有「我」才是真正絕對存在的。就算像漂流到荒島的「魯賓遜」或者獨自駕駛太空船，航向無垠太空的單獨「駕駛員」，根本在一定的時間之內，是不可能跟其他人交流互動的，但是，即使單獨只有「我」一人存在，縱然是真實存在的，也是絕對的，並不需要經由「你、他」或更多不同關係的人類來襯托和相對，這個孤獨的「我」才能確實存在。因此也由此可證：「我」是根本不得任何觀察、評比、對照、襯托、反應才能存在，根本不需要。只要能「自我認知」，並粗淺的了解自身在環境中最基本的定位時，「我」就確定是「絕對真實」的存在了。

既然，「我」是「絕對」的，就沒有任何「相對」的人事物，當然，也更不可能是「無我」，尤其是「釋迦牟尼」所一再宣揚的「無我」，因爲「我」既然是宇宙天地間唯一「絕對的真實存在」，而且一旦「存在」，就不可能於「存在」的期間，可以消失或變成「不存在」。而且，更弔詭的是，這個「無我」的主張，也是由這個「絕對真實的我」所妄想臆測出來，而自以爲是，並因此信以爲真的。設想，如果「我」是不存在的狀態；那麼，又是「誰」或「什麼」來界定「無我」爲何？「無我」爲什麼存在？或者退一萬步來思辨；就算「我」不是「絕對」的，而是「相對」的，那麼，所謂「相對」的，當然必定要有至少一個相對應的主體。那麼，就算「我」的相對是「無我」，是不是「我」與「無我」就必須同時存在？否則，只有其中任何之一的存在，豈不又是「絕對」而非「相對」

了？那麼，是「我」才是「絕對」的？或者「無我」才是「絕對」的？又，是「我」可以妄想臆測出「無我」一詞合理呢？或者，由「絕對」的「無我」妄想臆測出「我」的一詞合理呢？「無我」既然沒有了主觀絕對性，又如何發生任何作用，能去妄想臆測出「我」以及其他宇宙萬物呢？

再加上佛家言：「三界唯心所造」，那麼，這個能造「萬物」的「心」是真實存在或者虛妄不實的呢？

如果是「真實存在」的，那麼不就是「絕對真實的我」的另一個化身代名詞嗎？否則，如果這個「心」是虛妄不實的，那麼又何能創造宇宙萬物，還能被這個「心」所廣泛認知呢？其實，答案也很容易推裡出來：

1.「真實的心」 創造「真實的宇宙萬物」！

2.「真實的心」創造「虛妄不實的宇宙萬物」！

3.「虛妄不實的心」創造了「真實不虛的宇宙萬物」！

4.「虛妄不實的心」創造了同樣「虛妄不實的宇宙萬物」！

以上，如果經過「合理的邏輯推理」就當可看出，第3第4項根本是不可能的，尤其是第4項。如果兩者「創造者」和「受造物」都是不存在的，那麼既然都不真實「存在」，豈不是空空如也，什麼都沒有，那又何必嚷嚷而辨何者是實？何者爲「虛」？根本就連提都不必提。拼命去尋找一個根本虛妄不實，根本不存在的「創造者」，加上再拼命去尋找根本虛妄不實的「受造宇宙萬物」，而動機和目的，竟然只是爲了證明能否定其「真實的存在性」，這不是癡人說夢而已，更是毫無任何意義的「戲論」！

再談佛家所言：「過去心不可得，現在心不可得，未來心不可得！」，那麼總而言之，統而言之，不論在任何時空中，「心」是不可得的，既然「皆不可得」，那「心」的存在與否，又何足論也？佛家又爲什麼特別看重這「心」，而又要宣揚「萬法唯心」的「絕對唯心論」呢？

其實，中國先秦以前的大哲已經早就觀察到了宇宙萬物是「恆動」並一直在變易無常的這個真實狀態，因此才會在對「易經」的最簡明詮釋中，直接了當的表明了「簡易、變易、不易」三大基本特性。因此，既然宇宙萬物，甚至包括「人心」都是隨時在變易無常的，那麼這種「無常」正好反而是最真實的常態；就如同我們每天可以看到日出日落，看到白雲藍天，看到潮起潮落，月亮的陰晴圓缺；這些不都是時時在在變易無常的嗎？難道只因爲其爲變易無常的就一定是「虛妄不實」的嗎？太陽、月亮、藍天白雲和潮汐可以一日或片刻不存在嗎？只要片刻不存在，地球上的生命還有存活的可能嗎？人類還會存在嗎？還會有諸如「釋迦牟尼」這些人可以乞食飽肚，然後終日不事生產，只知誇誇而談一些戲論。什麼「萬法爲心」、「三界火宅」、「無我」、「不許有我」等等根本毫無意義的妄想臆測之言，甚至不惜把自身最基本的立命所在，全部立論的根據地——「我」也連根拔除，這真是可笑復可悲的謬論。

想想，要開一台怪手或推土機來把自己的舊屋老宅拆除，這台怪手或推土機難道不需要一個最基本的穩固立足點嗎？沒有穩固的立足點支撐，如何利用作用力和反作用力推倒拆除房屋呢？

強調「無我」，「不許有我」，這正是在推倒拆除自己基本的舊屋老宅，那麼，是站在什麼樣的立足點上來否定呢？

不正是站在「我」；絕對真實的我，這個基本立足點在否定嗎？想想，假設「釋迦牟尼」在世之時，有人與他辯論時，首先提出詰問：是誰主張「無我」和「不許有我的？」

試問釋迦牟尼，最自然的反應是什麼？

當然會主動回應：「我！是我！」

對方再問：爾是何人？

當然釋迦牟尼也一定是會回答道：「我俗名悉達多，別人尊稱我為『釋迦牟尼』！」

那麼，答案不就呼之欲出了嗎？

而且還是狠狠地甩了自己一巴掌。一生主張「無我」、「不許有我」，又隨時隨地的一再自稱「我」；就如同他自己嘲笑所謂「其它外道」所言是「捕鰻者論」一樣，問題是至少別人還能左閃右躲的不被抓住話柄，而「釋迦牟尼」終其一生的言論卻是處處都是「有我」及「以我為出發點」的，何嘗「無我」？又如何做到「不許有我」呢？

再來談談「唯心所造，唯識所現」；

如果要說「萬法唯心、唯心所造、萬法唯心所造」，那麼就和「過去心不可得、現在心不可得、未來心不可得」是互相衝突，有所矛盾了。因爲既然任何時候的「心」都是不可得的，那麼「不可得的心」又如何能創造萬法呢？(在此，「法」是指各種現象)，除非在這「三心」之外，還有另外一顆「恆常的心」。但是，這又是「釋迦牟尼」所完全否定，不肯承認的；也或者再繼續追問，這能造「萬法」的又是誰的心呢？當然不可能是單一個人的心，否則電燈、電視、電腦以及太空船豈不是早在「釋迦牟尼」時代已經被創造並存在很久了？又何待時至今日才被人類從「心」規劃、設計、創造出來呢？

其實，所謂「三心皆不可得」也並非全然正確。若說譬如 10 歲時，我的想法，和二十歲的想法，三十歲、四十歲、五十歲，以及現在超過六十歲的想法，盡皆不同，甚至 180 度大翻盤過，那是對的；因爲人總是隨著年齡、生理、心理狀態的成長、老邁而必然會產生改變的。

但是，「未來心不可得」，這是對的沒錯，但是「過去心不可得」就未必了。譬如我有很優的記憶力，最少可以記憶到 1 歲生日的大致景況，2 歲左右非常清晰逼真的夢境，而從幼稚園開始，尤其小學時代以後的事，我幾乎都能記得相當清楚，以最近參加「小學畢業 50 週年同學會」的情況來說：同學無不對我驚人的記憶力大感不可思議，我不但記得與自己有過任何互動情形同學間的事，包括細節。也記得與我個人無關；其他同學做過的事。或者他們與其他同學間互動而比較特殊的事，有些他們的事只記得一個模糊的梗概，我都能幫他們一一補足細節。還有甚至他們自己做過卻已經早就淡忘的事，我也能娓娓道來。而我成年以後的事則更是往事歷歷，彷彿昨日重現。不能說百分之百記得，但是，至少有 7-8 成是永存在「潘朵拉的記憶魔盒」之中。所以，我認爲至少對我而言，「過去心」也並非完全不可得的！

再說：「現在心」，這恐怕是我們唯一可得，並且能夠隨時掌握的。如果非要說「現在心亦不可得的話」，那麼「釋迦牟尼」就是個自欺欺人的傢伙；因爲若是連「現在心」都不可得，那又如何「修心」呢？連心都不能修，還有什麼是需要修的呢？

再談「唯識所現」。這點可能比較接近事實，因爲宇宙萬物的存在，是否絕對客觀的存在，人類從一開始幾乎毫無疑問的信以爲真，到後來越來越質疑，再到現在「測不準理論」，我們幾乎已經沒有任何方式可以證明「宇宙萬物」是確實客觀實存的，而且也充分了解到所謂「宇宙萬物」的存在與否，其實是必須經過我們人類主觀「認知」之後才能模糊的界定及存在，否則，我們根本無法確定或推論其存在與否；譬如「黑洞」和「中子星」，不過200年前，誰相信呢？不也是因爲那時候的人類還沒有能力去「認知」到嗎？

因此，「唯識所現」在此是比較符合事實的；

不過，卻也不能武斷的說「所有宇宙萬物」只要經過我們主觀的認知就必然存在，那也是太過以偏概全的武斷說法；因爲同爲人類，認知的方法不同，對萬物的存在方式及其意義也就大不相同，甚至是南轅北轍的；也因此大致上來說，又可分爲以下幾種所謂的「存在」的狀態：

其一、經過人類主觀「認知」後，普世共識承認其爲確實存在並能加以證實的，譬如日、月、空氣、水，我們自 己的身體及日常用品、舟、車等等…

其二、經過人類主觀「認知」後，普世共識「推論」其可能存在，但不能加以證實，卻可能感應到的：譬如某種宇宙射線、星體、力場、某些肉體不可見的「生物能量場」，甚至鬼神之類，靈魂等「另類生命形態」。

其三、純屬誤判，同樣經過「認知」過程，卻把相同的現象，附會上了自身的固有觀念、宗教迷信、種族傳說以及個人過度主觀的「認定」，而形成的「虛像」；也許本身真的是一個具體存在的現象，卻被各種人類主觀的因素給扭曲了，呈現出一種現象，各自表述卻又莫衷一是的狀態。

其四、純屬虛構，應該說其實並未經過「主觀的認知」，卻誤以爲已經經過「認知」而信以爲真的現象或某些特殊物體，有如「杯弓蛇影」；個人幻覺、集體潛意識，藥物引發的瞻妄、偶然的誤判等等

綜上所述：我們就該更確切的知道，萬法歸宗的只有一個基點，一切都是以這個「絕對真實」的基點和起點出發，也以此基點爲最終極的歸宿；那就是「我」了！

宇宙天地間唯一「絕對真實不虛」的「我」！也是最終極的存在者。

因爲「我」是宇宙間唯一「絕對的真實」；是一個整體（包括自己能意識到和不能意識到的），不論外表、內在或者任何附屬附加的種種元素，這絕對是因人而異的，但是，只能「整體」的意識出這個「唯一絕對真實」的「我」；

「我」是唯一不能被任何方式客觀分析，或者逐項分門別類來檢視的，任何經由所謂「客觀」（其實還是檢測者，或者自己就是檢測者的「主觀檢測」，根本沒有所謂的「客觀檢測」方式存在）的檢測，評估都是沒有意義的。

「我」也不必須經過「比較」，因爲沒有「絕對的標準」，可以作爲「比較」，因爲「我」就是「絕對的標準」了，任何比較或者測量都是毫無意義的事。容或，可以拿「我」作爲標準去比較任何事物，卻不能拿任何事物來比較「我」！

「相信」與「不相信」也不會改變「我存在的絕對性」。

沒有「我」，問其他宇宙萬物是否存在？是毫無意義的事？沒有「我」，明天太陽還會不會出來？答案是「無意義」，因爲「我」既然不存在了，不只是不能知道，連提問者都不存在的，答案是什麼又有什麼意義呢？誰會提呢？誰來提呢？有其他69億人在提，跟「我」也毫無關係了。

不認識，不了解「我」是百分之百正常的，自稱完全了解自己的，不是瘋子就是騙子。

因爲從「我」出發來了解「我」，跟在斷層掃瞄機器上解剖；試圖了解自己的大腦、或心或其他部位，說要研究出「我」一樣可笑，跟想用雙手把自己從地面「抱起來」的嚐試一樣無稽。或者說「我」是一個基本支點，不能抱起支點的。

5 「內我」與「外我」的對話

本文是「金色種子菁英班」內部成員之間最近正在熱烈探討的一個重要課題，因為確實很重要，在「天地自然人」網站中臥虎藏龍，人才濟濟，相信有許多網友對這類課題是有著濃厚興趣更甚至有志深入探索的，只是種種因素，無緣加入「菁英班」，因此，這是第一次在此公布的「菁英班」成員探索主題內容，我幾經考慮，才決定公布，希望能更廣大分享的，歡迎有興趣探討的網友踴躍發言，互相交流增長！

時間：2015.08.24-25 凌晨

地點：個人臥室

狀 態：一片黑暗中，躺在床上，閉著眼睛看到一個「場景」，一個很平凡的牆角，成直角三角形，有點光，所以不算很暗，但除了牆角及地面，其他空無一物，但是在沒有實體的生物存在、沒有任何具象的形體中，卻能感覺到有股隱形能量，而且是「智性能量」確實存在於那個牆角，然後很快的 展開清楚的對話。（註：這不是「夢境」，也不是「清明夢」，我是處於「清醒」狀態）

****

「外我」並沒有主動詢問。

「內我」：我是你，我就是你，我們是一體的！都是「我」！我不用跟你自我介紹；就如同身體的大腿不用向小腿介紹自己一樣！

※這時的「外我」非常確定那真的是「內我」，絕非其他異靈或其他任何妖魔鬼怪或外星人等等，因爲那種交談方式太熟悉了，從小學五年級我就確定了「內我」的存在，而這十幾年退休生活期間，對話更爲密切！

「外我」突起一念？這「內我」是什麼模樣？

「內我」：不要用你的外形和外貌來想像我、塑造我和界定我！我不是你想像的任何形貌！

「外我」楞了一下，還有點疑惑？？？

「內我」：我沒有「體」，又怎麼會有形呢？更奇怪的是：這不是早就該知道的事？爲什麼會沒想到呢？

「外我」很恍然大悟的、又有些羞愧的想起自己一直把「內我」想像成外形的自己複本⋯

「內我」：現在應該更清楚的知道「我」並不是也不需要「你」的任何形貌，但我卻是超然存在的！

「外我」：我們是一體的，你總不可能外於我而獨立存在啊？

「內我」：這樣說當然是正確的，從一開始，我就是你的複本。但是這並不表示之後我就是你的影子，或者像影印本一模一樣！因爲我確實不是你一直以來所想像的那樣，我不是你另外一顆外接硬碟，有著一模一樣的資料內容。其實我們各自儲存的資料檔案並不相同，而且非常不同！

「外我」：你所有的資訊不是都由我的感觀知覺而來？

「內我」：應該說絕大部分，但是由外部感官進來的所有資訊，整合之後，你有你的思考模式，我卻有我的思考模式，得到的結果就不會一樣，儲存起來的資料當然不同，何況我也有我自己的知覺方式，雖然大多時候，我是宅在你的內在，但是，偶爾我也會外出的，甚至我的「絕大部分」可以暫時離開這個身體去知覺一些經歷的，譬如：你去過的任何地點，我也都隨同你一起去過，但是，我去過的某些地方，你卻從未去過，而你認識的所有人，我統統認識並記得，包括你早已遺忘的，但是，我認得一些人的「內我」，不論好壞，你卻不認得，因爲你會用世俗的善惡去界定他人，而我不會，或者說我是很原始的，不像你這麼高度社會化！

「外我」：哦，原來我一直以爲我很瞭解內在的自我，看來，我對你其實陌生的緊呢！

「內我」：對的，那只是你一直以爲的，而事實上並非如此，對我陌生是必然的，其實大多數人都是這樣的，因爲我並不需要時時刻刻主動介紹我自己，以致有很多人終其一生都不曾發現我或相信竟然有自己另一面；更或者說確實有另一個我的存在！不過我也不是一直隱身在幕後的，通常時候，我並不會出現，但是，在你所有的全部裡，我是無處不在的，或者當我能全面發揮時，在你的外在任何地方，我也可無所不在的。

「外我」：那種情況，才會現身？

「內我」：因爲你有肉體，所以會受到生理反應七情六欲等等情緒的影響而有不同的反應，一般狀況，我是不受影響的，但是，如果過度時，譬如大喜、大悲、大怒、過度驚嚇、極端恐懼時，我也會被震盪到，還有像劇痛過度或性高潮的極樂等等，有時我就會暫時離體而出現！

「外我」：是指靈魂出竅嗎？

「內我」：類似這樣的，但是沒那麼嚴重！

「外我」：譬如說「嚇得魂飛魄散」或者做愛時爽的靈魂飛上天？

「內我」：對的，但是只是一部份離體！

「外我」：或者說某些狀態有種魂不附體的感覺？

「內我」：是的，其實你現在當下此刻也就是正處在這種狀態之中，除了呼吸心跳這些生理上的生存本能，事實上，我現在是絕大部分離開你的身體的：其實你一生也經歷過不少次，只是你沒有明確的察覺，也沒有深入的去探究，可以說雖然我們的對話交流比一般人多些，但是像此刻這樣，我抽離出來互相對話，還是第一次。

「外我」：看來，直到此刻，我才更瞭解你；或者說，「更瞭解我自己的內在」！

「內我」：是的！但是那仍然只是一小部分而已！因爲在某種意義上，我是卓然獨立的，跟你以前你一直以爲的「我」其實有著很大不同的！

「外我」：譬如哪些？

「內我」：譬如你已經是非常不在意自己的外型和穿著了，但是卻仍然不是全然完全的不在乎，像髮型、你偶而也會想到自己頭髮是不是太長了？即使在家居平常時候，可以只穿件背心內褲，但是還是不可能赤裸裸的上樓下樓，有時外出吃飯辦事，還是會穿件上衣甚至長褲，出遠門一定要穿鞋子，還要每天洗臉洗澡，而這些對我是根本不用在意的。

「外我」：如果可以，其實我也很想完全赤裸的自由自在，除非天冷爲了保暖禦寒不得不穿多一些。

「內我」：我就沒有天氣冷熱的問題，甚至不必因爲酷熱的天氣而煩躁，爲了怕冷或下雨，就不出門或因爲不能出門而不痛快----其實有很多很多你會在意的事，我是都不在意的，而且你始終不知道，我比你以爲的更冷血。

「外我」：我以爲我內在的某部分是很冷血的。

「內我」：才不呢！你會因爲愛或性而感動或衝動；如果是真愛，我只會感動卻一點也不衝動；在歡樂熱鬧的聚會中，我只是冷眼的旁觀者，我不會忘我狂歡或者因爲狂歡而忘我的；在「離別」時，你會感傷，我不會；甚至在面對死亡時，我總是比你更沒有感覺的，甚至我也不關心你死亡的問題！

「外我」這時事很驚異的？？？有點不可置信的：你既然是我的另一面，怎麼會不關心我的安危和死亡這麼大的事呢？

「內我」很平靜的道：因爲死亡的只是肉體，而我即使在你肉體死亡之後還是會繼續存活啊，只要到了因足夠的自我認知而確定有我的存在之後，你，或者說我們的肉體在任何時候死亡，我都會繼續存在於這個宇宙中，我爲什麼要擔心或在意死亡呢？肉體就像一件外衣，破爛到不能穿時，自然該丟棄，而穿外衣的這個「我」，並不會因爲外衣破爛被丟棄也同時消失啊！

「外我」：所以不論我遇到任何生死存亡的危急時刻，你也從不擔心嗎？

「內我」：是的，我從沒在意過，就算你會害怕，我一點都不害怕！

「外我」：我不是早就不怕死亡了？

「內我」：是的，但是我不只是不害怕，而是根本不在意！

「外我」：那麼我頭痛到曾經想死呢？

「內我」：我也不擔心，因爲我無法感到什麼是疼痛，我只能感受到你狀況不好，很灰很黯淡，但是，如果那時你選擇自殺，我依舊不會在意的，因爲你能殺死的只是肉體，而我仍然會繼續存在的！

「外我」：我確實對你很陌生，那麼極度暈眩中的颱風眼又是怎麼一回事？

「內我」：那就跟你一直思辯的結論一致了。確實是因爲你的感官認知在那種狀態時已經嚴重失能了，而認知的思辨能力也停頓了，只有在這種狀態，我才會自然的顯現出來，由我在做自我思辨，我說過我們各有不同的思考模式，同一件事你的結論和我的通常不會一致，這也不是我主動要給你的，而是在那短暫的機會中，你不經意「瞥見」的，不過，也只是這樣，如果沒有這種颱風眼的機會，任何人都無法瞥見的！

****

對話在這裡嘎然中止，因爲我已經回復正常，一般平常的思維又掌握了操控權，「內我」又神隱宅進內在了。

事後思辨，這「內我」應該就是印度教徒所說的「真我阿特曼」，或稱「本我」。

這「真我」也是釋迦牟尼一直否認，卻真實存在，絕對不容他一相情願去否定就不存在的！

相反的，「內我」和「外我」的關係其實並不是那麼的疏離和陌生見外，因為兩者是緊密結合的一體兩面，「內我」需要靠「外我」多所遊歷，大量閱讀以及學習新技能等等方式來大開眼界，增加知識，然後「內我」不但會經由特殊的思考模式，把思辨結果整合儲存，同時，「外我」把吸收到的任何訊息，只要是經過正常思考模式思辨過後的心得結晶，也會被「內我」儲存起來，也甚至會自行比對結論，然後在肉體死亡之後，瞬間就會帶走一個合併的思辨結晶，也就是我們一生最終極的「心智能力」，進入靈界繼續存活下去。

6 談談「心智推理」

人類和其他物種（包括近親的猩猩）腦部功能方面最大的不同；就是人類在腦部思考功能上擁有很強的「心智推理」能力（Theory of Mind 簡稱 TOM）。

這種心智能力，不但能夠知道自己在「想些什麼」？或者進一步知道自己「爲什麼會有這樣的想法」？而且還能推理出別人可能的想法，以及多層次的往返交互想法；

「自閉症兒童」想像力嚴重受損，但是，智力卻正常，顯示「想像力」是大腦專門化的次系統，而不是一般智力的產物。他們沒有「心智推理能力」，也缺乏「直覺心理」能力。

所以，人類有比較高的智商，但是，高智商並不能憑空產生「心智推理」能力，而是在成長的過程中，從父母、家人、同儕以至所有接觸過的人群中互動交流以及個人長期接近不自覺的訓練中，慢慢學會的。

看看以下的比方：假設我是一個未婚的男性；剛剛和一位心儀的女子交往之中；雖然感情還處於曖昧不明的時期，但是，我卻可以明確的產生以下的認知------

我認爲她很不錯，我對她有好感。

我認爲她對我應該也是有好感的。

我認爲她也應該知道我對她也是非常有好感的。

我認爲她應該知道我已經知道她對我應該是有好感的。

我認爲她應該知道我已經知道她也知道我對她也是非常有好感的。

我認爲她既然知道雙方既然互有好感是應當多給對方一些機會持續和更密切交往下去的。

我認爲她應該也是跟我以上的認爲有著相同的看法；所以她會跟我一樣願意持續和更密切交往下去的。

其實過程並不像用文字表達的那麼複雜；

簡單來說；我們見過幾次面，覺得聊天很愉快，互相都覺得不錯，所以交換了手機號碼和信箱及聊天室的資料；然後都表現積極想要持續交往的態度，並且盡量在讓對方了解自己--------

也許和其他動物求偶的過程也差不多；除了一些人類科技產物的方便，好像沒有更特別的。

其實不然；因爲動物不會像人類一樣運用「心智推理」，整晚輾轉反側的去思索對方每一句話，每一個眼神，每一段笑聲，每個肢體語言等等所表傳達出來的含意；然後開始「我認爲----」、「她應該知道我已經知道----」等等這麼多層次的往返交互想法；

這個才是人類能夠發展精神文明，並且爲第二套「認知系統」和「靈魂」奠基最重要的基石。（註：人類有第二套的「認知系統」，可以稱爲「感知」系統，平常時可以和第一套生物基本「認知系統」相輔相成，但是，當第一套系統受損時，「感知系統」仍然能發揮作用，人類「直覺心理」能力以及體外甚至遠距「遙感」或「遙測」能力和這個「感知系統」的作用有關）。

註：曾經有科學家針對「心智推理能力」以猩猩爲對象做過研究，一度認爲猩猩也有這種能力，但是，因爲接受研究的猩猩是自幼被人類豢養於籠內的，加上實驗的方法有缺失，所以這項研究被判定不成立；無法確認野生的猩猩也擁有這種能力。

7 淺談「靈界」

最近看到網站中，許多網友發文和回應一些有關「靈界」的議題；

雖然，其中有些重點，在這個網站或我的書中都有談及，但是，可能分散開來，以致不是每位網友都能遍讀，所以，在此；我用條列的方式簡潔的談談我所知道的靈界一些法則或者現象：

****

1．地球的「靈界」仍在大氣層以內，仍然受到地球所有物理法則、定律的限制，並沒有什麼特別的例外或怪異之處，覺得怪異是因爲我們習慣用活人平素的見解標準去衡量。

2．「靈界」是自然空間，不是神或外星人創造的，同樣，也不是人類創造的，只是原本就存在，後來被人類的「先靈」所發現，就像人類發現澳洲、南北極一樣，澳洲和南北極是原本就存在的地理空間，不是神或人類創造出來的。只不過，澳洲更適宜人類居住。

3．「靈界」和宇宙自然界一樣，原本沒有善惡或高下層級之分。

4．人類的新石器時代開始於12000年前，人類的先靈也大約是在這同時或之後不久發現了「靈界」的適存。

5．人類的先靈在發現「靈界」並紛紛進入居住的早期，「靈界」是非常美好適居而且是家族、氏族和部族在死後，靈魂與祖靈團聚的處所，只有歡樂而沒有任何懲罰。

6．在中國、印度這些文明古國的早期觀念中，所謂「人死債爛」、「一了百了」，不論生前心行善惡，貧富智愚，只要死亡之後，靈魂都會順利進入靈界去和祖先團聚，祖先也不會去計較其生前在世的任何心性行爲，都是無任歡迎的（註：這點從印度「耶摩」會派二隻狗去接迎所有亡靈，進入他的靈界歡聚，完全不計較其善惡就能看出，當然也沒有「神鬼」在干涉），無疑的，這個才是真正符合「自然」的。

7．人類會有死後審判及天堂地獄觀念最早出現在埃及的神話傳說中，雖然，目前已經沒有任何考古證據可以了解在埃及古王朝更早以前是否也是「沒有死後審判觀念」的，但是，據合理的邏輯推理，應該也是一樣，更早的靈界也同樣是「沒有懲罰」的。

8．中國人在佛教傳入以前，對死後世界的觀念是「回老家」，印度早期也有「祖靈道」，甚至全世界各地原住民都有「祖靈觀念」，幾乎都是「死後會歡樂」的與祖靈團聚，所謂「祖靈道」當然是指最原始的「靈界狀態」。

9．在佛道之前的中國，只有「陰間」的觀念，是相對活人的「靈界空間」，從原本「靈民」只是快樂歡聚，只是單純的無所事事，到後來變成一樣有士農工商的各種社會活動，這是呼應中國古代趨向社會複雜化之後才形成的觀念，也才有厚葬及「事死如生」的觀念和儀式。

10·「靈界」不是一個藏有一切終極答案的處所，不要誤以爲死後到了靈界，就能理所當然的知曉一切真相的答案。

11·「靈界」也不全然是一個完美無瑕的終極真善美的境域，一樣有好有壞。

12·在「靈界」的靈民，可以一直無所事事的待著，但是，「靈界」不是生命的至高終點，只是和人間一樣的「中間站」，仍然需要進化和進階。

13·「靈界」不是永恆不朽的，也會隨著地球的毀滅而同歸於盡，如果一直依賴「靈界」作爲生命的保護傘，最後還是不免玉石俱焚，徹底消失。

14·「靈界」確實有「極樂世界」，在那裡真的可以「諸願實現」，心裡想要的任何美好人事物都能得到滿足，能想到的一切都能立即獲得，但是，唯獨欠缺一項對所有高靈最重要的要素----「希望」。

15·各種宗教地獄或非宗教，只是人類想像的痛苦地獄也是存在於「靈界」的，有宗教執照的審判官、差役、行刑者，恐怖的酷刑，也有獨立於宗教外，由生前嫉惡如仇的正義之士私自聚合設立，也會來陽間搜捕一些惡靈。

16·「靈界」的形態大致是人間的翻版，包括各種社會化的制度，這點是完全不符合自然機制的，這也是靈界一直以來最大的弊病。

17.「靈界」物以類聚，同性相吸使得「靈界」並不能多元化，有利有弊。

18.「靈界」影響人間極少，人間影響「靈界」極多。

19.不同的「靈界」層級及屬性非常多，範圍有大有小，小到也有「個體化」的單獨空間。

20.人間對所有「靈界」的靈民而言，只是一個模糊又不重要的回憶而已，所以，幾乎沒有興趣和人間接觸。

21.「輪迴過境室」是完全出於宗教謬見形成的非自然機制境域，與人間最緊密接近，來往也非常頻繁和容易，吸引前往的「亡靈」也不在少數，不過相當無謂，對心智能力的進化幫助極小。

包括人類在內，所有物種的單一個體都是獨一無二的，絕不會有二個完全一模一樣的複本同時存在；而人類的肉體以及「外我意識」、「內我意識」，以至肉體死亡之後，那個能夠以「靈魂」形式續存的生命型式，仍然是獨一無二的。

也因為如此，死後「靈魂」的去處就各自不同，卻會物以類聚的形成不同的「靈界聚落」。

剔除掉完全不相信死後靈魂不滅的死硬派，對於「天堂地獄說」絕大多數人都是半信半疑的居多，其中有些因為虔信各種宗教，特別是強調死後審判的，當然非常堅信天堂地獄的；不過，不論去問任何一個人，不管他是好人壞人，甚至作姦犯科，罪惡罄竹難書的大姦巨惡：「如果死後可以自由選擇，不必經過審判，那麼你希望上天堂還是下地獄？」

相信答案也是完全一致，不會有任何例外的。

但是，這當然是非常一廂情願的，因爲終究有人會下地獄的，那麼爲什麼不是依照他們心中最期望的結局前去天堂，結果卻不得不下地獄呢？

重點來了；「上天堂」是「外我意識」的希望，但是，「下地獄」卻是由「內我長年累積的心性結果」來決定的。

也就是說：假設有一群人，其中有「有智慧有善行的」，終生如此不改其志，死後會進入「智善者天堂」，不論是否是他極度渴望與否，一生累積的堅固心性決定了這樣的去處；「有善行而智慧中下」，死後進入「善者天堂」，而一般善惡兩平，智慧也一般的普羅大眾，死後進入靈界中層，而深信「業報輪迴說」的進入「輪迴過境室」，而一生作惡多端的，不論在臨終前多麼巴望不會下地獄，希望老天爺或神佛菩薩開恩，能讓他「上天堂」，這肯定是不可得的！

什麼決定這些不同的去處？當然是「內我」一生的紀錄，而絕非「外我」的渴望來決定；也因此，表面上假冒僞善，暗地裡作姦犯科，謀害他人，雖然一生未被拆穿，就算他也積極皈依某種宗教，也非常積極的奉獻財物，希冀因此可以獲得功德，死後可以進入天界享受福報，這當然同樣是絕對不可能的；因爲「外我」的僞善以及拿不義之財來買功德或「赦罪券」的心念和作爲，無論如何都不能塗銷「內我」那邪惡姦刁的本質和惡劣的心性。

不論是「新靈」或「再世靈」甚至「累世靈」，在今生「靈魂形成之後」，就是獨一無二的，前世或累世的記憶終究只能儲存極小部份的片斷，通常是前世非常執著的人事物或者某種特殊技能，這應該就是我們常常會說的「天賦」，譬如「莫札特」三歲就會已經展現出對音樂的天才（註：莫札特3歲便展現出他音樂奇特才能，他不僅具備絕對音準更有超出常人的記憶力，5歲時更請求父親教授大鍵琴，隨後亦獵及小提琴、管風琴和樂曲創作，至此他的能力宛若平地一聲雷響徹雲霄，在學會閱讀、書寫或計算甚至能懂得樂譜視讀、巧弄拍律。6歲，時值1762年，已譜出三首小步舞曲（KV.2、4、5）和一曲快板（KV.3）。），如果這不是與生俱來的前世記憶，我們能夠相信一個三歲小娃，手指頭都還無法靈活運用的學習時期，就能拉小提琴，而且勝過一般成人嗎？如果硬要說是長久練習而熟能生巧，試問莫札特究竟是幾歲開始練習拉小提琴的呢？二歲或一歲？

但是，前世或累世記憶並不能完全佔有今生這個人物的全部「外我」和「內我意識」，好像是某某人再世爲人，言談舉止和生活習慣以至嗜好興趣和專長統統一模一樣？譬如一個前世的清朝翰林老學究，今生不論投胎轉往何處？從出生開始還是要一切從頭學習的，絕不可能剛剛呱呱墜地就能吟詩作對，完整背誦四書五經……如果這樣豈不是驚世駭俗的大奇聞？顯然從古到今也確實從未發生過。

也因爲如此，一個人的「內我」依舊是伴隨著「外我」的肉體和意識同時成長的，但是，紀錄和思考模式卻不盡相同，就像現在專業相機，可以設定拍攝時同時用二個檔案形式紀錄，一個是最尋常的「JPG」檔，一個是「RAW」檔，兩個檔的畫面也許幾乎一樣，但是事實上，「RAW」的檔案紀錄的是未經壓縮的完整原始檔，所佔的記憶體空間也多過「JPG」好幾倍。

又或者進一步來比方，同一個景色畫面（假設是一位美麗的模特兒），使用三腳架固定相機，我們可以先拍一張「全自動」的，再拍攝一張「水彩特效」的，同一個模特兒，幾乎紋風不動的狀況下，我們在數秒之間先後拍攝了兩張照片，但是因爲使用了不同效果，那麼結果在觀看照片時，我們會發現前後二張照片的效果是明顯不同的，這或許可以用來詮釋：「外我」和「內我」所觀察的對象即使完全一樣，卻可能有完全不同的思考模式以及形成不同詮釋的結論。

「內我」的存在，並不是用來引領「外我」，教導「外我」，更不是爲了及時救援而存在，「內我」只是我們另一套「感知」和「紀錄」系統，因爲，我們既然有了可以續存的「靈魂」，在相當不同於今生現實物質世界的「靈界」，我們肉體死亡之後，我們生前習慣使用的「認知系統」會隨著生物本能的不再運作而隨之「失能」，我們的視覺、聽覺、嗅覺、味覺、觸覺等等統統不能原封不動帶進靈界去繼續運用，我們勢必要有一套「備用系統」來接續，這個才是「內我」主要的功能。

但是，「外我」和「內我」的思考模式和一些結論之所以如此南轅北轍，也不是一開始就這樣的，「內我」比較宅，比較質樸甚至比較原始，因此，不如「外我」受到社會化的影響這麼大，也因此人類越來越高度社會化之後，「外我」和「內我」的差異就會越大，譬如：古代兩人初次見面，只是打恭作揖互報姓名年齒或家鄉，後來發明了「名刺」（名片），就會多一個交換名片的過程，再後來要互相交換電話號碼，再來是多加一個手機號碼，再進一步可能還要交換 Mail 或 Line----

以上是「外我」在隨社會進步而改變，但是，「內我」並不需要記得這些，通常只記住此人的外貌特徵或直覺感受到的「內在振盪」，甚至更靈敏的感知出此人的心性好壞----

再話說回頭：幾乎人人都想死後能上天堂或榮登極樂世界，那爲什麼結果還是有人會下地獄，或者落入靈界中下層呢？又爲何有些孤魂野鬼會一直被羈留在陽間形成人鬼雜處，或者淪落到必須時時向活人乞討紙錢供品的窮鬼？或者騷擾訛詐活人的惡靈呢？

有人從一懂事開始，就決心死後要下地獄的嗎？有人一出生就決定自己日後要去被槍斃的嗎？

孰以致之？孰令政之？

不都是自己一生言行舉止確立了固定的「內我心性」，最後，肉體死亡時，「外我」剔除了不能帶入「靈界」的肉體、「魄」的生物本能能量以及肉體感官知覺的功能，只會將一些生前重要的記憶，併入「內我」組合成自己獨一無二的「靈識」，然後受到精微物質形成的「靈體」保護，形成了新的生命形式——「靈魂」，前往「靈界」——

而至於會去「靈界」何處？那就端看「靈識」累積結晶的是何種偏好？何種高低的不同？然後受到不同靈界層級的吸引，而進入高高低低，好好壞壞不同的「靈界」歸屬，也許上天堂，也許下地獄，也許是靈界高層、中層、下層、輪迴過境室、小社區型式的宗教天堂——或者被自己「內我」長久的執念羈留在陽間蹉跎徘徊？？？

還有就是信奉天主教、基督教、伊斯蘭教等等的信徒，他們的「生死靈魂觀」也未必就一定對；譬如他們無不相信「末日審判說」，相信當那天到來時，不論是活人或已經死亡千年的「死人」，都會同時受到大規模嚴格的審判，善者上天堂，永遠與上帝同在，作惡的人將下地獄受到永遠不停的酷刑和烈火焚燒——

也因爲這種根深蒂固的觀念，這三種宗教的信徒，死後是絕對不能火化的，只能土葬，因爲一定要保留屍首或骨骸完整，因爲他們無不相信當「末日審判」來臨時，上帝將以他的大能，使得全世界所有墳墓中的「死人」，即使已經化爲枯骨，都能立即「生死人而肉白骨」，也就是重新生長出肌肉、器官，然後以完整的活人樣貌「復活」來接受最終審判——

其實「謊話」終究是謊話，也必定會難以自圓其說的；想想，如果今生一死就被天使接引去天堂的，到了末日審判時，要不要重新讓屍首或枯骨長出新肉新身體，再回去天堂享福？

而已經下地獄受苦的惡靈，會不會屍首或枯骨又重新變成一個新身體來接受審判，最後終究又連帶肉身被再度押回地獄繼續受苦？

8 「靈」的幾個去處

1.不知何去何從?只能在陽間四處飄蕩。

2.因為執著生前的種種人事物,被自己的執念羈絆住,戀地、戀屋,戀權位、戀財富、戀「人」、放心不下摯愛的配偶、親人、迷戀聲色犬馬、歡場賭場等等。

3.藏身在陽間神壇廟宇的偶像之中,裝神弄鬼,妄求功德,騙取香火供品。

4.不知道也不相信自己死亡,執迷在生前的工作職場。或者重大意外死亡的現場附近。

5.在醫院久病過世,執著自己的病症,不肯離開醫院。

6.生前的罪惡劣行,尤其是長期的惡念,不知不覺的參與了「地獄」的建造,死後被強烈吸引,進入各種不同的地獄。

7.「心智能力」不足,被「冥河」隔絕,只能和同病相憐的靈在「冥河」此岸群居,撿拾兩邊的「垃圾能量」,仿造人間的各種物質,賴以續存。

8.在早些過世亡親故友的接引下，進入各層級靈界（包括「輪迴過境室」）。

9.在靈界志工接引下，進入各層級靈界（包括「輪迴過境室」）。

10.強大的「心智能力」，直接進入高層靈界。

11.重病或重傷死亡的，卻因爲生前錯誤的觀念，執著在自己肉體的幻病、幻痛、幻傷，一時不能擺脫陰影的，會被引領到一個「療養院」（俗稱的「枉死城」）去進行心理輔導，因應需求，也會進行安慰劑式的各種手術治療，修補殘缺┅但是，這不是懲罰，是善意的輔導，也不用「關到陽壽滿期」，那些是一知半解的胡扯。

12.部份自殺者會徘徊在「迷魂林」中。

我知道諸位應該會引發更多的問題出來；我最近比較忙，也許無法立即回覆；但是，我建議大家先自行討論辯證。

還有，我想提醒諸位一個重點，請好好思辨：

「靈界」不是自然形成的「必然之境」，因此，「進入靈界」不是人類或者每個人必然的天賦特權，所以，不要把過世後，靈的「回家」當成理所當然的事。

爲什麼我會這樣說？？？

人生活的空間叫做「人間」；

「靈」生活的空間叫做「靈界」；

沒有人能生活在大氣層以外，沒有「靈」能超越「大靈界」。

不過，大多數靈界空間是非常自由自在的；比人間更美好，因爲那是擺脫肉體束縛依夢想、理想建構的。

但是，也有一些靈界是很糟糕的，還有地獄；那個也是一些人的惡念所形成。

「靈界」不是自然形成的，但是建構的材料和那個空間還是在宇宙自然之中；

想想「電流」，這是一種能量，但是在通過電線時，會在電線經過的外緣形成「電磁場」和「靜電場」，所以往往會吸附很多的灰塵；人類的「心智能力」是一個能量場，可以吸附精微的靈界物質，形成「靈體」，靈體可以移動或構築、創造靈界的物質世界，心智能力足夠強大時可以創造一切靈界物質，通常也需要分工合作，群策群力來建構的。

大部的靈是生活在中間的廣大靈界，因爲有靈體，所以需要靈界物質補充，只有少數高階的靈，只是能量型態的生命，可以直接不自覺的從自然中獲得所有需要的能量，這樣就不用補充任何物質了。

※在遙遠的古代，「靈」一一形成並且續存時期，沒有「靈界」，有很長一段時間是人鬼雜處的；那時也沒有「靈界」的觀念；

※現在，還是有些原始民族，他們並不相信「靈界」，也沒有「輪迴轉世」觀念，他們會將過世家人的遺體埋在屋子下方的地底，相信這些亡靈還是天天跟他們生活在一起，這樣的觀念如果根深蒂固，「靈」就會留連在家中或村寨中飄蕩。

※　還有就是「心智能力」不足，能夠形成「靈」卻不能理解靈界的亡靈也會流落在陽間飄蕩。

※　生前相不相信靈界，不影響「靈」的形成，也不妨礙他進入靈界，只要他的「心智能力」足夠，也許會在陽間飄蕩一段短暫的時間，有熱心的志工解說死後的狀況以及進入靈界的方式，他如果恍然大悟之後，也能進入靈界的。

世界幾個大宗教至少都有 1500 年--3000 年的歷史，吸引的信徒都是十億以上（只有佛教最少，大約三億多），因此，基本教義都是有天堂地獄的，共同信念和心念也是必然會形成「靈界」的；

如果說基督教、天主教會有天使來接引，前往他們專屬的天堂，要不要接受，還是由個人自主意志來決定；

其實答案也簡單，如果妳是對教義深信不疑的虔誠信徒，理應欣然接受，不會拒絕的，如果妳雖然是信徒，但是，並不那麼全程接受基本教義，或者某一教派自身詮釋的聖經內容；又或者妳實在不怎麼喜歡那個喜怒無常的老傢伙，不想去讓他摸頭。妳當然可以拒絕。

其實在亞伯拉罕信仰系統的五大宗教（天、基、伊、猶、東），對於死後的世界，都是二分法的，不是天堂，就是地獄，沒有其他中間地帶；而且寬嚴各異，就是指進入天堂的門檻高低不一；其中最嚴的就是東正教，只要一生曾經做過一件壞事，說過一次大謊，或者曾經忤逆過父母一次，就會下地獄。

其實撇開那些宗教的天堂、地獄。靈界還是非常廣大的，假設能夠被天使接引，就表示有進天堂的資格，「靈」的層級至少中等以上，是可以自由選擇靈界去處，或者可以自由旅遊找尋自己喜歡的靈界的。

「靈界」有大大小小，高高低低，形形色色的不同；

有很多宗教的誤導，讓人們誤以爲「靈界」是無始以來就自然形成的一個「極樂世界」或「天堂樂園」，什麼都是自然形成的，包括亭台樓閣、皇宮大殿，花園水榭，然後人一死，就有仙童仙女或者天使來接引去永生享樂。

假設這點成立的話；爲什麼人世間不是自然形成的呢？從人類第一次睜開眼睛，上帝或佛菩薩就已經把整個世界統統造好了，包括你口袋裡的智慧型手機，手腕上的自動發光電波錶……

可見，「靈界」當然不是神造的，也不是莫名其妙就自然形成的。

錯了。

不過，我說過了；至少有三大文明的老祖先已經發現了適合「靈」生活的空間，經過長期的營建，已經很不

只要一般資格就可入住，不善或不想創造，有現成的屋子可以居住，不過有些可能是老房子。

如果自己有更好的構想，可以自行創建新的環境區塊甚至糾合志同道合的親朋好友創建新的世界。

9 靈魂不能複製

任何生物，都有「自主意志」，差別只是「程度差異」，譬如面對突然發生的危機，「本能反應」是最基本的應對方式，然後，如果有時間作「反應方式的選擇和決定」，那麼智力越高，可以選擇及對應的方式越多。

但是，「自我意識」就不同了，首先要有「自我」與其他同類族群的個體不同的認知，同樣的，智力越高，進化程度越高的，這種「差別感」也越明顯，螞蟻、蜜蜂的甲和乙是不會去聊丙或丁的八卦，也不會抱怨「工會」或「老闆」的摳門。但是，猩猩肯定會，甚至一群年輕公猩猩可能會密謀「政變」，試圖推翻「老猩猩王」的地位。

而人類無疑是地球生物中「自我認知」及「自我意識」最強烈也最高級，甚至最執著的。

「我」是獨一無二的，無法複製，無法代換。

即使日後有超級電腦可以把「我」所有的記憶、資訊全數上傳，但是，能夠上傳儲存的也只是「DATA」而已，「我」從遺傳到出生以後迄今逐漸形成的「人格」（包括人類的靈魂）是不能複製的，而且這個「人格」才是真正的主宰程式，由人格隨機隨興的去運用「DATA」資料或經驗法則，甚至一時氣溫、內分泌的不同，可能形成心境的不同，而有不同的行爲。

因此，最強的機器人製造者，可以複製自己的「DATA」給一個自製機器人，但是，卻不能同時把「我」複製給機器人。

「靈魂」是進化而來，先有來自父母遺傳「預設模式網路」的「靈格」，再經由成長過程中逐漸強化的「自我意識」，以及深入思辨後的心智結晶，凝結而成。

機器人不論製作的流程如何漫長和製作如何精良，第一是沒有先天「預設模式網路」的「靈格」，即使能「思考」，能以無限組合方式來作出任何抉擇，那樣的行爲模式，肯定和「感性」、「人格」以及「強烈自我意識」無關。

型號完全相同的機器人即使能分辨「我、你、他」的差別，那也是根據「原本輸入的編號或名稱」以及「將DATA無限組合方式有如亂變數隨機反應」而互相有所分別。並不代表有著不同的「人格特性」。

※註：「機器人」和「細胞培養的複製人」定義不同，後者即使是從培養皿中生成，再經過奶媽撫養直到成人，這種「人」一樣有「靈魂」，因爲其原始細胞中已經具備「預設模式網路」的「靈格」，而成長過程一如正常人。

10 靈界新論

又隔了很長一段時間，沒有發表與「靈界」有關的新文章了；因爲自己好像越來越頹廢了，忙乎在日常吃喝拉撒睡的時間多些，不那麼積極急切的在搜尋答案，更少於向「自己」提問了。

不過，有些重大的問題，慢慢來，細嚼慢嚥，花多點時間消化其實反而是好的！

以下的問題；經過長時間的思辨，以及「感知系統」思維方式直接獲致的答案，有些是確切肯定的，有些是「非常有可能，卻仍待縝密思辨以及多方探討的」？

比較確切肯定的是：

其一，「靈界」是實存的，一如我們當下生活的「現實界」，絕對不是神話或夢境一般虛無飄渺，似真似幻。只是構成的「物質形態」不同，所以，我們生存在這個世界時，我們使用「認知系統的感官知覺」去認知時，是不可能做到的，也就是不可能由人類肉體感官知覺去認知其存在以及其中的各種景況。

其二，承上所述，人類原本有許多「景況」也是肉體感官無法認知到的，譬如向外的大宇宙以及往內的小宇宙，譬如「冥王星」的地表或者濾過性病毒的樣貌，但是，藉由人類科技的進步，我們發明了可以幫助肉體感官「望遠」和「顯微」的精密工具，我們還是成功的「看到」了一些宏觀和微觀的世界景象。也因此。只要「靈界」

是實體的世界，那麼在科技日新月異的進步之下，可以相信在日後總有一天，人類可以發明出幫助我們「認知系統感官」的精密工具，讓我們「看到、聽到」甚至雙向聯絡於「人間」與「靈界」。

其三，當然，既然「感知系統」可以經由「靈識出竅」的方式去探索或拜訪「靈界」，那麼這個「感知系統」的部份功能，如果在日後科技的日益發達中，在神經醫學或「感知心理學」完善之後，也或許我們能藉由儀器或某種特殊訓練，甚至是「藥物」的化學變化，讓絕大多數人都能「開啓強大的感知能力」，這樣去「確切」感知「靈界」的存在和其景況，也未嘗不可能。

其四，是尺寸的問題；這點我自己在經過長時間思辨之後，認爲「非常有可能」；那就是「靈界」或者「單一靈體」，極可能不是和人間「現實界」一比一仿造出來的，即使「靈魂」是人體的複本，也未必非要一比一的尺寸存在；因此，當我們知道「靈魂」是由「精微物質」組成時，那麼爲什麼不可能是細小如砂粒？更甚至是奈米級的呢？也或者只是極少量的什麼「玻色子」就能組成；那麼「靈界」也就不是鋪天蓋地的非要與地球等大，而是基於物理因素仍然受到地心引力的影響，所以，在大氣層內隨處可見，說不定一個「針尖」大小的地方就能容納好幾個「靈界」？？？如果果真如此，那麼，也就難怪我們的「認知系統感官能力」無法查覺其存在了，還真的非要藉助科技發展出來的更精密儀器才有可能「發現」。

這個題目的重點是：只要「靈魂」和「靈界」是實體存在的，那麼就不用擔心人類永遠不會發現其存在！但是，我們的設想應該可以更天馬行空一些，如果太拘泥於尺寸的誤判下，那將會是畫地自限的錯誤！

11 靈魂觀念的產生

原始人類生存在這個弱肉強食的地球上，日常生活是異常艱困的，生命也是朝不保夕的，這麼孱弱的生理狀態真的沒有什麼可以和其他掠食動物競爭、對抗的條件。但是，人類中的一支另謀出路的發展了「智力」，發明了許多工具，又能夠使用和掌握「火」，反而不但因此得以苟活，更歪打正著的變成了地球生物中最具競爭力的「利器」，更快速的爬上了食物鏈的最高層。

而這個優勢，不但為人類創造了輝煌的物質文明，更創造了精神文明，而相輔相成的交互影響下，人類的「心智能力」又產生了一個地球生物中最特殊的產物——「靈魂」。

在地球生物演化史中，人類的演化和角色的轉換是異常快速的，與其他任何一種目前還存活的生物相比，人類整個歷史其實是非常短暫的，但是，發展過程卻是非常奇特的，尤其是有語言以後的發展幾乎是跳躍式的，根本不是正常循序漸進的。

「靈魂」也一樣，可以說有些漫長，又有點跳躍式的突然？

我們可以用「海鹽」的結晶作為比方：海水中是含有大量鹽分的，在開採製造「海鹽」的過程中，最簡便又經濟的方式都是用「日曬法」：把沿海空地，闢劃出一塊一塊的平整方格凹槽；然後導入天然海水；經過長時間的烈日曝曬；水份逐漸蒸發，鹽田中的鹽液就會越來越濃稠……

也許看起來一直是液體狀，但是，只要達到飽合狀態，可能半天一天時間，固體的鹽粒鹽塊就結晶出來了，有些是非常潔白的，有些也許有些灰白，但是，這些都是鹽的結晶，只要用扒子集中起來，就可以一擔一擔的挑到附近的空地堆積，最後甚至可以堆積成高高的一座座「鹽山」。

比較特別的就是；在鹽田中結晶的過程中，鹽水還是存在的，並不需要把海水完全曬乾才會結晶；只要鹽水的濃度達到飽合的狀態，超過一點點臨界，鹽粒或者鹽塊就會在水面以下開始結晶；採鹽工人，是用扒子從水面下把鹽粒「撈」起來的。

「靈魂」的形成也相當類似；是人類「心智能力」漫長的演進和累積；必須累積到「飽合狀態」，然後就會「突然結晶」；

鹽，在原本液態的鹽田中即使接近飽合狀態，並不會互相凝結到肉眼可見的結晶鹽粒，但是，只要超過飽合的臨界點，立刻就會結晶爲肉眼可見的粗粒固體。「靈魂」也一樣；如果不能飽合超過臨界點，是不足以形成「靈體」的。

所謂「靈魂」的形成，也非常類似於「結晶」過程；是來自人類「心智能力」達到一定的發展程度才能達到「超飽合」的臨界點，其一是「自我認知」的高階狀態，然後再從而擁有至少是初階的「自我感知」能力，「靈魂」才足以「結晶」形成固化的「靈體」，才能包裹承載能量態的「靈識」。

在人類的進化史中，「靈魂」的產生可以說是一個意外；因爲在所有地球生物中，這是首例，完全沒有先例樣本可供參考比對。在「靈魂」突然出現的起始之初，一樣也是相當原始蒙昧的。也因此，這些在人們肉體死亡之後居然能夠繼續存活在自然之中的「怪異生命型態」，一開始的遭遇是艱難又尷尬的。

最早形成的「靈魂先民」是無家可歸又不知何去何從的？他們失去了肉體的憑附和庇護，單純的「靈體」是相當脆弱的，白天陽光中有許多射線不但會造成實質的傷害，也會讓「靈體」感到非常難過，因此，本能的，「靈魂先民」只能在陰暗的夜間出來活動。

「靈魂」一樣也是需要依靠能量才能存活下去的，所以也一樣需要經常性的補充能量；人類的肉體生命可以從飲食中獲得能量補充，「靈魂」需要的能量和肉體當然有所不同，但是，卻大部分含藏在人類慣常的食物之中。

也因此，「靈魂先民」一開始是無法離開活人的，通常是指原本的家族或氏族部落；因此他們的活動範圍必須是隱密的；可以在白天躲避陽光，又不會離部落太遠；所以，通常這些「靈魂先民」會隱密的躲藏在墓地、近郊的濃蔭山林、特定的幾種濃蔭的大樹，陰暗的洞穴或者一些廢棄的屋舍陰暗處……

除了害怕白天的陽光，單純的暑熱倒不可怕，相反的是「寒冷」比較可怕，他們會需要適當的「熱能」，而「心智能力」也會造成負面的「虛擬幻冷」，越害怕，「寒冷」就越具象的覺得寒冷，還有就是生前習性的一些需求，特別是食物，但是，「靈魂」是不可能像活人一樣用具體的器官來進食和消化吸收，所以只能用「偷盜」的方式來從家人或族人的飲食中「吸取」能量。還有就是火的餘燼。

「靈魂先民」出現的初期是處境堪憐又蒙昧的，甚至有些「靈魂」竟然不知道或根本不承認自己已經死亡的事實，特別是一些意外遽然死亡的；因此，他們必然會困擾無助於自己突然變得孤單；急需找回一個「肉身」而焦躁不安；或許他們曾經不斷的想要從活人那裡搶奪到一個「肉身」，但是，這顯然是極端困難的，因爲人類的「心智能量」和「自主意識」的強度是大同小異的，在活著的時候，「靈魂」和「肉體」結合的又是這般緊密，根本難以搶到一個可以供自己使用的肉體；因此，基於強烈的需求，不少「靈魂先民」會把念頭轉到其他和動物身上，因爲人類以外的其他動物，沒有像人類這麼強的「心智能力」，憑附在動物身上是一個退而求其次的辦法。（註：這時人類還沒有「靈魂觀念」，也沒有任何與靈魂相關的原始信仰）。

在「靈魂」發展的過程中；一定必須先有「靈魂」的存在，才會慢慢形成「靈魂觀念」，然後再因爲諸多互動和一些普遍的現象，然後才形成「靈魂信仰」的。

在這樣原始的時代；人們「見鬼」的經驗卻並不一定和「鬼魂」（靈魂）有關；因爲「鬼魂」是非常不容易用肉眼看見的，人們以爲「見鬼」的遭遇可能有以下幾種：

一，單純作夢（註：人們對於亡親故友的思念，在夢中的記憶重組）。

二、親友的亡魂托夢（由亡親故友主動的溝通）。

三、偶然見到人類和其他高等動物共有的「魄氣」（「魄體」），人類的「魄氣」非常具體，和此人生前的樣貌一模一樣，但是，沒有自我意識，所以通常不會有任何表情，也不會主動表達任何訊息；這種「魄氣」通常會在人死亡之後殘存一段短短的時間就會自然逸散，沒有害處也沒有特殊作用，只是有可能驚嚇到偶然碰上的人。

四，「附身」，雖然「亡魂附於正常人身」是幾乎不可能的，但是，仍然有成功的案例，一種是人在極度悲傷、沮喪，重病、高燒昏迷、尤其是意外受傷本身靈魂暫時出竅的特殊狀態下，有可能被趁虛而入，不過，這些都是因爲一時「喪失本身自主意識」，「心智能力」無法自持時，才會偶然發生；不論是被親友或者陌生的亡魂附身；通常都是爲了處理一些生前未了的心願，或者抱怨悲歎自己現今的處境，會索取一些物品或者只是單純想和家人團聚的渴望而已。

五，某些天賦異秉的人，因爲具有「陰陽眼」的異能可以「看到」鬼魂，最重要的是他所描述的鬼魂樣貌和一些表述必須非常吻合此人生前的特徵，才會被相信，同時也因爲人類之中自古以來就一直有這類異人，所以，這也幾乎是奠定「靈魂觀念」和「靈魂信仰」的「功臣」（這種異能者所呈現的現象，直到今天都無法解釋，也是近代「靈魂學」一直在研究的重點標的）。

當「靈魂」普遍產生和「靈魂觀念」逐漸形成之後，接著而來的；就會發生一些「人鬼互動」，而「祖先靈」的存在也開始受到重視，但是，人們的心理卻是相當矛盾的，一方面是慶幸「原來生命是可以在肉體死亡後續存的」，一方面又害怕鬼魂的侵擾，甚至即使對於「祖先靈」也是又愛又怕的，人們相信祖先是可以賜福給子孫的，卻又怕祖先太愛某個子孫就會把他帶走，這點應該和家人的傷病有關；如果有「祖先靈」的介入，這傷病者如果能痊癒，人們相信這是祖先的庇佑，但是，萬一一命嗚呼，也會認爲是被祖先帶走；而至於陌生的鬼魂總是來者不善的；因此，「薩滿」也就應運而生，他也許正是那些天賦異秉的人，即使不是天生的「陰陽眼」，並不能實際「看到」，但是，或許他有著超強的感應能力，不論是天生的或者生過一場重病而意外擁有，這個不是很重要，只要他能夠和鬼魂溝通，可以斡旋、調解，可以傳譯鬼魂的需求和用意，那麼，只要能阻止和排除鬼魂侵擾，這樣就足夠了，也因此「薩滿」就在「靈魂觀念」和「靈魂信仰」中擔當了一項新的任務，那就是「驅鬼」。

我們再來整理一下「靈魂觀念」的發展順序：先有人類，當「心智能力」達到一定的強度之後，形成「靈魂」，人在肉體死亡之後，「靈魂」繼續存在，然後「靈魂」越來越多，並且開始與活人有所互動，當人們感覺到「靈魂」的存在之後，產生了「靈魂觀念」，並且因爲發現自己祖先的「靈魂」是可以一直長久存在的，所以開始有了「祖靈崇拜」，而且是相當敬畏的，而對於非自己族群的其他「亡靈」是非常厭惡與害怕的，所以會求助於氏族中的「薩滿」來「解決」（調解或驅逐）；但是，這時，「靈界」尚未存在，所以有很長一段時間都是「人鬼雜處」的。

所謂「人鬼雜處」的時間究竟有多久，應該說從「靈魂」產生之後就開始了，如果廣義的來說；直到今天還是屬於「人鬼雜處」的，雖然後來一些早期的靈魂發現了「靈界」，發現「靈界」更適存，但是，還是有不少的「亡靈」因爲種種原因不肯「移民」，因此，迄今，仍然還是「人鬼雜處」的，只是在比例上大幅減少了非常多。

因此，「靈魂觀念」和「祖靈信仰」以及「驅鬼儀式」，對於原始民族而言；那是一種事實，甚至直到今天，仍然是個還在發生的事實，所以，我們絕對不可以用「古老迷信」就試圖一言以蔽之。

在這裡出現一個重點就是：「靈界」不是自然就完整存在的，也不是人類「靈魂」產生以後就順理成章存在的，否則就不會產生漫長的「人鬼雜處」時期了，「靈界」其實是後來才被發現的；並且經過刻意建構才存在的。

同時，也希望讀者不要有一個針對「名詞」產生先入爲主的負面觀感；一看到「鬼」這個字就感到害怕或者厭惡，其實中國古人對於「鬼」這個字並不是如同現今的詮釋，「鬼」在二、三千年以前的中國古代；是指「祖先」而言，當然就是指「祖先靈」，後來才慢慢被用來泛指所有的「亡靈」。因此，「人鬼雜處」只是一種現象，並不是如此恐怖不堪的，而在後來才出現了一種劃分；但凡有被子孫族人祭祀的稱爲「祖靈」，沒有祭祀的就稱爲「孤魂野鬼」。

但是，我們也必須了解人類的生活進化史是從「漁獵採集」的穴居生活，進化到養殖遊牧生活，然後再進化到種植定居生活，再發展爲商業化的大小都市生活；因此，在「靈界」尚未被發現之前，在農業定居生活也還未開始前，即使有「祖靈信仰」，但是，並沒有固定的奉祀處所；「祖靈」和其他孤魂野鬼的處境並沒有太大差別，一樣是處於「流浪」的狀態；一直要到定居的農業時代之後，人類有了正式的屋宇宮室，然後才有了固定的「神廟」和「祠堂」（中國人應該是最早有大型氏族祖先祠堂祭祀場所的民族），這裡提供了所有歷代祖靈一個正式的庇護場所，享受後代子孫每年固定的祭祀，而且還有專職的人員管理，各種祭典儀式也越來越正式化。

但是，也正因爲「祠堂」的產生以及孤魂野鬼的真實存在，一舉否定了後期「靈魂創造論」以及「印度教」和「佛教」的「輪迴轉世說」，特別是由釋迦牟尼創立的佛教，在他生前非常肯定的強調「因果業報」和「六道輪迴」的絕對性，但是，事實上，在他之前，在他生存的年代，一直到二千六百年之後的現今，孤魂野鬼仍然是實存的，使得「業報輪迴」的絕對性難以自圓其說，因而不攻自破。

也因爲印度教的「三道輪迴」和佛教的「六道輪迴」教義其實都是「靈魂現象」存在很久之後才產生的，所以，純屬人爲的編造，而非事實真相。

12「靈魂」的產生源自「生命會自尋出路」

「生命會自尋出路」（Life finds a way）這句看似很平常的話語，因為電影「侏羅紀公園」的超級賣座，在全世界締下暴紅的紀錄，因此其中這一句台詞也因此成了家喻戶曉的「名言」。

「求生」是所有生物的本能，基於這種天性，所有生物不但會選擇適合的環境生存，但是，一旦遇到困境或逆境，甚至非常嚴苛艱難的環境改變，所有生物仍然會奮力不懈的找尋各種方式努力的生存下去，當然，有時，環境惡劣到實在無法生存，也會造成個體死亡甚至種群滅絕，但是，只要有一絲前沿的機會，生物是絕對不會放棄的，因為「活著」是所有生物共同的願望，也是生命最基本的意義。

生物克服困境，找尋生存出路的方式千奇百怪，不一而足，最常見的譬如：「冬眠」、「休眠」甚至轉變生命的型態來等待「復甦」的機會。

人類也一樣，所有人類和其他動物一樣，都害怕環境的不利生存，特別是嚴冬，而人類的發展史中也確實經歷了許多次「冰河期」，既酷寒又難以覓食，人類害怕死亡，又比所有動物對環境有更激切的認知，加上對生命的感知系統被激活而有了「靈魂」之後，內在祈求「永生」的執著也是一種無法言喻的動機，而在無法有效延續肉體生命的實際狀態下，改變生命型態，在被迫拋棄確定死亡的肉體之後，竟然能以「靈魂」的生命型態繼續存活下去，這也是地球生物界最大，最不可思議的奇蹟（註：對於「靈魂永生」的疑問，可以參閱筆者「廣義靈魂學」

上下冊，使用中有大量的實證可以證明靈魂的實存，本書主旨在探討人類「靈魂」的起源斷代，故不贅述「靈魂」是否真實存在的問題。）

13 我個人對「生死」與「靈魂學研究」的看法

許多網友和讀者都知道我長年致力於「生死」與「靈魂學」的研究，所以，可能會誤以爲我是「生命永存」的死硬支持者。又或者認爲我可能害怕死亡、害怕肉體死亡之後與草木同朽一切都化爲烏有，所以，極端的渴望死後會有靈魂續存而使自己永遠存在。

然而真實狀況並非如此，我對生死的看法是非常豁達與開放的，因爲任何生物有生必有死，人類也是生物，死亡是必然的，從無例外。

我既不怕死亡，也不擔心死亡，更不擔心死後的自我是否還能續存？更不病態的渴望靈魂的永生。

因爲，既然人人都必有一死，又不是只有我首開先例，擔心什麼呢？地球上所有生物，不論壽命長短，同樣終究會死亡，然後將原本組合的元素自然分解，回歸天地自然。

我們不妨試著從天地自然的立場來看：生物和無生物有什麼差別呢？以地球而言，所有生物和無生物都只在大氣層以內，而且大多數生物只在薄薄的一層地表上活動生存，而無生物的總量是遠遠超過生物的。遠的不說，站在月球上回望地球，就只是一顆藍色星球，能看到什麼生物活動呢？和其他星球相比，一點也不特別。就算自然的消長，地球能有100億年的壽命，在整個宇宙之中，那也只是很短暫的一瞬，更何況人類的壽命平均都不到100年，連一閃而逝都稱不上。在天地自然的眼中，生物和無生物一樣，生物並不更可貴，人類也不會更重要。

地球是一顆還在劇烈活動的星球，火山活動從未停止，地球周圍又布滿了無數的小行星，只要一次超級火山大噴發，或者一顆體積夠大的小行星撞擊地球，所有的生物將死亡殆盡；地球生物的出現是偶然，人類的出現更是偶然中的偶然，但是，超級火山大噴發，或者一顆體積夠大的小行星撞擊地球，卻是自然歷史中的必然。

因此從從天地自然的立場來看：生命有何意義？人類的生命又有何意義？

人類從有神話、宗教和哲學家開始，總是在給人類的存在賦予意義，或者窮一生之力在試圖探索生命存在的意義。這才真的是一種無謂的渴望，當一個哲學家或宗教家，先設定「生命必定是有意義」這個假命題，那已經是畫地自限的可笑行爲，生命爲什麼非要有意義？生命爲什麼不能毫無意義？

不能明白這點，或者不敢接受這個「看似悲觀」的事實，那麼所有探索盡皆罔然，歷史上所有的大哲幾乎都難逃這個羅網，各說各話的結果，全是主觀的假說，跟屁一樣，風一吹就什麼都不剩了。

生命既然沒有意義，死亡又是生物的必然，那麼，活著如何？死亡又如何？

中國古人說：生爲徭役，死爲休息。那顯然比後期傳入的佛教輪迴轉世觀念好得多，死亡就永遠長眠，好好休息了，不必終日爲三餐謀，不必再擔心生老病死和塵世的諸多煩惱。

如果真的是這樣，或者死後就灰飛煙滅，什麼都不存在，連靈魂都沒有，當然不再有任何知覺，這樣其實也是很好的，非我所求，但卻是我所願。我絕對不希望再來輪迴轉世，因爲，我認爲一生雖然短暫，但是，對我已經足夠甚至厭煩已久，我絕對不會期望重新再來一次（註：或許是因爲我已經轉世很多次了；我痛恨一次又一次換身體換名字，一再的老戲重演，從牙牙學語，蹣跚學步，讀書求學拚考試拚聯考，追求異性，結婚生子，勞苦賺錢只求溫飽，老來可以勉強喘一口氣時，卻又病痛纏身，最後還是不免一死，而想要的得不到，所愛的留不住，何苦呢？所以別說「金湯匙」，就算讓我含著鑽石湯匙再出世一次，我也絕對拒絕）。

我真的認爲「死後無知」是很好的。所以我幹嘛害怕死亡呢？

再強調一次；長年研究「生死」與「靈魂學」，不是因爲我渴求永存或怕死；純粹只是好奇和想要了解而已，對其他任何人，這個課題重要與否，跟我無關，包括我的家人；我曾經說過，對他們而言，我的「靈魂學研究」還不如我用心炒的一盤蛋炒飯來得重要和受歡迎。

不想說「有幸」，也不想說「不幸」！結果幾十年的研究探索，竟然發現現代人死後，還是有意識有知覺的，人類死後會以「靈魂」的型態延續生命，而且會因爲生前心性和心智能力的不同而生活在不同的靈界。而也有爲數不少的靈魂卻因爲各種原因不會進入靈界空間，而是羈留在陽世，與活人雜處的生存，有不少的卻會一再的輪迴轉世。

那麼，我渴望死後能順利進入相當高層的靈界嗎？

答案可能並不是大家想當然耳的，因爲，我並不渴望更不祈求。我當下的生活目的或言行也不是爲了死後能進入較佳的靈界在作任何準備，我根本不在乎那些靈界如何？

因爲，也許是能力有限，我對靈界的了解有如以管窺天，我「能」進入過的靈界，不論層級高低當然是更有限的，但是，說真話：那些都不是我想要，也不是我喜歡的（註：我也曾說過：沒人會喜歡長久待在極樂世界的。但是，我更不想待在受到人間社會模式嚴重制約的各種靈界，即使是非常高層的靈界）。

註：在人間，分享、施捨、援助是善行，而分層級分屬性是社會進步所自然形成的分類；但是，在靈界，這也是一種人類社會化的制約，這點值得大家好好省思。

如果我不能「死後無知」，而必須以靈魂的形式續存，那麼，我會很希望能進入一個完全空白的靈界，沒有高低好壞的層級和屬性，我會好好的休息一陣子，然後好整以暇的來規劃設計，如果我擁有相當的創造心智能力，我將慢慢地創造修正一個「目前無法完全想像」的境界。如果，可以，我願意追求更高的生命存在型態（註：也許是純能量態，也許是其他目前還不知道的？甚至不再是「生命」也不能再以我們已知的「生命」這個名詞來定義的）。

14 談談「真實」

原本就打算從「彩虹」這個自然現象切入；剛好，最近連續出現了「長時彩虹」，第一次是持續了6小時，接著更出現破紀錄9小時的美麗彩虹。

好美！長壽彩虹現身校園，高掛近9小時創世界紀錄。

台灣彩虹創下紀錄！11月30日早上6點57分出現的彩虹，一直持續到下午3點55分才結束，一共持續了8小時58分鐘，並且有近9小時的連續影像全記錄，

，文化大學上空今早出現一道彩虹，「全台北都看得到」。

只要是視力正常的人，應該都看過「彩虹」，不論時間長短，彩虹的大小長短，弓型七彩的色澤總是會讓人讚歎大自然的巧妙。

那麼，彩虹是真實的嗎？

當然是真實的！即使摸不到，聽不到，嗅不到，卻肯定可以清楚看到，而且是每個視力正常人都能看到，通常一個人一生之中，可以看到許多次，或者只要所處的位置差不多，同時間也可能有幾十萬人以上可以看見這樣的美景。

完整的彩虹通常是半圓型的，但是，如果從高空的飛機上往下俯視，如果看到彩虹也可能看到全圓的，而且只要出現了彩虹，一定是由外向內以紅、橙、黃、綠、藍、靛、紫的順序排列，這是白色的陽光經過大氣中水滴的折射，依光譜長短排列的，而這七種顏色也就是我們人類肉眼的可見光，往外的紫外線和往內的紅外線就非人類肉眼可見。

如果大氣狀況理想，陽光和目睹者的角度恰當，還有可能看見俗稱的「第二道彩虹」，都是在彩虹的外圈，弧型更大，但是，比較模糊，而且色彩排列會剛好相反，由外向內以紫、靛、藍、綠、黃、橙、紅的排列----其實正式的名稱是「霓」，這也是「霓虹燈」名詞的由來;當然更佳更美麗的正是這次出現在文化大學長時彩虹的狀態，不但有霓虹，還有副虹和副霓，這是非常難得一見的奇景。

關於彩虹，那弧形的七彩，不論是由名畫家或者幼稚園小朋友來繪畫，其形狀和色彩排列幾乎都是一樣的，因此，這樣的「真實」是無法否定的。

或者我們可以想想彩虹爲什麼是「真實」的?

因爲「彩虹」是真實存在的一種自然現象，而「存在」和「真實」的關係是如影隨形的。

我們幾乎可以說:只要「存在」就必然是「真實」的。

說「幾乎」；是因為這樣的定義是不夠周沿的，因為不能用來反證「虛假」就一定「不存在」；譬如有真鈔，也有偽鈔，有真品，也會有肖似的贗品，偽鈔和贗品雖然是相對虛假的，我們卻不能說「那是不存在的」！

而「存在」的真實性，有時也不是我們人類感官所能精確界定的，同樣以「彩虹」為例，在古早人類科技不發達時代，我們無法用感官查覺「紫外線」和「紅外線」的存在，但是，長時間暴露在「紫外線」和「紅外線」下，我們的身體一樣會受傷，今天我們有了「紫外線指數」的警示，可見我們主觀界定的「真實與否」還是會改變的。

所以，即便我們不去大談「模糊理論」，而「真實」還是有一些些模糊地帶的；也因此，我們只能有點模糊不很精確的說：「但凡存在的，都是真實的，但凡根本不存在的，都是虛妄的」。

不過，這其中還是免不了又會牽扯到一些主觀認知的問題；譬如，如果你是「無鬼神論者」，在神壇廟宇看見那些大大小小，奇形怪狀的鬼神雕像，你可能會嗤之以鼻的說：「那些都是假的，鬼神根本不存在」！

也許鬼神確實是不存在的，但是，對於那些信徒來說：鬼神是百分之百肯定「真實存在的」！或者說至少那些泥塑木雕的鬼神偶像是真實存在的。你當然可以說那是虛假的，但是，卻不能否定偶像是真實存在的。

至於沒有偶像的神祇，包括在人類歷史上（不包括宗教經典）中從未出現過的這個神那個神，存在嗎？

當然不存在？

倒不是像「紫外線」和「紅外線」；因爲我們肉眼不能看見而否認，而是，從所有理性邏輯觀點去推理，完全無法找到一丁點其真實存在的蛛絲馬跡。

這種就是純主觀的「誤以爲真實」。

所謂「誤以爲真實」也不是只有宗教信徒才會產生，其實每個人都會遇到的，最典型的就是「夢」，只要不是清明夢，人人在作夢的當兒，可以說都是誤以爲那是真實的，尤其是惡夢，如果不是「誤以爲真實」，又怎麼會被驚嚇得拼命想逃命，又怎麼會被驚醒呢？

但是，這還是有些模糊地帶的，「夢境」也許真的只是日有所思，夜有所夢，但是，人類會「作夢」卻是「真實不虛」的，而且有些清明夢也許只是一種夢境的經歷，沒有什麼可以真實驗證的，但是，有些清明夢卻可能是「真實」的境域經歷。

究竟什麼是「真實」？

我們來談談大家都知道的「圓」，其實我們所認知範疇的「圓」，都只是「近似圓」，而非「真圓」。

因爲不只是「圓周率」是「無理數」，截至 2015 年，π 的十进制精度已高达 10^{13} 位。10 的 13 次方

（註：圓周率（π）首 50 个小数位是 3.14159265358979323846264338327950288419716939937510…

π 是个无理数，也就是说，π 无法表示成两个整数之比的形式（形如 7 分之 22 的分数常被用来近似表达 π，但是没有任何普通分数（指整数的比）可以取到 π 的精确值）。由于 π 是无理数，它可以表示为无限不循环小数。）

而是在我們生活的現實世界中，不論自然形成或人爲製造的，不論是平面或者球體，統統不可能出現完美無缺的「真圓」。

用手繪，用圓規等工具，畫出來的只是「近似圓」，用最精密工具車床或研磨的方式也製造不出「真圓」的球體。

也就是說：在我們感官認知的現實世界中，我們無法認知或經驗到「真圓」的存在，但是，反過來說：我們能認知或經驗到「近似圓」的存在，其必然要有所本，也就是必須也必然要有一個切切實實的「真圓」作爲藍本，才會產生一切所謂的「近似圓」，不論是平面或球體；否則如果連「真圓」都不知道，又如何會產生或製作出「近似圓」的物體呢？

那麼，「真圓」何在？

至少是存在於我們的「概念」中，也就是必須有這樣一個切切實實的「概念物」存在，只是不在我們感官認知和經驗的範疇裡罷了。

所以，「真圓」不具體存在，卻又不是「不存在」，我們也不能因此否定其真實的存在。所以，這是另一種「存在」的真實。

同樣的，相關的「真實」，譬如「無限」、「永遠」和「絕對」。

在我們感官認知的現實世界中，我們同樣無法認知或經驗到「無限」的存在，可是卻有實物可以證明「無限」的存在，那就是「鏡像」，在平行相對的兩面大鏡子中，互相重複的反射，無論我們看其中任何一面鏡子，都會看到無數的反射鏡像，當然，不只是我們的視覺是無法看到「盡頭」的（註：既然是「無限」，根本也無所謂的「盡頭」），但是，至少，在我們的概念中，卻能感知到那是「必然存在」的「無限」，那也同樣是一種另類「真實的存在」，否則，除非任何人能提出「有盡頭的反證」。

基於同樣的理由，這樣無限的「反射」下去，代換成反射的時間差，又可得證時間必然也是無限的，那就是「永遠」了。

只是，既然是「無限」和「永遠」，那就只是一種概念而已，人類「永遠」無法知曉那究竟是什麼？因為連想像都非常困難。

不過，這又要提到中國人的宇宙觀，和西方主流的宇宙觀是完全不同的：中國人認爲上下四方的空間爲「宇」，古往今來的所有時間謂之「宙」，所以，空間是「其大無外，其小無內」，所以是無限的，而時間則是「無始無終的，所以是「永遠」的。

而現今西方主流宇宙觀認爲宇宙是開始於「大霹靂」，迄今已經 136 億年，而「大霹靂」之後才出現了空間和時間。

嚴格說：在理論邏輯上來說：無限和永遠，雖然以我們人類渺小的認知能力，根本不知道那是什麼，但是，至少不會立馬「突槌」被打臉；

想想：如果堅持主張宇宙的空間是有限的，那麼有限的外面又是什麼呢？如果沒有外面，宇宙又如何能持續膨脹下去呢？

如果堅持主張時間也是有限的，那麼，大霹靂之前又是什麼呢？而宇宙一直膨脹下去，盡頭又在何時何處呢？

我們生存在一個「相對的世界」，一切的認知結果都是來自「比較」的結果，那麼什麼才是「絕對衡量的標準」呢？

必須了解，「相對的相對並非絕對」，而「絕對」是沒有任何「相對存在」的，終極的絕對必然是「唯一」的，而且也必須是「真實」的，否則，衡量出來相對的認知結果也就必定是「虛妄不實」的。

想想：客觀的宇宙萬物是否確實存在？

或著試問：我們已知的宇宙萬物，大至銀河星系、日月星辰、山河大地，小至你口袋中的硬幣、一串鑰匙……這些和那些是否確實客觀的存在？

在進入主題前，我們先來談談一個常見又必要的東西－「水」！

所有地球生命都需要水，但是對陸地上的生物來說，水只是需要適量，過猶不及都會危害生命，就以人類而言，不攝取足夠的水分是危險的，但是人類是標準的陸上生物，沒有任何人能長期的存活在大量的水中，因爲我們不是魚！人類就是這樣的一種生物。

那麼，水是確實客觀存在的嗎？

應該是吧？！

想想，如果在沙漠中迷路或在汪洋大海中漂流，一旦缺水，不只是極度口渴的難受而已，如果始終沒有補充水份，最後必定渴極而造成生理機能逐漸衰竭而死。

但是，不論會不會游泳，也不論是在游泳池，河川湖泊或大海中，人類潛水憋氣的時間是很短暫的，而且沒有人能夠在水中正常呼吸，雖然，水是H2O，這之中有我們呼吸所需要的氧份子。

但是，一旦和氫原子結合成水之後，我們就無法從水中吸收到必要的氧氣。

那麼，對人類而言，水是客觀的存在嗎？

當然是！或著至少不是「唯心所造」的虛妄之物。

否則，人類可以不帶水而橫越撒哈拉大沙漠，或著不穿戴任何氧氣設備長時間存活在水中，更或著「騎機車直接從海底橫越台灣海峽」。

再假設，我因爲心情惡劣，帶一瓶礦泉水，坐在海岸的懸崖邊上……第一，我不會渴死，第二，我不會淹死。

如果我只是靜靜看海而已，那麼海水是客觀存在的嗎？又或是我因爲內心的糾結困惑，根本就無心看海，不論波濤如何洶湧壯闊，不論濤聲如何轟隆巨響，試問海水是客觀存在的嗎？

再假設，我完全不會游泳，卻一時想不開，跳下懸崖落入大海，不論有沒有本能的掙扎，最後終於淹死，那麼，海水是否確實客觀的存在呢？

也應當是吧？

這時，不論我主觀的感官認知，對水的所有感覺如何，都不會改變大量海水會「淹死我」的這個事實。

因此，我們是否該承認水是確實客觀存在的？

其次我們再來談談「唯心論」；

尤其是佛教爲代表的「絕對唯心論」，「萬法唯心」和「一切唯心所造」以及「凡所有相皆是虛妄」---

其實，人類是相當年輕的，我們先假定宇宙是有限的，據推論宇宙已有136億年的歷史，地球也有46億多年的歷史，而人類的歷史不過幾百萬年。

人類有文字記載的歷史不足一萬年，而科技文明對宇宙自然的研究只有短短幾百年，人類考古研究才只有二百多年，達爾文進化論也只有一百五十多年。

在考古研究，進化論及科技研究宇宙自然之前，人類一直是生活在各種神話傳說和宗教的一言堂之中。

因此，在那樣的時代，人類一直認爲1、人是神與宇宙萬物同一時間創造的，2、人是和宇宙萬物同時自然產生的。

也因此，古人大多會認爲：人的存在和對宇宙的認知是同時發生的。

事實上，這是「唯心論」最大的邏輯錯誤起源。

如果，當我們知道：地球生物是在40億年前才出現，人類是在700萬年前才出現，相較於宇宙的存在時間根本無法相比，那麼，在人類及所有地球生物出現前，宇宙星空以及萬物到底是存在或不存在呢？

如果我們不是現代人類，如果我們根本不曾出現，這個宇宙的一切萬物是否存在，與我們不會有任何關係，也沒有任何問題可以討論。

但是，當我們從最原始的單細胞生物演化爲現代人類，一切的認知從原始生命出現在地球上就已經開始，直到今天，我們可以坐在電腦前面，透過網路來探討一些比較深奧的問題。

從人類的嬰兒出生開始，我們先是用所有的感覺器官從外界接收所有的訊息，並且被動的作出一些反應，然後，基於生存本能和好奇，我們又主動的向外界探索；

我們現代人類向360度的外界伸出認知的觸角，然後從反射回饋的訊息來認識外界的一切，當然，在現今的狀態，我們的認知能力或科技發展都未至極致…。

我們所認知的宇宙自然萬物以及一切現象真的是還不足萬分之一。

有些存在的事物，我們知道或了解一些，也有些明知其存在，我們卻又幾乎一無所知，譬如「暗物質」和「暗能量」。

但是只有確實不存在的事物，我們當然不會知道，當然也就沒有任何討論的必要。

在此，我們必須先有一個先決條件，那就是主觀的認知能力，只要沒有主觀的認知這個條件，宇宙萬物是否確實存在的問題，就根本不會出現。

而且，這個主觀的認知能力還必須是絕對擁有及確實存在的。

同時，每一個「自我」都必須也必定是絕對存在，也是絕對主觀存在的，絕對主觀的存在來自「自我個體的主觀認知」以及「對於自我與自然環境中基本定位互動關係」的認知。

因為，「客觀的自我」及「自我在自然界客觀的定位」是不存在的。

「絕對的主觀存在」及「絕對主觀的認知能力」是必要的一個出發點，只有從這個出發點擁有的所有感覺器官被動接收到的任何訊息，以及主動發出的任何認知觸角，才能認知到宇宙自然之中的部分事物（不可能是一切，因為人類得認知觸角是很薄弱而初淺的）。

但是，又絕不能完全沒有。

宇宙萬物是否確實客觀存在，必須經由我們絕對主觀認知之後才能確定（或大致甚至模糊的確定），但是，這種相對關係又不是必然的，其一.當然是我們認知能力的有限，其二.有時必須是近距離的接觸才足以感覺到，其三.有時是時間的限制，因爲人類壽命很短暫的，而宇宙自然的時間存在是非常漫長的。

此外，有些事物是我們感官認知無法感覺到的，譬如之前談過的的「真圓」、無限、永遠和絕對。

自我的絕對性也是非常奇妙的。

想想：我是不是絕對的根本？

一定是先有「我」，才有「你」，對吧？

沒有「我」的先行存在，又何來「你」呢？

有了「我」和「你」之後，才會有「他」，對吧？

再來，有了我、你、他，才會有我們、你們、他們，對吧？

不要因此就把我定位是「唯我論者」，因爲，以此爲藍本，每個都人都可以也必須是「唯我論者」。

在此，做一個小結論。

宇宙萬物是確實客觀存在的，但是，先決條件是相對真實存在的。

就是必須在絕對自我主觀認知存在之際或之後，「相對客觀真實存在」才能存在。

否則，跟是否真實存在沒有任何關係，而是根本不存在「任何真實是否存在」的問題了。

當然，宇宙萬物的存在，非常肯定不是「唯心所造」，或許說「唯心所識」還比較接近事實。

同樣，要「唯心所識」的先決條件，必須「自我的心智」是絕對先行確實存在的。

因此，所謂「過去心不可得，現在心不可得，未來心不可得」的說法顯然是非常荒謬的。

同時，再說一個禪宗公案：兩個小和尚看著屋外的旗子在飄動，一個堅持是旗動，一個堅持是風動，老師父說：「都不對，是你們的心動」。

其實老師父也錯了。

風吹旗動就是一個客觀存在的事實，而心動則是主觀的認知和結果。

沒有客觀的風吹旗動，就不會引發主觀認知得心動和結果。

但是更重要的是，如果沒有小和尙和老和尙的主觀認知。

就根本沒有風吹旗動的問題。

※ 以上，所謂「主觀的認知」都是指第一時間，我們感覺器官「接收訊息」的第一個結果，不待思索，未曾加上因爲後天環境、教育、習俗、宗教或其他人意見影響後等等附加的任何意義。

地球上所有的生物，最基本的活動就是「進食」和「繁殖」；以往被定名是「覓食」和「交配」，實在不是很精確的名詞；因爲所有植物是只「進食」而不用「覓食」的，部分海洋中固定在礁石上的動物（如珊瑚和海葵）也一樣。而無性生殖的生物是不用「交配」的，自身可以進行分裂來「繁殖」。

那麼，我們先從「進食」來談談「眞實」；

所有生物的「進食」當然都是爲了生存和成長，生存是爲了延續生命並繁衍後代，而許多生物的「成長」甚至單純只是爲了「繁衍後代」一個使命而已（譬如蜜蜂、螞蟻、蜉蝣、蟬、鮭魚），也因此，「繁衍」變成了終極目的，「進食」反而只是爲了達到成熟階段足以進行「繁衍」的手段而已。

既然「進食」這個手段這麼重要，從各種食物的本身、採食、掠食、消化吸收，以及轉化爲生物體的一部份或者活動的能量；這些是「真實」或「虛妄」的呢？

不必想太遠，想想自己從出生到當下的整個成長過程，每個人從母奶（或取代的牛奶等動物乳汁）開始，進步到半固體食物，再到各種可以咀嚼消化的所有人類普遍食物，我們從呱呱墜地到長大成人（從正常人平均出生時的 3KG 左右體重到完全成人的 50—70KG，肉體逐日增加的物質及各種活動能量都是來自足夠的飲食），每天都必須不斷的進食，以普世習慣所謂的一日三餐，平均每 8 小時就必須進食一次，加上可能 2—3 小時就必須補充水份，只要無法依照這樣的生理時鐘進食和飲水，我們的身體就會感到饑餓和口渴，提醒甚至警告身體已經需要補充飲食了。

在正常情況下，當然，我們不可能置之不理而任憑身體一直處於饑渴的狀態，但是，總是有些地區和有些人會不幸遭遇天災、戰亂、人禍或者甚至因爲被惡性的囚禁凌虐（譬如集中營）；長時間被迫處於饑渴狀態，如果不能適時獲得最低維生的飲食，那麼，最後必然會死亡。

看看這個最基本的常識說明了什麼？

各種食物和飲料都是「客觀真實」存在的，就如同我們的身體從嬰兒到長大成人一樣真實，怎麼會是「虛妄不實」的呢？

1200年前，印度的大哲「商羯羅」舌戰佛教眾多高僧時，爲了擊破「有相皆妄」的謬論，他笑道：「他們剛剛明明才大吃大喝了一頓，然後，卻說自己什麼都沒吃，這豈不是十分可笑的嗎？」

就這麼簡單一句笑談，不但一舉推翻了佛教「有相皆妄」的謬論，同時也推翻了「唯心所造、唯識所現」的謬論。

而這麼輕而易舉的辯論勝利，所造成的後果卻是極其嚴重的，使得佛教眾多高僧啞口無言，一連輸掉了十幾座大寺廟（宮廷辯論，慘敗的佛教必須讓出寺廟財產改歸「印度教」所有）。

誠然的，辯論只是在義理、語言及口才的巧妙運用，但是，不能否認的，所有人類需要或喜好的食物都不會是「虛妄不實」的，任何人都沒有本事「唯心所造、唯識所現」來變現出食物，否則，從釋迦牟尼到現今所有的佛教徒都可以不用吃飯喝水，但是，顯然不是這樣的，釋迦牟尼在世80年，從29歲出家開始，就一直乞食爲生，直到臨死前，也是因爲乞食到不潔的豬肉，吃了以後感染腸胃炎，狂瀉不止而死。

再來談談「繁殖」，院子裡的容器積水過久，就容易滋生許多蚊子，垃圾久不清理，就容易滋生蒼蠅，大群鮭魚回溯至出生的湖泊，一次產卵總數可能是億萬顆，受精後就會孵化出成群的幼魚，海中的珊瑚以及游上岸在沙灘產卵的海龜，一次也是產卵億萬顆，蜂后和蟻后一生的主要工作就是不停的產卵，而胎生的動物，有些一胎可以生下十幾隻幼體------

從現代基因回溯研究中，發現在人類史上，留下最多後代基因的，一個是「成吉思汗」，一個是「完顏阿骨打」，應該說除了打仗，得空就是在享受各地美女而四處「播種」。

那麼，不論無性或有性生殖，包括人類未必為「繁衍」而進行的性交活動，以及有意和無意產生的後代，這些是「真實」或「虛幻」的呢？

以人類而言，現今全世界人口已經超過70億以上，這些人類的存在，以及不停的進食以維繫生命，並且經由性交而不斷成長的人口，是「真實」或「虛幻」的呢？

以上種種根本早就是不言而喻的一個事實；

結論：「人」是真實存在的，人類「主觀意識的認知」也是真實不虛的，而宇宙萬物的存在同樣是真實不虛的，在沒有人類之前，在人類尚未具備高度「自我認知」及「環境認知」能力之前，宇宙萬物已經客觀存在許久許久了，而人類的「認知」充其量只是在自己大腦之中有著大同小異對宇宙萬物的一個粗淺的「概念」，也甚或有些人類囿於認知能力的嚴重不足，甚至是愚昧無知，所以，對原本確實客觀實存的宇宙萬物有著錯誤的見解（包括「有相皆妄」）。然而無論如何，都無法否認宇宙萬物的客觀實存，更不能否定「自我」以及「自我主觀認知能力」的實存。

也所以「唯心論」和「唯物論」都是錯的，主張「有我無法，唯心唯識」和「有法無我」統統是大錯特錯的。

15 黑暗；是死亡或者地獄的省思

因爲頭痛而服用了強效的止痛劑；「暈眩」甚至「極度暈眩」的副作用，早已習以爲常，何況這只是中度，但是，任何程度的「暈眩」肯定不會是好受的，我必須早些就寢，雖然，同樣肯定是睡不著，但是，躺下來比較不吃力，不論會暈眩多久，最後總會慢慢平復的------

睡不著，但是，也不想睜開眼睛去看天花板，那裡只有一盞燈，而且是關著的，沒什麼好看的。

閉著眼睛，我想趁機思辨一下關於「時間」和「霍金的時間簡史」，突然，我感覺「霍金」還真大膽；他居然敢寫自己其實並不懂的東西？整本書中，關於「時間」這個名詞，不知道出現過多少次？談論的主題也是「時間」，但是，整整一本書從頭到尾始終沒有明確的告訴世人到底「時間」是什麼？不管他旁徵博引或者自己思辨的多麼精深，但是，那本書不管你讀上幾遍，我不相信有任何人可以因爲讀完這本書而恍然大悟的說：哦！原來如此，原來「時間」是這樣的！

沒有！沒有任何人！包括「霍金」自己，就跟我們大家一樣，仍然不知道「時間」究竟是什麼？他只是憑空臆測了「時間」的起源，而那樣的論證是一直遭到很多科學家反對或至少是不以爲然的。因爲，不論「大霹靂」是否爲真？在「奇點」出現之前是什麼狀態，那是他始終避而不談的；難道在那之前就只是空空如也？一無所有？連「時間」也不存在嗎？

何況只要有「之前」，自然就有空間和時間，除非能夠消除的更徹底，連「之前」這個念頭也不許出現。

＊　＊＊＊＊＊＊＊

不過，我已經進入「暈眩」的高原期，通常這段期間，我是非常不能夠正常思考任何問題的，因爲「暈眩」的旋風會把思考的任何問題都扯成碎片，無法連貫，整合——所以，我不得不放棄繼續思考，只是靜待這股旋風慢慢自然平息。

不知道過了多久，我只是翻了一個身；咦？

爲什麼變得如此黑暗？

雖然，夜晚熄滅所有燈光之後，我的臥室已經很黑暗，不過，還是有些背景光可以讓我看見房間內一些會微微發亮的物件，譬如有「夜光塗料」的鬧鐘盤面，電燈開關的橘色小亮點，還有門縫中射進來的室外微弱的一些亮光——

可是，我睜開眼睛也沒用，那些平日在熄燈後仍然熟悉的一些微光竟然全部看不見了，竟然如此黑暗，是的！確實是一片黑暗，暗得不見五指，我睜著眼睛轉頭甚至移動身體四下打量，確實是一片黑暗！

不對！這不是我的臥室！我的臥室從來沒有這麼黑暗過？

我當然知道真正的「黑暗」是什麼模樣。

因爲我曾經經歷過真正的「黑暗」，那是在外島服兵役時，我曾經在陰濕、黑暗的「地牢」中生活了一年多，我當然知道「黑暗」，在吹熄蠟燭就寢時，小小的排長室就陷入一片黑暗，即使伸手也不見五指，不管把手伸得多麼近也一樣，靠近鼻尖也是什麼都看不見——

我已經幾十年不曾再經歷這樣的「全然黑暗」了；

這時，我覺得自己還是有些暈眩，但是，卻不是躺著，不是躺在自己最熟悉不過的臥室之中，而是佇立在一片黑暗之中，轉動身子用力睜大眼睛四下環顧也一樣，上下四方全是黑的，沒有一絲絲光亮，看不見任何東西和任何背景，摸不著也聽不見，只是萬籟寂靜的黑暗。

我緩緩的移動腳步，甚至也蹲下來觸摸，地面是不硬也不軟的，但是，既不是石頭、木板，也不是軟綿綿的地毯或者任何人造的地墊，根本說不上來那是什麼，當然也不是泥土地，因爲我用指甲去抓，沒有可以摳下來的東西，也摳不出任何聲音，可是，就是這麼自然，沒有特別的溫度，不是冰涼，也不溫熱，只是自然的適溫。

我繼續走下去，我決心朝一個既定的方向儘量直線行進，但是，走了一陣子，整個狀態還是一樣，上下四方都是一樣黑暗，我甚至懷疑我真的曾經向前走動過了嗎?因爲沒有任何可供參考的地標或任何可見物件，我無法知曉我到底是置身在何處?就只是一個黑暗的空間，我又沒有戴錶的習慣，更何況是睡覺時，而且我的錶也沒有自動發光的功能，在這樣的環境中就算有錶也無濟於事，我根本看不見錶和指針，所以，這時，甚至連時間好像也不存在了。除了黑暗還是黑暗，不論我是向前走或者停下腳步，不論我是站著或者坐下來，幾乎也沒有差別？

我當下只想看看最後到底會怎樣？我會怎樣脫離這樣的局面？是突然從一個「夢境」中驚醒？或者因此沉沉的睡去，最後是因爲天亮時自然醒來而一切如常？

我不知道，也不去預想什麼；只是感覺自己此時好像一隻被困在空「披薩盒」中間的小螞蟻，而盒蓋已經被蓋上了，這樣的黑暗，我當然什麼也看不見，除了還知道自己既然能夠感覺，我當然還是一隻生物，而且我還能自由的走動、停止或者坐下來、躺下來，我至少還有這點自主的能力，我還有能勉強思辨的心智能力，至少，我現在還是一個人，就算身體的感覺不是那麼明確，只有腳底是踩踏在一片實在的地面上，其他所有感官都派不上用場。

這是我的臥室嗎？

不是！肯定不是！

是一個「清明夢境」嗎？

雖然，我不是百分之百確定一定不是，不過，依據以往「清明夢」的經驗，這樣的際遇並不像？

是地獄嗎？

我不確定，也許是？

是靈界的一個區域嗎？

未必不可能，不過，我孤單的待在這樣的「靈界」幹什麼呢？

是天地宇宙中的一隅嗎？

這點肯定是的，沒有任何人事物是可以超乎天地自然之外的，所以，這點，我是很確定的。

這是「唯心所造、唯識所現」的某一個境界嗎？

應該不是，而且，我內心相信不是，因爲，我年輕時雖然經歷過這種黑暗，但是，那是有限度的，我只要起身走出去，打開鋼鐵的「防爆閘門」，就會有些許光亮，更或者我乾脆點亮蠟燭，就可以脫離黑暗。

但是，當下顯然不是，我不會沒事「唯心」去造這樣一個境；　也不可能因爲曾經有過這類的見識，就能讓這樣的境「重現」，頂多只是一個小小的黑暗空間，我隨時都可以脫離，但是，眼下卻是幾乎是無垠的，就是上下四方好像都是無邊無際的，如果以一個立方體的空間來說，內部也有6個面，而目前我只能確定腳底下是有一個面是實存的，其他五個面是如何或者距離我多遠，我真的是一概不知？更甚至我也沒辦法確定這樣的空間一定是方形的，爲什麼不可以是碩大的球體呢？就如同我們如果單憑「觸覺」，如何能知道並確定地球是一個球體呢？

我開始思索：如果這是一個黑暗的空間，會是無限大的嗎？如果不是，那麼外面又是什麼呢？

我開始想像：會不會待會兒，任何一邊會有點亮光出現，我可能會看見什麼？又或者有某一邊會有個門打開，不論是往上爬或往下走，還是平行的往外走去，我總能看到什麼，遇見什麼，更或者我會來到一處地界，某一個地方，也應該是很特殊的地方才對？不然這個前奏的序曲又何必把陣仗搞得這麼大，這麼持久，範圍又這麼大？究竟是要帶我去往何處呢？

我坐下來靜候，也是靜觀其變？？？

許久，什麼事都沒發生，上下四方依舊是一片無盡的黑暗，就算我睜大眼睛還是一樣的伸手不見五指，也沒有任何一處透出光亮，沒有任何門被打開；我更甚至不知道我所處的究竟是在這個空間的何處，別說幾百公尺，幾十公尺或者幾公尺，竟然連我手腳可伸出所及的一、二公尺以外是什麼我都不知道，假設就算有個大門小門或通道正在我面前三、五公尺以外，我也一樣看不見也不能知曉？

這究竟是什麼呢？究竟是怎麼一回事呢？

是我自己的一個惡夢？另一種夢魘？還是……

不可能！我不是在作夢，我的夢境從來不曾發生這樣的事？

清明夢？顯然也不是！沒有任何一次清明夢是我不能自主行動和主導的。

夢魘？更不是！我從來不曾經歷這麼長的夢魘而無法清醒過來的。

是外因造的一個境？還是我自己內心造的一個境？

我爲什麼想不出來？我爲什麼不能「破解」？

哦！其實，我並不那麼焦急的想要破解的，我大半生經歷過這麼多光怪陸離的事，沒有什麼能嚇到我或讓我害怕焦慮的，我只是好奇的想知道「這」到底是什麼？是什麼一種狀態？爲什麼會這樣？爲什麼是我完全不能控制和改變的？

嘿！

我不會是死掉了吧？

就像傳說中所謂的「睡夢中無疾而終」？

我不確定是不是？不過，卻完全不是我一直以來預想過的那樣，從各種傳說，到我自己的親身經歷以及我用心思辨過的---「死亡」都不是這樣終了或開頭，我的一生也不會這樣結束吧？

對！雖然我預想過，我也曾面對過死亡許多次，我也好好用心思辨過，不過，都不像當下這樣，雖然我沒有不喜歡，不過，我沒有想到就是了，假設真的我是死掉了，用這樣開場去經歷未來新的生命歷程，我也不覺得有什麼不好，至少，我確定我死後；我的自主意識還是能夠繼續存在的。

但是，老實說；我其實並沒有任何口袋名單或者說死後目的地與任何行程表，我並不真正預想或憧憬甚至渴望任何一種死後的境界；就算我能夠決定死後的去處，我也不會事先預定什麼的，畢竟，我或人類的想像力再豐富，也有想不到的狀況；自然界這麼大，我們這麼渺小，我們能預想些什麼呢？說不定死後的世界根本超乎人類想像過的任何一種狀態？說不定或者甚至肯定的；死後的世界比我們人類所能想像的更爲奇妙多變，更加的不可思議⋯⋯

所以，我寧可保留最大的接納空間給自己死後，我相信我都能隨遇而安，找到我真正喜歡的。

如果我真的就這樣死了，家人一定要到明天早上才會發現；我知道會有什麼世俗的狀態，那些跟我已經無關，我只要確實知道我自己是無所謂的，因爲我一生無憾，沒有任何還想要的東西，沒有任何我真正放不下的人事物，沒有任何我真正會眷戀的，沒有任何會讓我掉淚不捨的，我可以非常放心的離開這個塵世，也許我會微笑，也許不會，但是，我一定會很平靜很從容的離去⋯

然後，我想了想，試著躺下來等候看看，看看我究竟是不是真的死了？或者還是有其他事情會發生，沒關係，我有的是時間，我有的是耐心，我可以平靜並好整以暇的等待，任何事總是會有一個「結果」的，不可能這樣無止無盡的下去；何況，我根本不相信也厭惡什麼「寂靜涅盤」，在恆動的宇宙中，怎麼可能有「恒靜」的任何狀態或事物存在？如果能夠徹悟宇宙自然的所有道理，就當知道這點，如果連這點也不知道竟然還終生妄求，那就不只是「愚蠢」而已了。更何況，就算一個人能夠徹悟宇宙自然的所有道理，最後竟然選擇「寂靜涅盤，如如不動」並希望直到永遠，那麼跟一個一出生就是「植物人」甚至一塊石頭有什麼不同？

尤其是一塊「太初隕石」，從宇宙生成就存在至今的石頭，它靜靜的經歷了整個宇宙變化，但是，它一直是寂靜不動的，這樣跟能不能徹悟宇宙自然的所有道理又有何差別？

對的！就算我死了，不管有沒有可以選擇，我都不可能選擇「寂靜涅盤」，或者說那樣根本就不可能選擇，誰也不可能「寂靜涅盤」，我再蠢也不可能去追求一個不可能存在的東西，一個根本不存在的境域，何況我又不蠢？

我繼續躺著，同樣又是許久，不過反正我也不知道到底是多久？

因爲我年輕時長期經歷過真正黑暗的地牢，所以，這種經驗當下對我沒什麼負面影響，連心境也沒有波瀾。

我只是無意識的翻了個身，突然的，「黑暗」消失了，或者應該說四週不再黑暗，我本來就是睜開眼睛的，我

仍然躺在我臥室的大床上，一切如常，沒有任何蹊蹺，也不是幻覺，我想了想，乾脆起床去尿尿，打開水龍頭，冰涼的水讓我更加清醒，回到臥室，開燈看看；一切依舊。

至少我可以肯定，我當下是清醒的，雖然已經是凌晨時分，但是，我既不是在作夢，也不是在冥想之中，而且，我更肯定剛才的經歷也不是任何夢境或夢魘，我是切切實實的待在一個黑暗密封的處所或者一個超大的黑盒子裡，至於盒子有多大？是圓的，方的或者球體的？我一概不知道！

是有些奇怪？

雖然，我確定不是我「唯心所造」，但是，也不是任何靈異的外力形成，我只是暫時還沒去想到底是怎麼一回事而已，也許我終究會知道，不過，我現在不想去想，因爲暈眩已止，我很睏了，我想好好睡一覺了。

時間點：2015/12/26 凌晨時分

註；在外島的年輕歲月，我駐守的是第一線據點，是二層加強混凝土的碉堡，我單獨一間一坪不到的「排長室」是在下層碉堡，有一半是在海平面以下，一年四季，地面上都有一層2－3公分的積水，必須鋪棧板，我的床被和衣服從來沒有「乾過」，所有會發霉的東西一定發霉，連不應該發霉的東西也會發霉，白天，如果不打開通往外面的銅鐵防爆閘門，整間排長室是陰暗的只能勉強視物，一到晚間燈火管制，只能靠蠟燭照明，如果就寢時吹熄蠟燭，那就真的是一片黑暗，伸手也不見五指，就如同中古世紀不見天日的「地牢」，我不是犯罪被囚禁，卻不得不住在這樣的「地牢」之中過了一年多，夏天潮濕溽暑，酷熱難當，冬天陰濕黑暗、苦寒有如冰窖，而每到夜晚只有陰濕和黑暗及發霉的氣息，還有冰冷的步槍、刺刀是我身邊的唯一伴侶——那時年輕力壯不以爲意，但是，陰濕和霉菌早就侵入我的身體深入骨髓，而無邊的黑暗則占據了我的內心某處，直到老來，終究會一一兌現的，不過，不經一番寒徹骨，焉得梅花撲鼻香，正因爲這麼長時間的暗濕地牢的深刻歷練，讓我此生不再害怕黑暗、酷熱、嚴寒、濕冷霉氣和長期的獨處，如果地獄有這般的境界，不論是進進出出或者要待上一段時間，都難不倒我了。

16 人類與動物的區別是什麼？

新科學家報導，我們的確與其他動物有所不同，但確定其中的差異卻非常困難，澳大利亞昆士蘭大學的心理學家湯瑪斯·蘇登多夫（Thomas Suddendorf）著的《空缺》（The Gap）一書是第一部試圖解答這一問題的最詳盡書籍。人類作爲自我爲中心的物種，傲慢的思考自身物種的特殊性，同時還"不遺餘力"的破壞環境和那些低於我 們的物種。作者湯瑪斯．蘇登多夫注意到這種困境並利用自身跨學科的專長試圖提出這一問題。

作爲心理學教授，蘇登多夫是兒童和非人類靈長類動物認知發展方面的專家，他在《空缺》一書中梳理了來自各種各樣領域的證據，從動物行爲、人類學到心理學，來理解和解釋這些似乎將人類和動物區別開來的缺口。該書開篇提出一個非常有趣的前提，蘇登多夫表示，缺口的確存在，主要是通過我們自身行爲表現出來："我們爲何與其他動物如此不同的問題的答案在於，所有與我們密切相關的物種都已經滅絕。我們是最後存在的人類。"換句話說，我們殺死了所有我們最近的近親。

隨著這一概念植入了讀者的腦海，蘇登多夫爲我們展示了所有已知的殘餘的人類近親以及非人類的靈長類動物。例如他在烏干達遇到的大猩猩：「銀背大猩猩側躺著看著自己的指甲。它隨意的抓了下自己的屁股，然後略微抬起。」這一場景提醒了我們雖然我們與其他靈長類動物存在差異，但我們本質上同屬一個大家 庭。

證據的缺失並非意味著證據不存在，蘇登多夫視圖確定他認爲的人類和其他動物之間的至關重要的差別。他寫道：「人類和動物心智之間似乎存在一個巨大的缺口。」但問題是爲什麼呢？大腦的大小？事實並非如此。大象和鯨魚比我們的大腦還要大。大腦與身體大小的相對比例？鼩鼱和老鼠都比人類更具優勢。

很明顯這些粗糙的測量無濟於事。「究竟人類大腦哪部分導致我們變得如此特殊目前仍不清楚，」蘇登多夫承認道。拿人類的某個特徵爲例，它是否獨特？可能吧，但這仍是個程度問題。

再考慮下工具的使用，很明顯這是人類的偉大成就之一，但其他動物也非常擅長使用工具。黑猩猩會利用樹葉作爲廁紙，或者作爲雨傘。新蘇格蘭烏鴉擅長利用樹葉或者棍子加工工具以夠及食物，有時候會利用較短的棍子夠及長棍子，再利用長棍子獲取食物。

那麼，頗具爭議的鏡子自我認識測試(mirror self-recognition test)呢？黑猩猩、猩猩和大猩猩都能夠識別鏡子裏的自己，因此輕鬆的通過了該測試。猴子，例如狒狒、卷尾猴和獼猴則沒有通過測試。據海豚、大象甚至喜鵲也通過了該測試。

所謂的豐富的解譯認爲那些通過該測試的生物具有自我意識，而少數匱乏的版本則認爲該測試提供的資訊非常有限：「任何能夠避免撞倒事物或者在鬥爭中咬傷自己的動物」都具備區別自我和非自我的能力。

不管對該測試的解釋如何，蘇登多夫認爲人類和某些動物通過了該測試，而某些其他動物沒有通過這一事實的確提供了某些資訊。「鏡子自我識別的潛在 能力進化於 1800 至 1400 萬年前的原始人類的共同祖先……」有趣的是，即使是這樣我們仍無法解釋區分人類和其他動物之間的缺口，因此蘇登多夫繼續研究 了他認爲的關鍵差異。最明顯的是語言。儘管會說話的鸚鵡亞曆克斯，或者大猩猩科科和倭黑猩猩肯茲——兩者都被訓練的會做出和理解符號——很明顯人類語言仍 是動物界無法夠及的領域。

蘇登多夫不禁發問：”因爲我們無法完全解譯鳥類、猴子或者鯨魚說的話，所以我們有偏見？“但他同時也回答了這一問題：大多數動物的發聲似乎都受 限於情緒的控制，而非認知的控制。人類對話涉及推理別人所知、所渴望和所相信的；動物的交流則並非如此。”人類的語言所代表的意義並不僅限於此時此地，“ 人類語言與動物交流不同，它能夠調整適應以理解其他人類所想的。

在接下來的文章裏，蘇登多夫詳盡的講訴了當涉及設想情景時人類大腦無與倫比的能力。人類能夠回溯過去或者思考未來，通過將一個場景嵌入另一個場 景而模擬新的場景。同時蘇登多夫強調了人類在分享心智內容和成功實現這一點方面的獨特性，這使得第二強大的繼承形式的進化能夠延續下去：也即文化知識的傳 承。

在論證人類無與倫比的心智時，他還考慮了心智理論——估量其他人腦子裏所思所想的能力——以及智力、文化和道德理論。然而，與語言以及精神時空穿梭能力相同，這些課題需要大量的研究，而非一篇一章能夠講述清楚。

考慮到深度 vs 廣度的問題，要求增加該書的篇幅並不實際。但本書最具代表性的一個方面便是神經解剖學，且近期獲得的啓示的細節或可以幫助解釋這 個空缺。例如，目前有關 Von Economo 神經元(VENs)的文獻日益增多。這些神經元位於大腦額島皮層(fronto-insular)和前扣帶回皮層(anterior cingulate)，這些區域與自我意識有關。有趣的是，相同的神經元也被發現存在於類人猿、鯨魚和大象的大腦裏。這導致科學家提出這些結構可能在確定 社會關係方面起著一定的作用。

此外，該書單獨的一章講述了 600 萬年前原始人類滅絕，例如巨頜 Paranthropus boisei，後者大約存活了 100 多萬年。雖然蘇登多夫承認他既不是遺傳學家也不是古人類學家，但他熟練的解釋了人類獨特的特徵是何時以及爲何進化的。他提出了非常合理且可行的建議。例如，考慮到阿舍利時期石器工具的出現，尤其是雙邊手斧。他說道："這些工具被攜帶至遠距離且反復使用，這暗示著它們未來 可用性的遠見性。"可能這與創建情景的心智的萌芽有關，蘇登多夫寫道，即使他警惕稱這種可能性不能被誤認爲是證據。總而言之，這部發人深省的書籍爲"瞭解 自我"賦予了新的涵義——更清晰的暗示了人類應該努力思考作爲人類更大的重要性。

人類有別於動物的十件事

人人都知道，人類與動物有別。但是具體體現在哪些方面呢？美國 http://www.livescience.com/最新載文，全面地回答了這個問題。文章總結了人類有別於動物的 10 件事。

1．停止生育後仍舊生命不息。大部分動物在生育後就會完結自己的生命，人則不同。

2．童年期更長。人類發育之所以耗時，是因爲人類大腦更大，需要更長時間生長和學習。

3．知道臉紅。在已知動物中，唯一知道臉紅的是人類。達爾文把這一行爲稱作"最獨特和最具人類特徵的表情"，它有助於人類保持誠實。

4．會用火。研究發現，用火燒製熟食更容易咀嚼消化，有益人類牙齒和內臟，對人類進化起著舉足輕重的作用。

5．人類衣著的發展甚至會影響到其他物種的進化，比如，體蝨生存不再依靠毛髮，而是人類的衣服。

6．人類的喉結位置比黑猩猩更低，大約於35萬年前開始進化。人類還擁有遺傳的位於舌頭下麵的馬蹄狀舌骨，舌骨很特別，與其他骨骼沒有任何連接，卻能使人清晰地發出聲音。

7．人類雙手非常特別，大拇指可以伸向無名指和小指方向，而且還可以把無名指和小指彎向拇指的根部。因而，人類能夠輕易地握拳和使用工具。

8．都說動物比人毛多。但令人吃驚的是，1平方英寸(6.4平方釐米)的人類皮膚上擁有的毛囊實際上比其他靈長類動物更多，只是毛比較短。

9．直立行走解放了雙手，但存在一弊端，使人類骨盆變窄，導致女性分娩難度超過其他動物。另外，腰疼和腰肌勞損也是直立行走的負面效應。

10．世界上大腦最大的動物是抹香鯨。大腦與體型比最高的是一些鳥類，可超過8%。人類大腦與體重比僅爲

17 真正的人◆「朱胡阿希」

（註：本文引用自網路資料）

「朱胡阿希」（Ju/'hoansi 或可音譯爲「菊侯安西」），意指「真正的人」。這個譯名聽起來非常陌生，但是，如果說是非洲的「布須曼人」（Bushmen）又稱「桑族」（San 或「桑人」）或「巴薩爾瓦人」（Basarwa），相信大家就會有印象了，本來是一個生活在東非、南非一帶的少數民族，卻因爲三十多年一部名爲「上帝也瘋狂」的喜劇搞笑影片，男主角「歷蘇」（N!·xau）正是這一族的人，因此才使得這個民族受到矚目。不過，所謂的「布須曼」，或者「布希曼」原本是指「叢林中的人」的意思。這個詞本來有歧視的含義的，是最早登陸南部非洲的歐洲人對這群土著人的蔑稱。而「桑人」這個名稱，實際上是其他黑人部族對他們的蔑稱。不過在南非，「布須曼人」這個詞仍然有貶義，「桑人」反而是比較安全的稱呼。

但是，必也正名乎，被歐洲人蔑稱爲「布須曼人」，或者被其他非洲黑人蔑稱爲「桑人」的這一個少數民族，卻自稱是「朱胡阿希」，就是「真正的人」，或者簡稱「真人」，他們也自稱「真人部族」。

依照筆者的了解及觀點；他們自稱是「真正的人」，其實也是符合事實的；理由有二，其一，依據最新的人類基因溯源，「布須曼人」確實是現代人類的祖先，他們帶有現代人最古老而且是嫡系的基因。現今遍布全世界各地的70多億人口，都是由他們分支出來的。其二，他們是一直堅信「萬物有靈論」，而且非常注重「靈魂地位」和最原始懂得「修行自身靈魂潔淨」的人類。

就讓我們從各種相關資料中來更進一步的了解這個「珍貴如化石」的民族：

按照語言上的親緣關係，「布須曼人」分爲3支：南支原住南非開普地區的南部和西部海岸，現已滅絕；中支現住「博茨瓦納奧卡萬戈河」三角洲一帶的沙漠沼澤地區；北支 現住「納米比亞」北部和「安哥拉」南部。據1978年估計，「布須曼人」共有11萬多人，其中納米比亞3萬，博茨瓦納3萬，安哥拉8千，津巴布韋1千，南非1千；另有 4萬多人分佈在「坦桑尼亞」，是「布須曼人」留居東非的後裔。「布須曼人」屬尼格羅人種「科伊桑」類型，是非洲東部和南部地區的古老居民。其體質特徵是：身材矮小，成年男 子平均身高1.52米；皮膚自幼出現皺紋；膚色褐黃，面龐扁平，眼瞼長有內褶；嘴唇較厚，鼻子寬扁；頭髮黑而稀疏，常捲成胡椒粒狀。使用「布須曼語」，屬「科伊桑語系布須曼語族」。

分多種方言，語音有由嘖舌形成的吸氣音。近年來，有了以 拉丁字母爲基礎拼寫文字，並用特殊符號標明吸氣音。「布須曼人」用毒箭射獵，「布須曼人」原住赤道東部非洲和南部非洲廣大地區，因受「庫希特人」和「班圖人」排擠，逐步南遷。至今東非仍生活著他們的同族人，如「坦桑尼亞」境內的「金迪加人」和「桑達維人」。南遷的「布須曼人」長期遊獵於「贊比西河」以南非洲地區，直至西方殖民者入侵，他們始終以狩獵採集爲生，不知農耕和畜牧，基本上沒有社會分工和產品交換。男子從事狩獵，使用木弓、毒箭和木棍作爲武器；婦女從事採集、拾柴和汲水。氏族公社規模較小，通常由數十人組成，沒有發展成較大的血族集團。通行一夫一妻制，家庭帶有若干母系制特點，成員包括父母、女兒和女婿、外甥和外甥女及未婚兒子。南非「維持齊斯霍克」地區「布須曼人」的岩壁畫「布須曼人」具有突出雕繪藝術才能，保存在南非德拉肯斯山和博茨瓦納境內特索裏多等地峭壁上和山洞岩壁上的雕刻和赭石繪畫，反映了他們的狩獵活動和社會生活。至今在用以儲水的駝鳥蛋殼上雕刻的圖案，仍反映出他們固有的藝術特色。

近年來，世界跨國完成了人類基因定序的工作，推衍出當今人類的共同始祖即是仍在非洲南部叢林野地生活的「布須曼人」，是世界上僅存少數的既不耕作也不畜牧的民族，他們依採集、打獵維生，是最瞭解自然現象的一群，他們甚至可以依據動物的足跡解讀出一連串的行爲動作，其內容鉅細靡遺，就像是親眼所見一般。

而最可貴的是他們重視與自然界「靈魂交感」的力量，打獵時，「布須曼人」會不斷的追逐獵物，在原野上一跑就是六、七個小時，直到動物的體力不支倒地爲止，其驚人的體力令人嘆爲觀止，而整個獵捕行動就在狩獵者與獵物的眼神交流中取得了彼此「靈魂交換的許可」後，以塗有神經毒的弓箭，一箭射向動物使之斃命來做爲終結。

當黑夜降臨時，「布須曼人」圍繞著營火載歌載舞，漸漸的進入一種迷幻的狀態，此時，白天所獵捕到的動物靈魂住進了狩獵者的心中，於是狩獵者就轉變成爲那種動物，以動物的行爲動作，彷彿與其共用同一個軀體，如此富足的靈性生活，是現今倚靠發達科技的我們所難以想像的。

大約有十萬年的時間，一大群「布須曼人」一直生活在非洲，這些矮小的人把整個非洲南部稱作「家」，高聳的群山、深深的谷地以及寬廣的平原都是他們的家園。和主流觀點不同，他們並非毫無目的地到處遊蕩，他們瞭解自己的土地並且能夠根據水果、漿果、和樹根的成熟情況制訂出自己的遷徙計畫。

「布須曼人」的祖先花費了大量的時間觀察周圍動物的行爲，因此他們具備有比非洲其他民族更多的關於動物行爲的知識。他們用岩畫的形式記錄下了他們當年周圍的環境、信仰和宗教儀式。這些岩畫遍佈整個南非。

這些岩畫內容非常豐富多彩，從橘紅色到棕色的紅色系顏料、白色、黑色和黃色均在圖畫中出現，但綠色和藍色從未在他們的繪畫中出現過。其中最著名的岩畫是在南非境內發現的，這組壁畫不僅繪有非洲大羚羊等動物圖案，還繪有「布須曼人」翩翩起舞的場景，十分生動。但長久以來，人類對「布須曼人」創作岩畫的動機極爲困惑？有人認爲這些岩畫應該就是「布須曼人」不同部落之間的交流方式。由於部落之間很難見面，他們便利用繪畫的手段向其他部落傳達岩畫周圍有什麼動物、曾經發生過什麼事件，作爲其他部落在此處的參考。但岩畫的作者爲什麼選擇這些地點，又如何知道其他部落的行進路線？這恐怕沒人知道。

目前已經是全球看法一致的；人類起源於非洲。現在，科學家通過 DNA 分析指出，人類起源於南非的「納米比亞」邊境，幾千年來一直在納米比亞狩獵採集的「布須曼人」是地球上最古老的人類。該研究成果發表在最新出版的《科學》雜誌上。該研究同時也表明，3/4 的非洲裔美國人可能都來自於西非，且整個非洲大陸人群中存在著巨大的遺傳差異。

美國「賓夕法尼亞大學」的「莎拉．蒂什科夫」率領的由世界各國科學家組成的研究小組通過開展迄今爲止規模最大的非洲人基因研究得出了上述結論。研究人員對非洲 121 個人群中的 3000 多人進行了基因分析(非洲共

有2000個人群）。研究表明，非洲人的基因比地球上其他地區的人更具多樣性。他們發現，現代非洲人從14個祖先群體進化而來。

「莎拉．蒂什科夫」博士說，他們的研究根據最古老的人群擁有最多樣性的基因這個假設，追溯人類起源。隨著人類不斷遠離起源地遷移，基因多樣性逐漸減少。她說：「非洲的遷移起源地位於今天的「布須曼人」居住區。真正能反映問題的是「布須曼人」基因的高度多樣性。這與桑人擁有最多古代血統的其他研究結果相一致。」

「莎拉．蒂什科夫」沒有排除「布須曼人」在某個時期從其他地區的「伊甸園」遷移至此的可能性。她說：「這些人群從東非等其他地區遷移過來的可能性很大。如果的確如此，那麼5000年前他們或許在東非，那裏可能是遷移的發源地。」科學家認爲，桑族語的吸氣音特點或許是殘留的人類原始語言。

據相關的研究顯示，大約5萬年前，150個非洲人首次離開非洲大陸，從此分散到世界各地。研究人員在蘇丹人的DNA中發現的遺傳標記顯示，「蘇丹人」同這些非洲人密切相關。研究還發現，大約71%%的非洲裔美國人、13%%到15%%的歐洲人和少量亞洲人的祖先都來自於西非。

加州大學的「克裏斯多夫．埃雷」說，只有20%%的非洲人直接去了北美，其他非洲人則先去了「西印度群島」。美國「喬治亞州」和「南卡羅來納州」的非洲裔美國人的祖先可能來自于「塞拉里昂」和「幾內亞」。該研究除了提供人們等待已久的有關非洲人和非洲裔美國人的進化史資料之外，還爲許多其他研究提供了基礎。進化遺傳學家也可以應用該研究資料來調查諸如現代人是在何時何地在非洲進化的，以及他們遷徙出非洲的人群大小等問題。

大約在1770年前後，白人殖民者擴展到了桑人生活的龍山南麓，開始威脅到了桑人部落的生存。那時候白人農場主們經常進行狩獵，而獵物就是桑人。曾 經有一個農場主宣稱殺死了2700名桑人，而記錄據說是3200個。這樣，經過19世紀的殘殺，桑人就所剩無幾了。現在，在南非北部，還有可數的幾個講 N/u 語言的桑人，其他的桑人語言在南非已經完全消失了。在博滋瓦納和納米比亞，還有一些講自己語言的桑人部落，但是語言也急需搶救。那些沒有被殺死的桑 人，逐漸地併入了其他班圖語系的黑人族群裏面。班圖語系民族發源於西非，大約在一千多年前班圖語族的人們到達了南部非洲。班圖語族是農牧業的文明，這個時 候已經進入了鐵器時代，文明遙遙領先於仍然是採集狩獵狀態的桑人，立刻侵佔了桑人的地盤，把桑人趕到了偏僻的地方。在南部非洲，班圖語族建設了南部非洲最 輝煌的城市，大辛巴威和馬普古布維，在印度洋沿岸建立了發達的貿易網路，貿易路線遠達印度和中國。還有一些桑人進入了科伊人的部落。科伊人大約起源於非 洲中部，是白人殖民者到達南部非洲的時候首先遇到的黑人族群，被稱爲霍圖頓人，這個詞至今保留著種族歧視色彩。

進入了班圖語族的桑人，似乎具有通靈者的地位，是班圖族人和靈界的媒介。也正因此，桑人的一些文化得以保存，甚至改變了班圖族的文化，很多桑人的傳 說都可以在班圖語族中找到，很多班圖語族的岩畫，也就由桑人來完成。桑人的岩畫持續到了1920年代，這樣，桑人的岩畫也就記錄了白人殖民者的歷史，甚至 記錄了與白人的戰爭。南非北部的很多岩畫，都記錄了深入南非內陸的布林人騎馬打槍的畫面，特別是1894年酋長 Maleboho 反抗布林人統治的戰爭，在 岩畫裏面有詳細記錄。

18 靈魂與鬼魂的世界

中國人說陰間，西方人說冥界，現代人大多好像比較通稱爲靈界，有些民俗說法是說無形界，其實無形界是錯誤的，因爲靈魂一樣有形，所以我們現在也不用去細分，就直接用一個比較古老的說法叫陰間，到底陰間存在多久呢？這是另外一個問題：我們現在必須要談的是有文字的紀錄裡面來講，我們大家都知道全世界最古老的文字就是「楔形文字」也就是蘇美人發明的「楔形文字」，大概距離今天 5200 年左右，埃及的象形文字差不多也在 5200 年前，後來雖然有所謂的「聖體文」，不過那是後期的我們講的還是最早的文字，也就是說比較起來這兩河流域的文明跟埃及文明時間上是差不多，發明文字的時間也差不多。

當然再來一個就是中國的象形文字，大概有四千五百年，還有一個是印度的哈拉帕文明，他們的文字大約四千四百年，文字的發明也不是一朝一夕的事情，所以這年代我們大致上知道就好了，也不必太過於計較。

當在有文字記載的過程裏面，其實就已經有了靈界或者陰間的紀錄，我們先從比較古老的來說的話，就從「楔形文字」兩河流域蘇美人發明的「楔形文字」裡面也有提到陰間，陰間也有掌管的人，不過很奇怪的事情就是說，在「楔形文字」裡面對陰間的記載是很簡陋，而且不是很完整，或者說是他們不是那麼重視，就是說人死後靈魂會去到陰間，在陰間就是永久的在那裡徘徊，也沒有所謂目的，也沒有所謂希望，他們沒有輪迴，不會再回到人間來，或者到什麼天界，都沒有！就是個陰間很簡單，就一個寬廣的地方就叫做陰間，這是很奇怪的這麼偉大的文明，對死亡以後的世界，這方面他們所描述的或者說想像的很簡陋，還有一點講起來蠻悲哀，的如果人死後還有知覺，人死後只是在一個很陰暗、很潮濕甚至搞不好很惡臭、很糟糕的一個地方，走過來走過去徘徊，還得這樣漫無目的的徘徊直到永遠永遠，想起來真的蠻可憐的，比當人可憐以外，也沒有希望。

我們再來談埃及，埃及好一點，至少他還有善惡之分，行善可以到「蘆葦地」，他們的天堂就是「蘆葦地」，是一個很溫暖的地方，水草豐美，在那邊過著好日子，也有美食、美酒、美女、有音樂有舞蹈，算是很不錯的地方。那麼作惡的人就下到地獄，然後會被地獄裡的怪獸吃掉，就是消失了，那麼現在我們來談關於埃及對於死亡世界以後的描述的話，一定要談到的就是埃及最有名的木乃伊，埃及爲什麼要做木乃伊，從國王死掉一定要做木乃伊，貴族世家做木乃伊，到最後普遍到連一些百姓；家裡環境還可以的話，都有做木乃伊。爲什麼呢？因爲他們相信死亡以後的肉體不是沒有作用的，他們認爲靈魂是依附在這個木乃伊上，就是依附在屍體上面，那這個木乃伊是很重要的，木乃伊是不能被損壞的，所以爲什麼他們的木乃伊埋葬在墳墓裡面的話，上面都會寫一些詛咒，就是怕別人會去破壞、盜墓或某種原因去破壞他的木乃伊，因爲他們認爲木乃伊一旦損壞，靈魂也會跟著損壞，如果木乃伊被完全消滅的話，不管是自然的消滅或者被人爲的破壞消滅，或者放把火把他燒了以後，木乃伊一旦消失，靈魂也會跟著消失，所以這個想法也是蠻奇怪的？不過他一定是其來有自的。

我們再來講中國：中國也是相信有陰間的，陰間的說法很簡單，講我們的文字雖然發展的很早，但是所謂在現實裡面講的甲骨文的話，這甲骨文裡面有談到鬼，有談到陰間，鬼靈的世界這樣的傳統，也一直留到今天都還影響我們，因爲我們中國的歷史應該說是從來沒有斷過，尤其我們的文字沒有斷過，其他我們剛剛講的蘇美、埃及文字最後都消失了，也就是說不再使用了。一個文字不再使用它就是死掉了，死掉的文字包括「楔形文字」埃及的象形文或者說在印度的哈拉帕文明；這些文字都已經消失了。可是中國文字一直流傳到今天，雖然中間有經過一些變化，從甲骨文後來變成金文（大篆、鐘鼎文），後來小篆統一了，小篆雖然時間不長，也差不多的時間變成隸書，再來有草書，有正楷。我們現在使用的就是正楷，但是這個字的整個演變過程裏面，很多正楷都還可以看到象形文字，尤其像動物的文字的話，幾乎都可以看出他如圖畫的樣子來，那有「鬼、陰間、靈魂」等等這個文字，也並不能夠代表說靈魂是從這時候開始，因爲它只是說有了文字的記載，那在沒有文字記載的話就是口授心傳，用嘴巴講的留下來，大家在記憶裡面流傳這時間蠻早的，比如說像蘇美人他的文明距今是6500年左右，埃及短一點也差不多有5、6千年，中國的甲骨文有3千多年，但更早可能有夏朝，可能搞不好有皇帝的時代，可能也有五千多年，印度的哈拉帕文明大概也有5千多年。

我們現在要談的也就是說所談到的陰間，所談到的木乃伊，比較重點的觀念是爲什麼埃及的木乃伊，他會認爲說靈魂是依附在木乃伊上，木乃伊一旦被破壞的話靈魂也會不存在，這個問題很值得研究，其實到今天爲止我們要回頭來想因爲靈魂在我合理的邏輯推理是在四萬年前，最早不會超過四萬五千年；剛好時機成熟了所以發展出來了，這時候從東非出走的直系老祖先遠離非洲，逃離非洲到了歐洲，到了中亞，到了西伯利亞，到了中南半島，甚至到了澳洲的。這些原住民應該說這些先民是在同一個時間，就是在四萬年前同時開始有了靈魂，人死了之後有靈魂，人活著的時候當然也有靈魂，靈魂不是人死後肉體變成靈魂，不是這意思，是靈魂產生了，他本來就依附在肉體，但是人死了以後肉體腐敗也好；就算做成木乃伊也好，這個靈魂他就另外單獨存在，他單獨存在的時候總要有個地方去，在四萬年前如果人死後有了靈魂，到了5、6千有這記載有陰間的這種觀念，其實事實上並不是從這時開始有陰間；這只是用文字記載有陰間，或者說是地獄，或者說是天堂，這其實是蠻晚期的，在人類歷史上的發展來講，他已經算蠻晚期了，幾千年的時間在考古學上來講其實蠻晚期的，因爲人類單單現代人的歷史就20萬年了，那麼我們再來想想看：假設說四萬年前靈魂開始產生，到了5、6千年前開始有文字記載，他們有了去的地方叫陰間或者叫冥界，以這樣來講這中間有35000的時間，那靈魂在哪裡?當然陰間的產生或者靈界的產生，我也是合理的推斷大概在一萬年前左右，一萬年前人類發現了靈界，靈界很適合靈魂居住，所以死後可以到那邊去，當然稱他爲陰間，也好稱他爲冥界，也好稱他爲靈界也好，總而言之他有一個地方可以去……

這靈界還是在地球上面最高不會超過大氣層，還是跟我們地球共存，我們現在來談談：從四萬年前開始有了靈魂，到一萬年前找到了靈界，靈魂有個去處了，那三萬年中間靈魂沒有去處，他們又在哪裡？埃及的木乃伊可能提供了一個證據，也就是他們的這種觀念，靈魂是依附在木乃伊上面，所以他必須要保護木乃伊，這有沒有可能呢？當然有！因爲連到現在爲止都有所謂的守屍鬼，因爲真的沒有地方去的時候，他們就會待在墳墓裡面，就是跟他的屍體在一起，這個時間很長很長；人類有墓葬的這個時間，可能也已經有超過四萬年以上，甚至五六萬年，因爲「尼安德塔」人，他們也有靈魂，也有墓葬的行爲，可以證明他已經有靈魂的觀念。

我們必須要了解到靈魂並不是發明，靈魂他是一個出現，而且一定是先有了靈魂的現象，被人類觀察到；被體驗到了，然後才開始有了靈魂的觀念，有了這樣的想法、說法，這絕對不是可以隨便編造出來的，又不是編鬼故事，本來沒有而是我自己編造出來的。人有靈魂不是這樣的，當然也不是什麼神給的，如果是神給的，到底又是什麼時候呢？從開始有人類就開始有靈魂了嗎？當然不是，或者說在聖經裡面講的；根據愛爾蘭的主教「烏爾舍」他所推的人類歷史，或者說上帝創造人類只有六千多年的歷史。但事實上不對啊？因爲這時間上兜不攏，這些有三萬年的時間，靈魂基本上是沒有固定去處的，所以一，他守在墳墓裡面跟屍體相處二，躲在陰暗的地方像山林裡或比較濃陰的大樹，三，再來躲在洞穴裡面。

後來我們有了靈魂的觀念，慢慢的搞不好在還沒有發現靈界的這個問題之前，我們人類還沒有文字之前，人類可能開始祭祀鬼魂、祭祀祖先，通常會建造一個簡單的神壇廟宇，比如我們中國人講的叫祠堂，供奉在裡面，也就是給他們一個居所，通常祠堂都是很陰暗的，因爲靈魂他必須生存在比較陰暗的地方，白天他是不可能出來的，因爲靈魂失去了肉體的保護以後，他是非常害怕陽光的射線、宇宙的射線，因爲會造成他們的破壞，假設有個鬼魂他曝露在陽光下約半天，他大概就會死亡，靈魂也會死亡，中國人所講的人死爲鬼，鬼死爲ㄅ，漸就是陰風一陣，簡單講他的靈體已經被破壞了，靈魂的這些精微物質整個被破壞掉，以後就逸散在空間，又變成了原來的一些粒子，能量也因爲沒有了保護，也就逸散掉。本來宇宙就是能量所組成的，所以他就又散化到空間去了……

我曾經形容過好像一顆電池，假設我們講這顆電池是靈體，他裡面的能量是靈識，在正常的情況下這電池的外殼他保護了裡面的電量，你拿來做任何的使用，需要用到電池的電器裝進去，他就可以使用，但是假設我們把這個電池丟到火裡面去燒，他可能就會爆炸，或者他整個會燒毀，或者你用鐵鎚很強力的把電池擊毀，他的能量就會消失掉，電能就不可能再存在裡面，他的保護體已經毀壞了，同樣的意思，所以靈體可能會被毀壞的，跟人一樣人的肉體也是會被毀壞的，人如果沒有什麼意外沒有疾病的話以現在平均年齡活到7、80歲，如果遇到意外車禍、墜機、火災、地震什麼原因死亡之後，當然他的肉體毀壞掉之後，他靈魂逸出來，因爲他已經沒有肉體可以依附了，只剩下靈體，那這靈體保護的靈識。但是他一定要有個地方可以去，在埃及來講他們認爲依附在木乃伊，這是非常有可能的，所以他們還要很深的埋起來，像國王的話還要建金字塔，然後把木乃伊埋葬在裡面，爲的就是要保護這個靈魂讓他能夠永遠存在，他們認爲這樣也是一種復活。所以人死了以後靈魂並不會消失，他依附在木乃伊上面。

當然我們有墓葬，墓葬一開始我們並不是因爲爲了要保護這個靈魂，墓葬有很多的原因，會幫他墓葬一定是自己親友，最重要是親人，最早是土葬把他的屍體埋進去；一，是不忍心看到他死亡腐爛醜陋的樣子二，是避免被野獸吃掉。我相信是沒有人會希望自己的親人曝屍在野外被野獸吃得亂七八糟，骨骸失散，所以有了墓葬的行爲，到後來有了靈魂的觀念以後，墓葬的行爲一定比靈魂的觀念或者靈魂的發生要更早，然後有了靈魂的觀念，所以就相信說他會生活在另一個空間，我們既然叫陽間，那相對的就叫陰間，生活在陰間也一樣，在那邊生活也跟陽間一樣的生活，所以中國人爲什麼說「事死如生」就是說你祀奉死者要像他生前一樣，像他還活著那樣。

所以也因爲這樣的觀念，他生前是獵人，可能把他的弓他的箭或他的矛一起陪葬，那女人的話可能就紡織或者一些耕種的器具一起埋下去，當然也有很多種原因來做這種陪葬，陪葬比如說有一種他是酋長，是族裡的英雄，他所使用的弓可能別人沒辦法使用或者說別人不敢用，那可能把他埋掉了，也許他是酋長的太太，她的紡織器具或她所用過的東西，大家覺得很神聖，所以把它陪葬。這是題外話，這樣來想我們認爲有靈魂的觀念之後，死後埋葬有陪葬，到後來有動物的殉葬，甚至有人的殉葬，爲什麼要人的殉葬，比如說一些酋長或者帝王或是貴族，他們死亡有陪葬，讓這些他生前的僕人去殉葬，甚至是衛士去殉葬，也是在陰間保護他、服侍他，像皇后或貴族的女人死亡以後，有一些宮女、婢女陪葬，也是在陰間要去服侍她，所以像這個問題來講的話，靈魂死後在陰間、在靈界、在冥界他們繼續生活著……

談到靈界的產生、我推斷的一萬年之前，這個有大概三萬年的時間，也就是靈魂產生了到靈界的發現這三萬年中間，基本上可以算是人鬼雜處的時代，這人鬼雜處也不是那時候才有，現在也是人鬼雜處，現在也是很多說卡到陰，看到鬼，甚至有鬼屋，在某種情形下被鬼附身種種事情還是持續在發生。

我們都可以想見說，人死後不一定去陰間或者是去冥界或者上天堂下地獄，未必！因爲他們有些可能會賴著羈留在陽間，爲什麼羈留在陽間?有很多原因，有執著生前功名利祿財富或愛戀某個人，或者不放心自己的家人，都有可能，還有一種就是可能生前作惡多端，害怕死後會下地獄去受到嚴刑審判，所以賴在陽間不走，這些都有可能的。

這個嚴格來講的話沒有什麼好爭執的，有很多人不管他是無神論，或者說是沒有宗教信仰，所以他可能不相信人死後還有靈魂，或者認爲人死後就煙消雲散，什麼都不存在了，其實在我做的那麼多的研究裡面來講，我認爲這是不對的，因爲我有太多太多的證據可以證明人死後靈魂是存在的，否則你無法解釋？因爲太多的靈異現像或靈異事件，而且都是有證據的，因爲我是做「實證靈魂學」研究的，拿出實證來證明，當然有些是錯覺，有些是真實的接觸，只是我們對靈魂的了解太少，對鬼魂了解的太少，因爲他不是我們肉眼可以輕易看見，不是我們可以輕易接觸的，也因爲這樣我們總是眼見爲憑，我總要看見我才會相信，甚至在我做研究的過程，也碰過很多人很鐵齒不相信，這是很個人的，其實我根本沒有要求你一定要相信，因爲我又不傳教，我沒有必要強迫你一定要相信靈魂一定存在，你不相信是你的事情，跟我沒有關係，但是我聽過很多白目的，這種人常會說：你讓我看到鬼我就相信你！我說你不用相信我，要讓你看到鬼，我也是有能力做到的，但是我沒必要那麼做，我又不收費，我有什麼義務要讓你看到？那你相信我又怎麼樣呢？你相信我幹什麼？你不相信我也無妨？

像這種提出很白目問題的人，我覺得這是沒有什麼好談的，那我要談的就是說雖然我做了這麼長久的研究，包括我自己親身的靈異體驗 那是一個非常真實的體驗，絕對不是說電光石火那種幻覺，因爲我是有長久的整整半年的靈異經驗，每天晚上接觸，然後還有我後期所跑過得很多的宮廟，接觸到這些死亡的案例，或者有很多靈異的現象，當然還有中國觀靈術，所進入的世界所看到的，還有我自己經由深度冥想或者清明夢所接觸到的，回來印證的事情太多太多，足以來證明靈魂確實是存在的。

人死後確實是有靈魂，當然我講的靈魂，他不是有人類開始他就存在，他是進化來的，在進化過程中從肉體裡面的大腦，逐漸在進化的過程裡面慢慢慢慢具備了一個預設模式網路，然後經過遺傳，遺傳給子女，也許在他的父母、他的祖父母、他的高祖父母這一代根本就沒有靈魂，但是這個靈格他已經具備了，他只是沒有那個機會或者說還不成熟，那麼他一直進化到了剛好在四萬年這期間，剛好碰到地磁減弱，太陽風粒子大量入侵地球，然後這些高能帶電粒子改變了我們身體裡面，包括細胞和所有的組織裡面的一些精微物質，他們也變成帶電，帶電以後他變成一個規律性的排列，規律性排列以後把靈格，把預設模式網路開啓，開啓以後他自己形成了另外一個系統，跟我們認知系統是不一樣，這就叫感知系統了，也可以說他不是備用的，他是同時在運作的，但是他的思考模式，他的運作方法跟我們平常認知的這個對外在的各種事情處理辦法並不一樣，這些在人死後，肉體死亡後，感知系統和認知系統結合起來當然會排除掉一些沒有用的東西，然後結晶起來的這個東西，這個就叫做靈魂。

我曾經用一個例子來形容；就是靈魂的形成它很像我們在製鹽曬鹽的海鹽，台灣四周都是海，台灣幾乎不產岩鹽，台灣都是產海鹽，海鹽的過程讓海水引進到所謂的鹽田裡面，把它堵起來，以後讓海水不要再流出去，堵起來的這些海水經過陽光曝曬，因爲這是最自然的能量，也不用花錢，用曝曬的方法讓水分蒸發，水分蒸發以後鹽分的濃度密度就越來越高，到了一定的超飽和狀態的時候，這鹽分就會自動結晶，就是我們通稱的粗鹽，但是這個結晶是很特別的，並不是乾了以後變成一大塊鹽餅，不是這樣，他是在超飽和的這個狀態下，在鹽田裡面還有水的情況下，就開始結晶了，所以你看那些鹽農，他們要用一個耙子去把這些沉在水底下的超飽和已經結晶起來的鹽，慢慢的刮，然後把它收集起來，變成一個小山丘，再裝在竹筐裡面挑去倒著，將他們堆積成鹽山，所以到了台灣中南部產鹽的地方，像布袋、七股這一帶鹽田比較多的地方，可以看到堆的很高的鹽山，這鹽田裡面還是有水，他並不是完全變乾涸，變成一塊鹽餅，像在中國大陸或在其他世界各地有鹽湖，他們是結晶成一塊像餅一樣，沒有水的，但是台灣不是，所以我們可以想像靈魂在我們的身體裡面他就是感知系統和認知系統同時運作，當我們死掉的時候，結合起來變成所謂的靈魂，他拋棄了有些是不需要的，附在屍體上，跟著屍體一起腐爛還，有一個東西叫做「魄」，「魄」基本上就是一種生物能，我們講三魂七魄這七魄有人說就是喜怒哀懼愛惡欲，是一些感覺的一種能量，我們生氣的時候也會發生能量，快樂的時候也產生能量，悲哀的時候也會產生能量，那這些東西叫「魄」，這個「魄」因爲是屬於肉體的，跟我們的靈是沒有關係的，跟三魂七魄的「魂」是沒有關係的，這個「魄」既然是自然能量，也就是生物的本能能量，他會隨著這個肉體的死亡慢慢的分解，一樣也會逸散到我們的空間裡面，他本來就屬於能量，空間裡都是能量，他會逸散掉，這跟靈魂沒有什麼關係了。

靈魂本身是一個靈體包含了靈識靈識，姑且說是我們的意識，人有意識這個靈魂的意識跟我們生前可以說是完全一樣，沒有什麼太大差別，你生前的心性是什麼?你的靈魂就是什麼，是好的就是好的，是壞的也就是壞的，他不會因爲人死了以後，靈魂的性質就會改變，他是不會改變的這個靈魂在有靈界以後，人類也開始有了天堂地獄的說法 還有一個地方是屬於中間層，沒有好也沒有壞，跟人類世界也相同，其實靈界也就是根據人類的觀念把我們對陽間的一切帶到陰間去，在那個地方建立了這樣子的一個空間，所以靈界也是有社會化的現象，講陰間的話一樣有都市有鄉村，一樣有農田有山有水他跟我們一樣感覺的到太陽，感覺的月亮像，這種自然物在那邊，因爲靈界有一個保護膜，所以那邊整個空間的環境是會比我們陽間好，空氣也會比較好，沒有什麼污染，但是他比較古老，因爲過去的人死掉的比較多，很多老死的所以他們帶著很多都是傳統觀念，甚至在靈界一般的話差不多都可以待到一百年，在一百年前死亡的那些人他們死掉的觀念，對房子的看法整個怎麼建築，或者街道對整個生活的型態，跟我們現代人在21世紀的現代的年輕人來講他是不會一樣的，所以也因爲這樣，靈界的風貌是會比較古老一點，當然這是不同層級不一樣，也有比較近代化的。

在文字記載裡面來講的話談到靈界、談到陰間、談到冥界，在蘇美人亞述帝國到後來的巴比倫，以及埃及還有中國及印度這四大古文明裡面來講的話，他們的記載都有關於靈界陰間只是說處境不同而已，比較糟糕的應該算蘇美人的，他們就是一個陰暗潮濕一個很糟糕的一個環境，人在裡面就這樣走過來走過去沒有任何事可以做，也不用作任何事，也沒有提到他們需要飲食，或者他們有什麼樣的生活方式，完全沒有就是很漫無目的的永遠的徘徊下去，這應該是蠻糟糕的，因爲埃及至少還有天堂，當然作惡的人要經過秤量以後經過「阿努比斯」把心臟拿出來跟羽毛秤，如果比較輕表示這個人是好人，可以上天堂，如果太重就會被地獄的怪獸吃掉，這個至少還有好的去處，還有中國講起來的話也不錯。像印度哈拉帕文明裡面他有轉世。但是在哈拉帕文明那個時代並沒有留下太多這方面關於陰間的去處，倒是中國有中國有一個觀念，很簡單死後就是回老家，去跟之前就已經過世的這些祖先親人，甚至是街坊鄰居可以相處在一起，在那個地方也一樣可以說是團聚，而且回老家其實是享受，所以中國人才會說「生爲傜役、死爲休息」，生是要一直操勞，死了以後就休息了，不用再做任何事了，也可以講說不用再爲了三餐爲了工作，去打拼，所以中國人的觀念回到老家，或者像塞德克巴萊電影裡面講到，他們原住民的講法就是經過彩虹橋去跟祖先團聚。我想這種南島文化還是有受到大陸文明的影響，也同樣這個觀念來講的話，比較特別跟亞述跟蘇美人跟埃及或者印度是不一樣的，中國的文明比較特殊，在佛教還沒有傳進來以前在道教還沒有產生以前，中國人的觀念就是「生爲傜役、死爲休息」，死亡就是回老家去跟祖先團聚，所以爲什麼中國人會有對祖先供奉的這個觀念，就是因爲我們相信用一個牌位把名字寫上去，我們去供奉他其實這個供奉並不是要要求什麼，雖然我們也相信祖先會賞賜子孫，也會處罰子孫，但是這是後期才發生，這是因爲社會化的觀念關聯，原來最早的時候並沒有，最早並沒有所謂這些處罰或獎賞，其實都沒有那麼是不是一定保佑子孫，如果我們從文化的觀點來講好像沒有什麼，但是從生物學的觀點來講這是必然的，因爲所有的生物爲什麼要繁殖他不就是爲了延續自己的基因嗎?所以要延續自己的基因時，當然也要保護自己的子孫，所以爲什麼有母愛要保護自己的子女，就算是死後這些祖先他也會想要保護自己的子女，所以在傳統上應該是這樣才對，現在有很多像那些民俗信仰裡面講到說倒房祖先來惡搞這些子孫，這都是胡說八道，這叫妖言惑眾!沒有哪個祖先會希望要去惡搞自己的子孫，讓自己的子孫倒霉，讓自己的子孫生病甚至於發生意外，怎麼會有這樣的祖先呢?當然不會有。這都是後來一些江湖術士胡說八道妖言惑眾，爲了要賺錢所講的。

所以中國人的觀念在這個觀念來講的話，我們談到冥界、談到陰間、談到靈界的話，它基本上是一個快樂的，那這點跟後期的印度文明有相似的地方，因爲印度文明所談到的耶摩在印度的傳說中，他是第一個死掉的人類，他死了以後創造了一個世界叫靈界或者他創造了一個世界叫陰間，這個地方基本上是快樂的，而且他是不分好壞的，在他之後死掉的人不管男人、女人不管好人、壞人他全部歡迎，就是你生前作了什麼壞事，或者你是個大善人，其實都沒有關係他並不在乎，他通通歡迎一律一視同仁。傳說中他有兩隻鳥，還有兩隻狗，兩隻鳥會去發現有人快要死掉了，然後他就會派這兩隻狗去等，到他死了以後就會把他的靈魂引導進來，到他的耶摩的世界，到這耶摩的空間裡面，他會用美酒、美食、音樂好的享受來招待這些死者的靈魂，基本上到這段時間來講的話他就有點像我們中國了，中國人也是這樣，死亡以後就是回老家去跟自己已故的親友早先的這些祖先團聚，也沒有提到說做壞事就不能去，或者做好事的才能去，都沒有也沒有說要處罰，也甚至就是說或許這也是一種文化，因爲古代的人在君權統治下，也許有些要作奴隸，一般人也是要很辛苦工作，所以活著的時候過的很辛苦，當然會有一種寄望，對死後的一種寄望，我死後不要再這麼辛苦了，我死了以後就休息，在看到以前大部分都是土葬，看到死掉的人躺在棺材裡面，然後埋在土裡面就好像在睡覺一樣，當然是看不到腐爛的狀態，就是說看到他睡覺的樣子已經休息了，大概也是這樣產生這種觀念，所以對靈界陰間冥界的這種觀念每個文化是不同的，但是基本上都有，我想這絕對不是偶然的，不只是心裡的一種投射，或者其他原因，這中間有很多甚至包括爲什麼印度會產生靈魂轉世，就是因爲有轉世的現象，就是他死後後來又轉世回來，可能可以講到他對前世的記憶這些事情，因爲這種事情多的話，在人類有靈魂開始一直到發現靈界的去處，這中間三萬年人鬼雜處的時代裡面，一定有很多人死後的靈魂一，他沒有去處有些是在墳墓裡面二，有些躲在陰暗的地方躲在山洞裡躲在山野比較濃密的樹叢或者是三，躲在一些舊宅裡面，像這些以外一定會有很多人是實在逼不得已，他用奪舍的方法再重新投胎，因爲靈魂如果沒有去處的話是很可悲的，他也需要能量的供應，然後他又白天不能活動，這樣的話是很痛苦的，比他活著還痛苦，在這個時候他如果真的沒有辦法的話，他可能會去再重新投胎，就是進入到胎兒，只有胎兒還沒有形成靈魂，他轉投入到胎兒身上再出生。

所以也就因爲這樣的情況應該說蠻普遍蠻多，所以也形成了一種轉世的觀念，輪迴是輪迴，轉世是轉世，轉世只是說可能一次再重新的投胎，輪迴就不一樣，輪迴是多次很多次才叫輪迴，不斷的來，當然也有可能是有這樣的經驗，以後他每次死掉以後就重新投胎，每次死掉就投胎一次，所以變成一個轉世，所以輪迴轉世其實很多的，現在還不明白的其實很多事情，我們仔細去思辨的話，你就會找到他的脈絡，所以我們必須承認靈魂確實是存在，人死後靈魂是存在的，因爲我們是人，我們是現代人，現代人可以這樣講活著就有靈魂，死後靈魂是永生的，靈魂是存在的，只有極少數基本上來講就是重度智障，連「我」都沒有辦法形成的，這是不會有靈魂的，或者說太早夭折的嬰幼兒，還沒有形成完整的，這些是不會有靈魂的，所以沒有嬰靈，當然更不要講說動物靈，動物根本沒有辦法形成所謂的預設模式網路，甚至連自我認知的能力都沒有的話，很簡單不知道我是什麼?不會去思考我是誰?不會去想我從哪裡來?不會想我從哪裡去?像這樣子的不管是人是其他生物他們是不會形成靈魂的!

附錄：自古以來迄今人類壽命的長度

人類平均壽命從上古時代至今有較大的發展。據考古學家的研究，15萬～10萬年前的歐洲尼安德特人的平均壽命估計爲18～20歲。

50萬—20萬年前的北京猿人平均壽命估計也只有17歲左右。

古希臘人的平均壽命估計是20—30歲；

古羅馬人是 15—30歲；

中世紀英格蘭人的平均壽命估計是33歲；

殖民地時期的美國馬薩諸塞灣人的平均壽命估計是35歲；

20世紀初美國人的平均壽命估計是48歲左右；

中國明清之際人的平均壽命估計在40歲左右。

據聯合國統計資料，20世紀60年代初，全世界人類的平均預期壽命已達到52.2歲，

1985年估算達到 60.7歲，15年間增加了8.5歲。

1947年，中國部分城鄉人口抽樣調查資料估算，平均預期壽命爲35歲 ，

1957年爲57歲，1973～1975年達到64.9歲，

1982年第三次人口普查時達到67.88歲，1957～1982年25年間提高了10餘歲。1986年據中國國家統計局人口司公布，全國人口的平均預期壽命1985年是68.92歲。

台灣人的平均壽命 2011年75.96歲，

2012年76.43歲 ，2013年76.91歲，

2014年76.72歲，

2015年77.01歲，
到2016年76.81歲；
女性平均壽命從2011年82.63歲，
2012年82.82歲，
2013年83.36歲，
2014年83.19歲，
2015年83.62歲，
到2016年83.42歲。

19 我的「靈擾」經驗和解決方式

在大學畢業以前，我對於鬼神的觀念和一般人大同小異，總是半信半疑，卻也相當無知；因爲我出身軍人家庭，父母輩沒有任何宗教信仰，頂多只有逢年過節會依照傳統習俗「祭祖」而已。

而且，先父總是耳提面命的告誡我們：平日不做虧心事，夜半不怕鬼敲門。我自認沒做過什麼嚴重的虧心事，所以，我並不擔心「鬼敲門」，不擔心是因爲我認爲就算有鬼，也不會找上我才對。

那知道，服兵役下部隊時，自願去了外島，沒想到這個抉擇竟然改變了我的一生；

關於我在烏坵連部和新娘房據點的兩次「靈異接觸」，我已經公布在書中，在「廣義靈魂學」新書中也有收錄，細節就不再贅述，我只在此寫出後半段的發展和解決方式；

有幾件絕對相關的事，我必須先交待清楚，才能把整個來龍去脈訴說完整；

其實，那時還有一個疑惑一直不解；人性到底是善？是惡？爲什麼給阿兵哥方便，就當成隨便，好禮相待，回應的卻是吃定我軟弱無能，而且，白天受兵的氣，晚上被「鬼」欺侮，我真的是這樣的軟腳蝦，可以任人任鬼欺壓霸淩的嗎？

不過，沒多久又發生了一件事；讓我心態有了 180 度大轉變；

那時，每半個月才會有一班「中字號運補船」來回於台灣本島和烏坵之間，每個據點因爲自行開伙，所以都要派一名阿兵哥回台灣採買各種副食品兼休假，有一次，爲了補充營養打牙祭，傳令來問我；大家要買幾隻土雞回來進補，我要不要也買一隻；我答應了。

下班船來時，採買拎了一籠土雞回來，隔天就各自殺雞燉湯或者紅燒，下酒進補；我的傳令是上兵，薪餉不多，我就跟他一起紅燒一隻雞，一起打牙祭……

酒醉飯飽之後，他在收拾時，原本要把雞骨倒掉，我突然想到據點裡那隻屬於公家的軍犬，就要他把骨頭留下來，我要拿去餵狗。

那時，我們第一線據點，都會配發一隻訓練有素的軍犬，幫忙夜晚的警戒任務，狗的警覺和嗅覺都遠勝於人，所以，真的是大家的好幫手，也是最忠實的戰友；

我們據點因爲地處烏坵最前線，所配發的軍犬是最優秀的一隻，是一隻純種的德國狼犬，體型非常大，坐著的高度都差不多到我們的胸部；非常兇猛威武，可畏炯炯有神，牙尖嘴大，讓人看見就十分敬畏，牠叫做「尼路」，因爲曾經咬死過半夜入侵據點的「匪諜」，拯救了不少人，所以已經晉昇到「中士」軍階.

「尼路」白天都是用粗鐵鍊拴著，在專屬的狗屋中睡覺休息，晚上陣地關閉後，就會放開鐵鍊，讓牠在我們據點中四處搜尋警戒……

「尼路」和餵養牠的那名士官都是經過長期互動訓練，所以，牠只聽命於這名餵養者，其他任何人，牠都不甩；包括我這排長在內，牠是從來不假以顏色的；每個新進人員，都會被要求自己掏腰包，買一包「孔雀餅乾」，在餵養士官的命令下，一片一片餵牠，牠很挑嘴，只認定一種，其他品牌口味都不肯吃；牠會一面吃一面聞這新進人員的味道，然後，牠就會認得這味道，知道這是「自己人」，即使晚上碰到，也不會攻擊，否則，麻煩就大了。

我也一樣是餵了牠一包餅乾，牠才記得我的，不過，跟對其他阿兵哥一樣，不會因爲我是排長就特別親熱友善，根本從來沒有正眼看過我。

也因爲這樣，我也想跟牠搏一下感情，所以特別要傳令把吃剩的雞骨頭留下來；隔天一早，我就叫飼養牠的士官把牠「請出狗屋」，讓我餵牠吃骨頭，「尼路」對雞骨頭倒是蠻有興趣的，很快的就「喀啦喀啦」的嚼碎啃光了，聞聞我，只是這樣而已，一樣也是理所當然的，沒搖尾巴表示親熱；

那士官看出我有點失望，就說：「尼路」是經過嚴格訓練的，我要不叫牠吃，你拿什麼牛肉雞肉好料的，牠連聞都不會聞的，這樣是避免被敵人下毒；排A！你不要以爲你餵牠雞骨頭，牠就會對你比較好；牠一樣還是只聽我的命令，信不信？我現在叫牠攻擊你，牠馬上就會衝向你，不是咬喉嚨就是咬下襠，保證一口就會讓你死翹翹？

我那時真的完全不信；雖然是隻狗，總也有點靈性，總知道我是善意的在跟牠示好，怎麼可能馬上翻臉不認人呢？

那士官看我不信；就要我站遠一些，在鐵鍊長度以外的安全地帶；他看我準備好了，就開始下指令；指著我道：「尼路！看！」

「尼路」馬上低伏身軀，隻眼惡狠狠地盯著我；士官一聲令下：「上！」「尼路」毫不遲疑，像閃電一樣迅速的就朝我飛撲過來，而且，牠是騰空躍起，頭偏一側，攻擊的目標正是我的咽喉部位；我雖然站在安全位置，也冷不防的被牠這迅雷不及掩耳的攻擊行動嚇得本能倒退好幾步，幸好鐵鍊的長度限制了牠的行動半徑，如果是近距離，或者鐵鍊是鬆開的，我肯定馬上喉嚨碎裂，一命嗚呼，而且，我這也才發現，牠把嘴巴完全張開時，是非常嚇人的大，足以把像我這樣粗細的脖子，完全咬進嘴裡，只要用力一咬，喉嚨一定完全碎裂⋯⋯

厚！我除了有些驚嚇，有些失落，卻也不得不佩服這樣的軍犬訓練是非常成功的，因爲至少牠是不會被「賄賂」而隨便亂吃來路不明的食物，也就不會落入敵人的圈套，而且幾乎是可以六親不認的。

後來，牠對我也一樣沒改變態度，看到我也是視而不見，毫無興趣，也沒打算跟我建立更進一步的交情。真的是夠「酷」！

不過，後來不久又發生了另一件相關的事；

因爲，烏坵是礁石島嶼，無法耕種蔬菜水果，也沒幾個居民，所有副食品都要回台灣採購，雖然每個月步每人可以額外配給到兩罐肉類罐頭，但是，肉食是絕對不足的，所以，各據點都有養豬，養大養肥後，就會由營部指定時間殺豬，讓全島各據點來買；因此，隨時都要在島上保持有一名會殺豬的阿兵哥。

有一次，那個全島唯一會殺豬，當兵前就是以屠宰爲業的阿兵哥終於要退伍了，這時急需遞補新的；但是，都沒有找到專業級的屠夫？

軍官莒光日時，政戰主任要所有據點負責人回去查詢看看有沒有會殺豬的，如果有，就立即回報；

我本來以爲只是照令公布，我們據點沒聽說誰之前是殺豬爲業的；那知道一宣佈，就有阿兵哥舉手說他會；但是，老實說，別說我，連其他阿兵哥也沒人相信；因爲這個綽號叫「老川」的一兵，身材中等，平日邋邋遢遢，散形散形，其貌不揚，表現不佳，也不特別兇狠，怎麼看，都不像幹那種白刀進紅刀出的營生貨色；大家拼命揶揄他；不要爲了圖休假涼快裝好漢！

因爲派去殺豬都算出公差一天，其實只要2-3小時，把豬去毛分片，大塊切好就可以回來。還有100元紅包可以領，然後其他時間都可以休假，也算不錯的差事；只是要看會不會殺，敢不敢殺而已，要是職業老手，那是駕輕就熟的，通常十天半個月就會出這種殺豬的「紅差」！

結果這「老川」一直保證沒問題，他絕對會殺，可以勝任；那我也就趕緊呈報上去，結果全島也只有他一個人出頭，承攬了這個差事。

不過，後來我側面聽聞；其實他並不專業，只是當過助手，看過師父怎麼殺，自己從來沒親自動手過，不過一回生，二回熟，後來多殺幾頭豬之後，也就很上手了，每次都是賺了紅包又賺了大半天的假，喜孜孜的回來……

這其中有一件事非常奇怪；我說過「老川」這兵，外表一點也不兇狠，體格也不怎麼壯碩，更不像兇神惡煞或者那種很有兄弟氣魄的模樣，反而是有點邋邋遢遢，散形散形，簡直可以用「形容猥褻」差堪比擬；

但是，出奇的是；那隻兇猛的軍犬，整個據點，牠誰都不怕，誰都不甩，如果飼養士官要牠咬誰，牠都毫不遲疑的飛撲而上，卻偏偏唯獨對「老川」不敢，我們曾經不只一次好玩的試探，故意拿牠最喜歡的「孔雀餅乾」

去餵食，任何人牠都肯吃，但是，換了叫「老川」拿過去餵，厚！別說吃了，牠一看到「老川」靠近，馬上會反常的害怕怯懦的退縮，嘴中發出「嗚嗚」連續的哀鳴，然後拚命往狗屋裡縮，就算是在牠明明可以近距離攻擊的範圍中，牠不但不敢攻擊，簡直看到「老川」靠近就會嚇得發抖退縮，絲毫不敢直視。而且就算飼養士官下令要牠吃，牠也會破例抗命，絕對不敢去吃「老川」手裡的餅乾……

後來，我也一直注意觀察這種情形，有時，「老川」只是不經意走過牠身邊，牠要有時間退路，牠一定飛也似的躲進狗屋裡去，好一會兒等「老川」走遠才敢小心翼翼中探頭探腦的出來，有時無路可退；牠就會趴在地上，把爪子掩住眼鼻，完全不敢看「老川」一眼。

這真的是非常奇怪，非常特別的事？？？

也因爲經歷了「尼路」和「老川」的奇異互動事件，對我造成了一種強烈的心理衝擊，也給了我一個很大的啓發，所有阿兵哥對於這件事的看法是各說各話，有的說是他常常殺豬，身邊大概有豬的怨魂跟隨，有的說是他常常這樣白刀進紅刀出的，身上充滿了殺氣，狗的鼻子超靈，所以可以「聞」的到。

那時，我對於「鬼神」和民俗宗教幾乎是一無所知，也不知道究竟那一種說法才對，不過，我只是一直有個疑問；這當然不是巧合，整個據點人高馬大，面貌兇悍的有好幾個，看起來個個都比「老川」更兇悍，更加殺氣騰騰，爲什麼「尼路」都不怕，唯獨只怕「老川」呢？而且，我怎麼看他，也看不出他身上臉上有什麼殺氣啊？

在這段時間中，每晚的「靈擾」越來越嚴重，說是夢魘吧，每晚都會發生，有時至少一次，有時二、三次，有時甚至高達七、八次，最高紀錄甚至是十幾次，不管我怎麼更換睡姿，仰睡、側睡、趴著睡，一樣會被壓，而且我每次都要奮力掙扎很久才能從夢魘中清醒過來，嚇得全身冷汗涔涔，有時太驚恐，就會起床去找夜哨衛兵聊天，而且我也注意到；每晚「靈擾」時間大多是在深夜12點到1點之間，如果，偶而早一點，也是在11點半以後，不過，我只要能撐過深夜1點再睡，就不會發生「靈擾」現象，但是，我們早晨6點要起床，整天要做工或者操練戰技，所以，不可能每晚都挨過1點睡，只有遇到週末，第二天休假，不用早點名，可以睡晚一些，我才會刻意閱讀大部頭的世界名著，拖過1點再入睡；

很快的，我們自己據點的阿兵哥都知道我每晚都被「消遣」，不過，大家都相信這不是開玩笑的，沒有人訕笑或鐵齒，而且後來，也有其他阿兵哥這樣被「消遣」，最扯的是有個夜哨衛兵，坐在彈藥箱上偷偷地打瞌睡，竟然也會被壓到站不起來…

這時期，我真的是一無所知，也不知道該如何解決?但是，島上有幾座民間小廟，我是逢廟就拜，管他是什麼神，連土地公廟也拜，只希望有「神」肯來主持公道，讓「鬼靈」不要繼續再每晚騷擾我；但是，顯然根本沒效，也不知道是沒有神?或者這鬼靈比神更厲害，連神都制服不了?

不過；這時，我的「靈擾」經驗已經好幾個月了，除了身體總是感到有些虛弱以外，也沒發生其他更嚴重的事故，沒有受傷也沒大病，當然也沒被披頭散髮的女鬼活活掐死，慢慢的，也許是習慣成自然，覺得好像這樣的「靈異接觸」也並不是絕對可怕的；

因爲我的「排長室」是獨立空間，在地下層，其中有1/3是在海平面以下，大約只有一坪多一點點的面積，放一張窄窄的單人床，一張很小的桌子，剩下的空間只有一公尺多見方，還堆了五、六箱57步槍子彈，一箱廿多顆的手榴彈，地面上永遠有一層海水，必須鋪著墊高的棧板，因爲陽光永遠照不進來，永遠是陰濕黑暗的，夜晚熄滅燈火之後，真的是伸手不見五指，什麼也看不見，所以，即使有過無數次「靈擾」經驗，我卻一次也沒「見過」造成「靈擾」和「嚴重夢魘」的到底是什麼東西？是什麼樣的鬼怪？

只不過，在長期接觸又沒有受到實質傷害的經歷中，慢慢比較不那麼害怕時，我既然看不見，只能憑感覺的去了解；我「感覺」到那個壓在我身上的「東西」應該是女性，不論重量感（不是輕飄飄的，是像一個纖瘦體型的女性正常重量），那種肌膚的觸感柔軟度也肯定是女性的，而且還能憑感覺估量「她」身材中等，算纖瘦型的；

但是，我即使大起膽來試圖與她溝通，好好的交流，但是，從來沒有得到正面或善意的回應，就只是每晚來騷擾我，而且都是直接全身趴在我身上，不論改換任何一種睡姿，她卻是從來不更改姿勢，都是整個「身體」正面壓在我身上的……

必須說明一下我在這樣前後長達半年多的每日「靈擾」經歷中；自己的心態是百轉千迴的，在這個時期還有一些相關的事發生；

1.鬼神也不是萬能的，一樣會受到時間空間的限制，「鬼」只出現在晚間，而且都是在固定那個時段，我只要避開那個時段，就不會發生「靈擾」（我不知道「鬼」是不是也有固定作息時間，所以，她也要去休息？）

2.神也不是萬能的，跟「鬼」一樣，都過不了海水，「鬼」無法跟著我坐船回台灣，「神」也不能跟著我坐船去外島。

3.既然鬼神不是無所不能的，一樣受到一些限制，顯然就沒有想像的這麼可怕，應該有對付和解決的辦法，我應該要設法找到這個辦法。

4·從「尼路」和「老川」的互動關係來看：人跟狗（畜生）都有很賤的那一面，應該說都是會「欺善怕惡」的，所謂人善人欺，馬善人騎，我如果沒有任何可以依靠仗勢的，那麼我只能靠自己獨力解決。

這段時期，我也是諸事不順，算是有些倒霉的；媽的！我還真倒霉，白天被上司下屬整，晚上還要被鬼惡整，一時突然槓子頭的脾氣也爆發了，心態也有了180度大轉變；心想；真的是「人善人欺，馬善人騎」，是不是兇惡一點，就沒人敢欺侮了，像「老川」那樣，他根本不會裝腔作勢的去嚇「尼路」，「尼路」見到他就嚇得逃之夭夭？

終於，我開始下定決心，要改變作風，不只是服兵役這段時間，我甚至發誓我不要再當個「軟腳蝦」，老虎不發威，讓大家當病貓？於是，我先開始從自己據點來個緊縮嚴管政策；

那是一次生氣喝酒有點酒意時，趁機訓話：我跟大家都是義務役的，雖然階級不同，心態一樣，所以我盡量給你們方便，但是，你們就給我隨便，我對你們客氣，你們當成應該的福氣，我幫你們擋上面的子彈，你們就認定我是該死的，整個據點軍紀渙散，交待的任務草草率率，每次挨長官刮，都是因為你們搞出來的鳥事，既然你們不懂得將心比心的跟我配合，我也沒必要再對大家這麼客氣……沒關係！從現在起，我們大家就公事公辦！不要以為我跟你說著好玩，誰要再給我散形，交代的任務沒有達成，把命令當耳邊風的；我保證你會倒大霉！

然後，再來就是這種種的遭遇又讓我更深一層的認知到；所謂的「勇敢」或者「決心」不是一定會流露在外表上的，像「老川」，他根本也沒刻意要裝得兇猛威武，殺氣騰騰，但是，他只是實際去做了經常殺豬的事，自然就會有一種我們肉眼看不見的「殺氣」存在，而最兇猛的軍犬居然也會因此怕得屁滾尿流。

我也才深深領悟：自以為勇敢或者殘忍，冷血，不是自我感覺如何就好，而是看實際做了那些？只有真正「發諸內，行諸外」的，才會自然的流露出來，裝模作樣是沒有任何實質作用的。

這也是為什麼後來，我會在長期氣急敗壞之餘，把心橫下來，跟全連唯一敢殺狗的那個士官學會一擊斃命的原因；

然後，我不但殺狗，也毫無芥蒂的大碗喝高梁酒、大塊吃狗肉，一點也不在意；

而且，也在殺了幾隻狗之後，我發現一件那時完全不解，現在卻終於知道的現象；「魄」是存在的，而且是在像狗這類體型較大的動物死亡刹那，會像蒸氣一樣被釋放出來的，但是，那絕對不是一般常見的蒸氣，反而比較像乾冰的沉重濃厚的「氣體狀態」，也不像蒸氣消散的這麼快，應該說：所有動物都有「魄」，「魄」也一樣有「能量」和「魄體」的分別，「魄」是沒有自主意識的，會在動物死後自然解放，並且慢慢消散，而人類的「魄」消散的最慢，應該可以維持7－10天左右，這也是為什麼有些宣稱「見鬼」的靈異遭遇描述中，在靈堂、殯儀館、墓地——會見到白色或半透明白色，沒有表情，甚至完全沒有五官面目，頭部像顆光滑的蛋一樣的「鬼」，那個應該就是類似氣體狀的「魄體」。

另外，還有一件奇怪的事，那個「老川」，雖然他殺豬越來越在行，從來也沒在怕什麼，偏偏就是不肯殺狗，原本以為自己據點要殺狗，派他出馬應該是駕輕就熟的，豬跟狗體型近似，會有什麼困難嗎？但是，奇怪的是：他就是不肯殺狗，怎麼說也不肯，問他原因，他始終不肯鬆口透露，我也一直不知道原因，不過，殺狗又不是殺敵人，他要不肯殺，這就不是抗命，軍法裡沒有這條的，當然，我也沒辦法勉強他，但是，據點裡個個都愛吃狗肉，卻個個都不敢動手殺，後來終於有兩個膽子夠大的勉強動手，卻是臨陣手軟，根本不像話，徒然讓狗在多受活罪而已，我破口大罵一頓，自己接手，一捧斃命，還用二片單面刮鬍刀，把皮肉分家，內臟割除，只留下純肉交給阿兵哥接手細切……老實說；狗肉要烹煮得法，比牛肉羊肉更香更美味，配高粱類的烈酒，真的非常來勁過癮！

從此，又更加讓阿兵哥刮目相看；也許所有預官中，可能絕無僅有的，只有我敢殺狗，煮狗肉，吃狗肉而津津有味，毫不在意的！

也因此；後來，我也發現，包括「尼路」在內和其他據點的軍犬土狗，看到我都會遠遠避開，像「尼路」倒是不像害怕「老川」那樣，卻也對我有點戒心，根本不會像以前那樣大喇喇的從我身邊走過，現在離我總是越遠越好，或者看到我就乾脆掉頭，不想跟我狹路相逢……

而每晚的「靈擾」，還是天天報到，但是，次數卻減少了，結果有一天晚上；我作夢，居然夢到自己站在閻羅殿的偏廂，正在看閻羅王審判一些罪魂；這個閻羅王像一般中年人的樣貌，中等身材，一張國字臉，沒什麼特別恐怖的，而且長相平凡，只是態度比較嚴肅而已，我根本沒注意他在審理什麼案子，只是很快的就看見他側面的看著我；直截了當的對我說了四個字：「鬼怕惡人！」

然後我馬上就醒過來了，必須強調的，這只是一般的夢境，不是「清明夢」，但是，景象和閻羅王的樣貌，我卻記得清清楚楚，到現在還在腦海之中，之後，我就一直在思索玩味他話中的含意？？？

然後，有一天，我因爲留下一個準備退伍的老兵在據點整理行囊，早點名人數不足，被連長逮到小辮子而大電一番；那天心情很爛，結果晚上又被「靈擾」，等我從夢魘中清醒後，我就再也忍不住的破口大罵起來，把身邊的書扔得滿屋子，隨便亂砸，然後我突然想到閻羅王說的那句話；就大聲的對著我那漆黑的斗室大聲斥責：「我跟妳無怨無仇，妳每天晚上這樣不停的來騷擾我，讓我無法好好睡覺，我拜也拜了，紙錢也燒了，我也好話說盡；請妳高抬貴手，如果有什麼需要我幫忙的，只要我能做到的，我一定義不容辭的去做，我也一直努力的想跟妳溝通，但是，妳始終不肯正面回應，就是不肯放過我，每晚這樣糾纏不休，我已經忍無可忍了，我現在把心橫下來，不會再跟妳好言商量拜託了，妳既然非要這樣整我；那麼，我們就正式開戰吧！反正我是豁出去了，大不了人一個命一條，我要死了，變成鬼，就跟妳一樣了，我保證上天下地，不管是十八層地獄，統統會追著妳打，我看看妳還有多大的本事；而且我跟妳開保單；從明天開始，做工事挖壕溝時，只要遇到任何墳墓，我不管是不是妳的，我一定整個刨掉，把骨骸跟棺材統統扔進海裡，我看看妳還能把我怎樣……」

事隔多年，大致記憶還在，字句也許不完全一字不差，但是，意思是這樣；

當然整個據點的阿兵哥都被我吵起來了，但是，沒有一個敢來一探究竟，反正都領教過我這排長有時是很瘋狂的，是很殺的，大概這次又發狠，要跟女鬼正式對決了？

對！沒錯！我是正式宣戰了！反正本來就沒打算活著回台灣，早就把命豁出去了，我還怕她個鳥，我還真的希望我要是能死了變成鬼，一定揪著她的頭髮，狠狠地海K她一頓，雖然我從來不打小孩子和女人，但是，她實在太過分了，我一定會破例修理她一頓，讓她以後也不敢再隨便去整別的活人！

結果，結局倒是很簡單，就從那天發完狠罵完之後，從第二天開始，不再有任何「靈擾」，一直到移防回台灣，一直到退伍，都不再發生「靈擾」，也不再天天夢魘！

就是這樣解決而結束的！

20 時間的真相

「時間」是人類自古以來最大的不解之謎？甚至「無史以前」也一樣是個謎？更說不定；如果我們能讀懂靈長類同胞猩猩的想法；可能不少猩猩也有過這樣的想法。

的確的，人類有文字記載前如何探討這個謎？既然沒有留下文字紀錄，所以，我們已經無從得知，但是，從有文字記載的歷史資料中，我們倒是看到了太多太多的探討或疑問以及對於「時間」誦歎的詩詞歌賦；以中國人來說：孔子就曾經慨歎：「逝者如斯乎？不舍晝夜」（附註一）。大文豪李白也曾在名詩中寫道：「夫天地者，萬物之逆旅，光陰者，百代之過客----」

然而即使到了今日，不論是科學家或者哲學家，不論抱持何種態度，不論採取何種方式來探究「時間」，卻還是眾說紛紜，莫衷一是，不只是沒有共同的結論，甚至還沒有出現一個能讓絕大多數人信服的定論。（註：一直以來，科學家和哲學家都在鑽研「時間」，而且都認爲「時間」是自己領域中的事，但 是，從來沒有人「想通過」，所以又全部推給對方：科學家認爲那是哲學家研究的範疇，一點也不科學。而哲學家卻認爲「時間」明明就確實存在，根本不是形而上，所以，應該由科學家來研究----因而，搶著做沒結果，推著做更沒結果。）

原因也很簡單：因爲我們不是生存在「時間」之外，可以隨意把「時間」拿起來當成一個研究的客體，而是，我們自身就生存在「時間」之中，就算我們自以爲能把近在身邊的「時間」牢牢抓緊，卻依然抓不住分毫（註：我們站在大太陽底下，眼看著陽光灑在我們的手掌心，然後在地面留下手掌的陰影，就算我們不畏懼炙烈的陽光，可以站上半個小時，眼睜睜的看著陽光如何慢慢滑過我們的掌心，並且改變地面的影子，我們可以明確的感覺到

「時間在我們身體上流逝的變化」，但是，我們卻抓不住陽光或「光陰」於分毫），也就更別說把「時間」拿來做實體的研究了。

也因此，這真是一個令古今中外所有大思想家一致氣餒的不解之謎？

同時也從而衍生了幾個相關的謎題：

1．時間究竟是什麼？

2．研究時間的現象能不能知曉其本質爲何？

3．爲什麼只有「時間」有明顯的「流逝」現象？

4．「時間」究竟是否客觀存在？抑或純屬主觀的感受？

5．「時間」有沒有可能只是人類的集體幻覺？

是的！「時間」當真古怪的緊，明明既不是物質，也不是能量，卻又偏偏特異得可以被我們人類精細的量化，而且可以被根本就當成一種實體來看待和真實運用，也不用非在任何高端科學實驗室才能進行精密的量化分割，看看現在隨便人手一台的傻瓜相機，在快門功能上就已經分割到幾千分之一秒，而且當我們用相機要拍攝快速移動中的物體時，還非得使用到這所謂的「高速快門」不可，否則就難有清晰的作品。

「時間」可以拿來公開的交易買賣；

「時間」可以在瞬間決定一個人甚至一大群人的生與死。

「時間」可以毫無價值的被一些無聊人士，拚命努力的「殺掉」（Kill time），也可以是比黃金鑽石更珍貴，例如醫生在搶救急診重症傷患，簡直是在和死神拔河搶時間。

如果你閒居家中又無所事事的，那麼幾乎不會感受到時間有什麼壓力或急迫性，但是，只要你去參加一個國外的旅行團，從整裝前往機場報到開始，直到旅程結束，「時間」就像「鬼附身」一般的牢牢盯緊你，絲毫不肯放鬆，如果趕路的話，說不定中途下車「上廁所」，領隊也會再三催促：「快點！快點！我們沒太多時間了！」

於是，「時間」突然又變得無比珍貴起來。

愛因斯坦為了讓門外漢更容易了解相對論，有一段話相當著名的比方：「一個男人與美女對坐一小時，會覺得似乎只過了一分鐘；但如果讓他坐在熱火爐上一分鐘，會覺得似乎過了不只一小時，這就是相對論。」。不過，愛因斯坦最後卻認為「過去、現在、未來只不過是幻覺！」，當然「時間是幻覺說」不是他最先提出的。

這種對「時間」有著不同的主觀感受，相信是人人都有過，也都同意的，在迪斯尼樂園遊玩的大小小孩，總是覺得「時間」過得飛快，而且就算是在迪斯尼樂園中，譬如排隊在焦急等候搭乘雲霄飛車的大小遊客，和正在高速飛駛的雲霄飛車上驚呼連連的大小遊客，兩者對「時間」的主觀感受肯定也是南轅北轍，大不相同的。

從小，我對「時間之謎」就深感興趣，尤其在翻譯漫畫書中看到「時間暫停」這個概念之後，自然啓發了我無限的想像；而迄今已是垂暮之年，我卻始終不曾忘情對於「時間」這個大謎的探究興趣──

最近，很意外的突然開竅，找到了一條捷徑；可以劈荊斬棘，單刀直入的直接了解「時間的真相」。

不過，在正式進入主題之前，我認爲非常有必要先建立幾個重要的共識，否則，只會治絲愈棼，最終勢必各說各話，不知所云。

其一，我們人類是生存在一個「恆動」的宇宙天地之中：所有天地萬物，樣樣都是處於「恆動」的狀態之中，沒有任何「恆靜」的空間。

其二，我們人類是生存在一個「三維」的世界，但是，如果，愛因斯坦要把「時間」加進來，稱爲「四維時空」，原則上我並不反對。

其三，人類是自然進化的產物，不是「神創造的」，也不是任何「智慧設計的」。

其四，「時間」確實是客觀存在的，但是，是經過我們人類的「主觀認知」而知道其存在，同時經過人類「主觀」的長期思辨，而累積出了各種有是有非的見解（註：這已經不只是一個概念，而且已經徹底具象化的構成一個「概念物」，詳見附註二）。

其五，「恆靜的空間」以及「恆靜空間中沒有時間流逝的現象」只是人類偏執的假設，因爲，沒有「變動」就沒有任何天地萬物的存在，更吊詭的是：也當然沒有任何生物和有思辨能力的人類存在，所以，又如何去認知「時間」是如何如何呢？

好了！首先，我們必須先從其一，「宇宙恆動」這個要點來談起；

「時間」是一種真實的現象，伴隨「變」和「動」兩者之一，或二者同時從開始、過程到結果的一個「當量」，正因爲我一直主張我們是生活在一個恆動無常的宇宙天地之中，所以，天地萬物都在變，都在動，沒有片刻停止。

以人來說，有些人打坐以爲是「靜」了！

錯！

地球以每小時1600多公里速度自轉，並且以每小時10萬公里繞太陽公轉，而太陽系以每小時100萬公里的速度，繞銀河系中心旋轉，所以，我們人類隨時都在動。而其他太陽系以外的萬物也以不同的速率在高速「變動」，無一例外。連一塊隨意在地面上撿起來的石頭，表面固然看不出任何動靜，但是，構成這塊石頭的原子，仍然不停地在高速運轉之中……

正因爲我們隨時在前行，以地球而言：萬事萬物也在前行，所以行走的距離就會產生「時間」長短的問題。

然後，我們人是向前行走，所以「時間」相對是向後流逝（註：也許有「倒著走」的動物，譬如烏賊，但是，斷然沒有在正常態「倒著走」的人）。

正如同我們站在一條橋上，看底下河水不論平緩或湍急的流過，我們面向河水來處，未來一直迎面流過來，經過我們又變成背後的過去。

或者，我們騎腳踏車走筆直的小路前去，未來的路從前方迎面而來，經過我們又變成身後的過去；所以小結論：「時間」當然不是幻覺，而是真實存在的，不是物質，也不是能量，只是一種現象，在人類出現並開始有足夠的智慧可以去觀察和思辨「時間」究竟爲何物時，「時間」就成了一種真實不虛的「概念物」

這種現象是客觀存在，然後經過我們人類「主觀認知」、思辨，保留有意義的記憶儲存下來，這就是「時間」的真相，也因此就會有「流逝」的現象。

這必須同時結合物理、化學、哲學、心理、天文等等諸多學問，才能完整解釋「時間」。

也所以，沒有絕對「客觀的存在」，也沒有「絕對客觀的時間」，也因此，「時間是甚至比「空間」更主觀存在的「概念物」。以「時間的主觀特性」來說；同樣是5分鐘，在唯一一間公廁，在裡面盡情「嗯」的人，與正在外面快要「拉」出來的焦急等候的人，意義絕對不同，連思考和辯解都不必，也能知道有多大的不同。

我蒐集了一些與「變」、「動」相關的詞，雖然未能網羅殆盡，至少可以看出只要是我們能認知的各種「變」與「動」，無一不是和時間有關的，只要移除「時間」這個要件，以下這些詞就完全不會發生：

改變 變化 轉變 變態 變更 變動 變數 變形 變革 變換 變壓 演變 變色 變遷 變異 應變 變相 變幻 變頻
突變 變質 變種 變速 變數 變故 變速 變小 蛻變 漸變 變通 變賣 變壞 善變 變現 叛變 變聲 質變 變味 裂

變 劇變 變卦 量變 驚變 變局 逆變 變造 驟變 突變 變奏 變體 變調 變天 畸變 變型 變樣 形變 變奏 變易 災變 交變

活動 自動 移動 運動 行動 動作 啓動 動態 勞動 主動 驅動 動力 推動 互動 發動 動手 流動 電動 帶動 波動 變動 舉動 勞動 調動 運動 震動 滾動 移動 機動 轉動 振動 打動 跳動 機動 拉動 浮動 氣動 出動 動搖 改動 聯動 晃動 閃動 制動 動彈 動向 觸動 走動 傳動 抖動 舞動 扭動 顫動 牽動 擺動 能動 揮動

在本文之中，我把「變」偏向「質」的改換，把「動」偏向「形」或「位」的移轉，又或者我們也可以想像一下：如果把「時間」這個「概念物」移除，一架波音 747 客機有沒有可能在瞬間從台北飛抵紐約？而一桶波爾多的紅葡萄汁有沒有可能不經過「時間」的發酵蘊釀就瞬間直接變成香醇的「紅葡萄酒」？當然不可能！

再其次，我們人類站立淋浴時，水從頭頂灑下來，經過頭髮、臉龐、軀幹、四肢、然後滴落地面，身體是不是會明顯感受到「水的流逝」，而同時不論我們站在蓮蓬頭下多少分鐘來享受淋浴的樂趣，不也是在享受「時間經過身體流逝」的快感嗎？而我們游泳時，水同樣從正前方相對的流經我們的頭部、臉龐、軀幹、四肢，然後離開我們退向身後，而我們散步時，路旁的景緻同樣是「流經」我們的位置，然後退向我們的身後；這些「經驗」可以說早就根深蒂固的建立在我們人類遠古以來的基因中，而且是絕對重要的「經驗基因遺傳」，像嬰幼兒從出生開始就要學習眼、手、腳以至意念和眼、耳、鼻、舌、身之間在「時間」上的協調，這樣我們人類才能有本事對周遭環境變化作出適當適時的反應，否則，人類必然難以適存於這個天地自然之中。

所以，以上已經一舉先粗淺的解答了至少 3 個關鍵問題。

其次，我們再來詳論一下「三維」和「四維空間」，我們人類生存在「三維世界」這是毋庸置疑的實相，但是，單純「三維」的空間或物件，頂多只是理想的概念狀況，是不可能實存的，勢必要加入「時間」條件，才可能被觀察到，如果我們同意愛因斯坦和「廣義相對論」擁護者所認為「時間是第四軸」或「第四維度的主張的話，那麼，這第四根軸，和「長寬高」那「x、y、z」三根軸在性質上是非常不同的，因為「x、y、z」三根軸是實體，而「t」這第四根軸（Timeline），卻是在其他「x、y、z」三根軸開始有了「變」與「動」之後才會產生，才能被觀和測量得到，在圖片中，我們看到的「x、y、z」三根軸，其實是在平面載體上用投影方式模擬出來的「3D」畫面，這是靜止的狀態，但是，如果，我們製作一個立體的「三軸模型」，並且使其移動或運動，並拍攝成動畫，如果任意擷取其中一張畫面，我們看到的是「「x、y、z」三軸主體」和移動時留下的『殘影』，這個『殘影』可就非常重要了，因為，這就是「時間」這個「概念物」了。

而，必也正名乎，我們應當稱之為「變動維「或「變動軸」。

再來，還要更進一步的詳論「時間為什麼會有流逝現象？」

這點倒是不難理解的，因為和人類的壽命有關；在4000年前的青銅器時期，人的平均壽命只有18歲，古羅馬時代為 23—25歲。在18世紀中葉，人的平均壽命是35歲；到19世紀中葉，歐洲的平均壽命超過了40歲。1953年，平均壽命男性為 50.6歲，女性為53.9歲；1965年，男性為67.74歲，女性為72.92歲；1995年，平均壽命男性為76.57歲，女性為82.98歲。而非洲最貧窮國家的人口平均壽命只有40歲左右，如中非國家烏干達1993年人口平均壽命只有43歲。現在全世界婦女的壽命為67.2歲，男人為63歲。

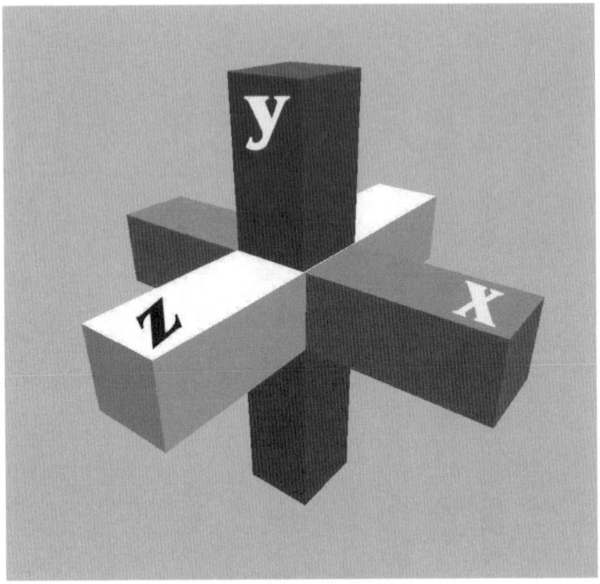

在中國，原始社會時祖先的平均壽命只有 22 歲。從西元前 21 世紀的夏朝到西元 1911 年辛亥革命前，歷經 4000 多年，約有 67 個王朝，446 位皇帝（不包括戰國時期的諸侯國），他們的平均壽命只有 42 歲。1949 年之前，中國人口平均壽命只有 35 歲。之後，隨著人民物質生活水準的提高和醫療衛生保健條件的改善，人口平均壽命延長將近 1 倍，1985 年已提高到 68.92 歲，現在已接近 80 歲。

我們來想想：在幾千年前的人類，平均壽命不到 30 歲，到 19 世紀中葉，歐洲的平均壽命才首度超過了 40 歲。因此，以現今人類平均年齡大約 70 歲來看，三、四十歲的人生實在太短暫了，也因此，對於「歲月、光陰、年華、青春、紅顏……」等等與時間有關的「現象」這個如此實在的「概念物」，竟然如此容易變化而消逝，怎不令人感歎又無可奈何呢？也以至古人尤其是帝王往往都妄想藉由各種藥物或法術來延長壽命，留住青春，當然也就留下許許多多「注視著時間流逝現象」的文章或圖畫，也因此突顯了人類在「主觀意識」中一直深深根植著這種「慨歎甚至畏懼時間流逝現象」的情結。

即使時至今日，人類最擔心的仍是那二件事，一是財富，一是青春（時間），但是，前者可以藉由聰明才智和努力掙取而累積增加，甚至可以是無限上綱的，然而後者卻是無論如何都不可能增加的，就算更好的保健和更佳的生活環境，能增加的也極其有限，甚至沒有太大的意義。

人類從成年之後，生理機制就開始逐漸衰退，而壽命（時間）也就過一天少一天，也因此，「時間流逝」現象除了確實有客觀的明顯痕跡可以觀察得到，更重要的卻還是偏重在人類自身內在的意識認知，或者說是「心理作用」也可；這點才是「時間爲什麼有流逝現象」真正的關鍵所在。也所以中國漢朝的曹操在著名的留世詩句中爲此事寫下了經典名句：「人生苦短，對酒當歌，譬如朝露，去日無多」。

時間是「主觀」的或至少有著「因人而異」的主觀感覺不同，但卻絕非「幻覺」，而且本文一開始就強調了「時間」是因爲天地萬物的「變」與「動」而後伴隨衍生出來的一種現象，在人類普世認知的集體共識下，「時間」又變成了一個「概念物」，在此，純理論的論辯是沒有意義的，因爲，這個宇宙如何是一回事，人類社會如何是另一回事，不是毫不相干，而是，我們無法拒絕或否定人類社會文化的現實共識；「時間」是具體存在的一種「概念物」，沒有「真圓」這種「概念物」，人類無法畫出「圓」（近似圓），沒有「時間」這個「概念物」，人類一天也活不下去，現代最新科技的「GPS 衛星定位系統」沒有「時間軸」，根本等同無用的廢物，甚至最簡單的，連約朋友吃頓飯，不加入時間條件，連碰面也不可能，至少你也會說：「嗨！中午（或「明天中午」）一起吃個飯，聊聊，怎樣？」，如果把時間條件移除，朋友怎麼知道到底是何時呢？

也因此，「時間」本身是不會單獨存在的，把「物體」或「能量」這個首要條件移除，沒有任何「變動」的主體，就沒有「時間」的現象。

另外，也順便糾正「愛因斯坦」在「廣義相對論」中的一個謬誤觀點；他認爲「重力場」可以扭曲靠近物體原本的行進路線，包括光線和「時間」也會被扭曲而延遲；

錯了！「重力場」能夠扭曲靠近物體行進的路線，也能扭曲光線，但是，不能直接扭曲「時間」，而是因爲先扭曲了「物體」行進的路線，「連帶」延遲了「時間」，並不是同時扭曲兩者，雖然好像不是大錯，但是，本是本，末是末，絕不能混爲一談。或可打一個比方；

好友老王和我是鄰居，但是，雙方居所中間隔著一個泥土地的大空地，他平時騎腳踏車來找我聊天下棋，筆直的一路騎來，通常只要六、七分鐘時間，這天遠遠看見他出門，卻超過十分鐘才到；原來是因爲今天清晨下了一場傾盆大雨，空地中間一片泥濘，不好騎車，所以，他繞了一段比較乾爽的彎路才到達；我們只能說路況改變了他騎車的路徑，而不能說路況改變或扭曲了他的時間。

（附註一，「不舍晝夜」的「舍」，是「停駐」之意，不是「捨不得」的「捨」，所以「不舍晝夜」的意思就是「日夜不停」）。

（附註二，就如同我們所謂的「圓」與「真圓」，我們知道「圓是什麼？我們也知道「真圓」是什麼？但是，我們可以輕易畫出「圓」，卻無論如何無法畫出「真圓」，同樣，我們也知道「零」是什麼？而且經常在使用它，但是，我們卻拿不出任何一樣東西，說「這就是零」！因此，明明是那麼真實的概念，我們卻無法具體的表達，但是，這又與單純的概念並不相同，而我們又不能將之視爲「純虛擬」的，所以，就算要訂定一個新名詞也無妨，就叫做「概念物」，這樣，我們就容易來解說相關的事物了。）

（附註三，本文的立場，不論「大霹靂」或更新的「暴漲」理論是否爲真都沒有關係，因爲，如果宇宙萬物不是源自「大霹靂」，而是從無始之始；莫名其妙就已經存在了，或者確實是從「大霹靂」才開始的，那麼都一樣是在所有宇宙天地萬物「動」起來之後，「時間」現象才出現的，所以，跟本文立論完全沒有衝突。不過，我個人本身並不同意宇宙是「大霹靂」之後才開始的，我也不同意「有限宇宙論」，謹此說明。）

21 「自我認知」與「靈魂」高度

1 「自我認知」與「靈魂」

所謂「自我認知」最簡單的詮釋就是能夠非常明確的知道自己是什麼？這個「什麼」一般是傾向於自己的外在而言；譬如能夠在鏡子中或者相片、錄影畫面中立即分辨自己的形貌，並且能夠和其他相同物種區分出微細的差別。

人類當然是有非常精確「自我認知」的動物，目前已知的動物還有猩猩、海豚、白鯨、大象擁有基本的「自我認知」能力，不過同樣這些都是傾向於外在的形貌；

只是，人類比以上四種動物更高階的是我們還有內在屬於心智方面的「自我認知」能力，只不過因爲我們對於其他四種動物有關進一步心智能力方面的研究還沒有足夠的了解和具體成果，所以，人類對於自身「自我認知」能力的評估上，還是略趨主觀。

請看看以下這則新聞；有關「朱鸝」去撞擊反光鏡的新聞，就會更了解「自我認知」能力的差別，其實猴子和猩猩在這方面的表現就有天壤之別；猴子在鏡子中看到自己反射的形像，總是會大吃一驚，表現出驚恐、憤怒，會作出逃跑或攻擊的動作，因爲牠們完全無法分辨「自我」，甚至經過反覆訓練，一旦是無預警的冒然看到鏡子中反射的影像，還是不能在第一時間「自我認知」。猩猩也未必在第一時間就能立即分辨，但是，猩猩比較有好奇和研究精神，所以很快就能分辨而認出鏡中的形象是自己。

如果我們把範圍局限在地球上，那麼人類無異是所有物種中智商最高的；而智商是來自長久的進化，已經在基因中烙印的「基本規格和性能」，然後加上後天的學習及訓練的綜合表現。

打個比方：電腦的 CPU 有單核、二核、四核、六核、八核以及目前算更高階「i」系列的，譬如 i3、i5、i7，再加上硬碟，從 250G、320G、500G、750G、1TB……然後再加上作業系統是 XP、W7、W10？還有使用第幾代的軟體……這些是由從父母基因遺傳來決定；

但是，有了這些，以繪圖軟體來打比方，不是有了高階電腦硬體和先進的軟體就保證能成爲電腦繪圖高手；一些技巧還是需要長時間學習和練習，而創意更是不可或缺的。

所以如果我們用 101 大樓來打比方；絕不是人類是 101 頂樓，猩猩是 100 樓，海豚是 99 樓這樣截然的；應該說人類的高度可能是 90—101，猩猩可能是 70—75，海豚可能是 60—75……因爲人類與人類間智商也是有高低差異的，其他同類物種應該也有這種差異在，原因還是在基因和後天的環境學習造成的。

那麼一台電腦有高階硬體和先進軟體，沒有操作運算，那只是一個沒有作用的鋁箱和沒有畫面的螢幕而已。

人類如果沒有去運用先天的基因賦予的良好性能，那麼只是一個空洞的軀殼而已，不論是活著的嬰兒或者一具成年人的屍體，那些跟「新靈」是沒有關係的。

「新靈」是常態，是從出生後伴隨肉體成長，運用基因性能經由學習、記憶、經驗和思考邏輯等等，慢慢因爲心智能力的累積和達到一定的能量強度之後，凝聚而成爲「靈」。（註：這些能力又和基因的規格和性能有關，沒有那些先天的規格性能，再怎樣訓練和強迫灌輸也是無濟於事的，就好像猩猩也許可以畫抽象畫，但是，肯定無法畫石膏像素描，大象也許會踢足球，但是一定不會組裝鐘錶，海豚也不可能編織漁網來捕魚。）

這點就好像用手搖動的小型發電機，一定要搖到產生了一定的電量才能讓燈泡開始發光，或者可以用來幫一些像手機、相機的電池充電。

如果需要手搖至少 50 圈才能讓小燈泡發亮，那麼只搖了 3 下 5 下或 20 下就停止，都不能讓燈泡發亮的。

所以，很難確定究竟在幾歲或者什麼樣具體的評測結果下才能形成「靈」，但是，如果只是嬰兒，沒有繼續存活和學習下去，應該是不會形成爲「靈」的。

＊＊＊＊＊＊＊＊＊＊＊＊＊＊＊＊＊＊

2．「靈的高度」

人死爲鬼，人和鬼當然會有共同處；姑且就沿用俗稱的「靈」或「靈格」吧；

人的靈和「鬼靈」都有著各自不同的高度，這個高度是生前來自智慧的結晶，所以才會各自不同，但是不論生前死後都會不停增高，只是速度不同，還有就是自身是否「長進」的態度，也可能導致一直停滯不前……

以下爲了方便說明；簡稱爲「鬼靈」和「人靈」來說明；

會和人溝通的「鬼靈」，靈的高度頂多中等，或者罕見的中上等。至於高等的「鬼靈」是不會想和人接觸的，因爲沒有必要，沒有這種需求，和人接觸對他們沒有任何好處也沒有任何幫助，他們追求的目標也遠遠離開「與陽間溝通」這個區塊。

能夠又願意和「鬼靈」溝通的人，靈的高度通常也屬於中等或較低的程度，具有所謂「高靈」程度的人，不論有沒有通靈能力，也不會去做這樣的溝通，特別是對「靈」有相當認知的，早已遠離「前世今生」、「因果業報」等等非常非常遙遠了，平常追尋的目標跟「通靈」（與靈界溝通）毫不相干，最重要的是根本不認爲靈界的生物能過問或有助人間做任何決定性的改變。

所以；沒有高等「鬼靈」會和各種高度的「人靈」接觸，也沒有高等「人靈」會想和各種高度的「鬼靈」接觸，也所以就不用去問有沒有高等「鬼靈」和高等「人靈」形成的夢幻組合了。

舉例而言：「李保廷」可以算中上高度比較少見的「鬼靈」了；而與他合作時期的索非亞算是中等高度的「人靈」。這樣的組合是有可能的，但是相當少見。

再來就是長時間能配合的中等「鬼靈」與中等「人靈」的形態，大多數有點名氣的通靈人都屬於這樣的層次。

還有的是中等高度的「鬼靈」和中下高度的「人靈」，通常這樣的通靈人或乩童會尊稱「鬼靈」爲師，敬畏的執弟子禮，地位儼然差了一截，而且有時也會懵懂無知的『誤』認爲「鬼靈」是神明或「正神」。

相反的，如果是中等高度的「人靈」和中下等甚至低等「鬼靈」的組合，在表面上也許「人」會對稱對方是某某神尊，但是私底下卻是抱著差遣役使鬼靈的心態，而「鬼靈」爲了糊口和可以棲身，往往也會長期配合演戲，一起來訛詐信徒。不過如果「欺鬼太甚」，一旦這靈媒年老體衰時就極可能遭到報復，被鬼反噬，或者絕症上身。

中低高度的「人靈」和中低高度的「鬼靈」組合也一樣很常見；曾經出了名的蔡XG就是代表，自己本身「靈的高度」很低，通的又都是來去不定的低等孤魂野鬼，現在樹倒猢猻散，幾乎跑得一個不剩，這種無賴和混混級的「鬼靈」本來就是非常現實的，一向是趨炎附勢，那邊有吃喝有紙錢，有能量可以吸就往那邊去！（樹倒猢猻散這件事，二、三年前有通靈朋友談論了一次，最近打電話來的通靈朋友又說到一次。跟我知道的一樣。）

人，只要「靈的高度」在中等，中等以下的鬼靈就不敢隨便唬弄你，但是，除非「人」本身有所貪求，譬如想要擁有更強的通靈能力，想要以此「人鬼合作」來牟利，如果是這樣而有求於「鬼靈」，那是兩廂情願或者與虎謀皮的事，最後下場都不會太好。

如果，人能夠有「高靈」的程度，已經超越那些會在陽間逗留的「鬼靈」的層級很高遠；既無所求於「鬼靈」，又沒興趣跟他們打交道，那些「鬼靈」的高度有限，通常只能看到與他們等高的高度以下部份——超過這個高度以上的，那就真的是「雲深不知處」了。

這時會有兩種情形，一種是聰明鬼會避開，免得被拆穿，但是，有些比較白目的因爲看不見反而張牙舞爪，虛張聲勢起來，但是結果往往是踢到鐵板——後果可能會「不太好」！

所以，只要你的高度夠，就會知道「鬼靈」的高度如何？反正不會有高等「鬼靈」，沒有「神」，只有清一色自稱是「某某神」、「某某菩薩」、「某某王爺」的「中下階層的「鬼靈」而已。

佛家喜歡說：「萬般帶不去，唯有業隨身」

事實是：「萬般帶不去，唯有智隨身」

＊＊＊＊＊＊＊＊＊＊＊＊＊＊＊＊＊＊

3．從「賽德克巴萊」電影看輪迴觀念

相信大多數網友應該都看過「賽德克巴萊」這部電影；

這段描述「霧社事件」的電影中，有好幾幕都有拍攝出「賽德克族」的族人，在過世之後，走上「彩虹橋」，接受祖先迎接，前往「祖靈獵場」（或樂園）和祖靈永久團聚的畫面；同時他們的信仰中，也認爲後代子孫不能有辱及祖先的行爲，或者男人必須成爲真正的勇士，有完整的紋面，女子也必須在婚前守貞，婚後相夫教子，克盡妻子及媳婦的責任，同樣也要有紋面作爲一生榮耀的標記，死後才能順利通過「彩虹橋」，和祖先永久團聚……

雖然每個原住民族群的傳說觀念不盡相同，但是，基本上，都有「祖靈信仰」，祖靈對後代子孫有庇佑和賜福降災的能力，也就是不但世代祖先亡靈能時時和後代子孫溝通（通常是透過通靈的巫師），在族人死後，也提供了一個永久豐足歡樂的境界供所有族人的亡靈永久憩息……

其實這大概是全世界所有原住民，或者一些古老民族都有的共同「死後靈魂不滅，將與更早過世的祖先團聚續存」的基本觀念；

也就是說：

其一，是相信「靈魂不滅」，人類生命是不會與草木同朽而灰飛煙滅，一切化爲烏有的。

其二，基於第一點的信仰，所以早先過世的世世代代的祖先，一定是繼續存活在一個「永生不滅」的境界，加上既然又能時時與後代子孫溝通，並且又有賜福降災的能力，顯然他們是擁有比活人更大「能力」的，也因此他們所續存的境界肯定也比人間更美好的。

其三，雖然在第二種衍生認知觀念中，也相信「祖靈界」比人間更美好更富足更快樂，但是，族人死後的亡靈也不是任意可以前往的，必須生前有某種優秀作爲，或者沒有不端而辱及祖先的行爲，死後才能順利前往「祖靈界」，而「彩虹橋」只是其中一種象徵的關卡條件，不論是「冥河」、「陰陽河」、「死者之海」等等，都是以古人最大的隔絕方式來分隔兩地，因此活人不能任意前往，亡靈也不能跨越而返陽（人死不能復活，即使家人再不捨也要放手讓他走）；

其四，因此，「祖靈界」雖好，活人卻不能過份嚮往而任意輕生，捨棄今生的職責而前往「祖靈界」享福。

同樣的，再反觀中國古代，在佛教傳入以前，那種「生爲徭役，死爲休息」，同樣是「回老家」，有如年輕時代流落異鄉的遊子（生前）返回故鄉和父母親族歡樂團聚一般的（死後），這種「死後世界以及亡靈快樂的去處」的思想觀念才是真正最爲普遍的。

在「千古騙局 業報輪迴」一書：，我已經完整陳述了「印度婆羅門教」的「原始五火二道」（天神道、祖靈道）以及後來新加入的「地獄道」形成的「四生三道」宗教性的死後世界觀念，至少在早期的印度古人，對死後世界的觀念無疑是更樂觀的，是沒有受罪挨刑的，甚至連「耶摩」對於所有新過世的亡靈，不論生前作爲善惡，都是一視同仁，展開雙臂歡迎，並且會主動引領他們前往自己發現及開拓的「靈界樂園」（祖靈道）盛宴款待的，並且可以跟他一起在他親手創建的靈界花園中永久享福的（註：這個觀念很特別，因爲「天神道」是在「梵天」創造天地萬物時就已經同時存在了，「祖靈道」卻是後來由最早死亡的一個男人「耶摩」隔了很久以後才發現的）。

當然，我們也知道「地獄道」是後來「波羅門僧侶」自行創造（或捏造）出來的；使得死後世界不再純然永久享樂，也有了比人間更痛苦的境界。

但是，印度波羅門教的「地獄觀念」的起源不超過3000年，而人類的歷史甚至史前史卻超過了好幾十倍，尤其「靈魂不滅觀念」也至少有好幾萬年了，在印度「波羅門教地獄觀念」被創造和大眾信仰之前，那個純樂無苦，沒有善惡差別，同樣是永久續存，並且生前善惡行爲紀錄，在死後就完全一筆勾銷，誰也不欠誰，不用算舊帳，沒有什麼冤親債主的時代是多麼難以想像的長久呢？

或者假設一下；兩個生前有深仇大恨的仇人，先後死亡之後，他們的亡靈同時被「耶摩」迎接到「靈界樂園」之後，會不會仇人見面，分外眼紅，然後當著「耶摩」的面，在靈界盛宴上又怒目相向，甚至又互毆互砍起來呢？

依照人之常情，當然是非常可能的，那麼「耶摩」會放任這些生前有仇恨債務糾葛的亡靈在他的樂園中這樣暴力相向，而不加喝止或好言相勸嗎？當然不可能的；

因此，我們可以合理的邏輯推理；既然是靈界樂園，大家要永久歡樂，那唯有把生前種種統統一筆勾消，大家重新來過，而且要永久維繫樂園的祥和歡樂，「耶摩」當然一定有他非凡的治理能力。

也因此；我們可以推論出；在「地獄」觀念出現前（包括印度教和埃及），「死後世界」（或者「靈界」）是純樂無苦的，是永久休憩和享福的境界；人間生前種種是不再被提起也不受重視，甚至當成「假戲」一場罷了。

這種觀念比較好，還是有地獄酷刑，大家以牙還牙，以眼還眼，或者還要因爲大家斤斤計較，因而不得了結這樣生生世世的愛恨情仇；以及物質性的債務而一再輪迴轉世，接受因果業報，各自都有數不清的世世代代冤親債主，不斷重複悲歡離合，生老病死的老戲比較好呢？

而且，通常又多是爲了男男女女間的愛與恨，情與慾，或者金錢財富上的你爭我奪，錙銖必較，於是惡念惡行從而產生，又因此愚昧的犯了罪結果死後必須「下地獄」受到酷刑折磨。

22 人間與靈界轉換的假想模型

寫字比不上說話，說話比不上思想，當一個概念在腦海之中只是一團模模糊糊的亂麻雜絮之際，那是更加難以具體的表現出來。

「摩比烏斯環」（mobius）是一件相當奇特的物件，學物理的都知道，但是，爲什產生這樣奇特的效果，卻並不是人人都能瞭解的。

想想：從一個面如何能不經由任何邊界線，只需要一直往前走就能轉換入到另一個面，這實在太不可思議了。

那麼，陰陽界之間，人間與靈界之間，如果要想「無痕」的轉換，不經由任何邊界線，難道就一定不可能嗎？

寫不出來，講不出來，想像和如何試圖清楚的思辨都無法做到——試圖在紙上繪圖，也畫不出個像樣的大型來。

然而，天生反骨的我往往是絕對不肯服輸的，總是想盡辦法也要弄出點名堂來，盡管失敗收場的機率很高，但是，不動手去做做看，我是不會死心的。

先用軟紙條做做看，再改用硬紙做，太多環會很雜亂，看不出什麼特點，三個剛剛好，因爲還要在上面加一堆行走的小人模型……

去找了幾家不銹鋼加工廠，一家年輕的老闆蠻熱心的，願意耐心聽我訴求我想要的樣式，他答應先試作看看，因爲以前沒做過；不知多厚的不銹鋼板才能支撐住本身的重量，需要多幾天試試，

等了快十天，終於有電話要我去看成果，那三個環彎的很好，然後底下要焊一個四方形的鐵架才能支撐，前天終於用貨車載來了，成果讓我很滿意。

其實，之前已經計算過比例，跨海在「淘寶網站」買到100個1／30的「模型小人」男女老少都有，高度是5.5—6公分，放上去一比，剛好合宜。

確實的，在「摩比烏斯環」上，人可不經由任何邊界線從這個面轉換到另一個面；那麼，是不是許多靈魂就能不用經過冥河或者「果凍牆」，直接入進入靈界呢？

想想：許許多多死去的人，他的靈魂是不是也能不經由任何邊界而進入另一個時空中，就是來去於不同的靈界空間呢？

又或許可能有無限的類似「摩比烏斯環」的轉換方式，人就能輕易到另外其他的空間呢？

成品高1公尺，寬2公尺。

註：實際製作大約花了廿天，但是，整個概念思辨過程卻已經是好多年了。

靈魂源始

後記

非常善意的重要建議：

這本書前後構想思辨了5年，4年前開始動筆，但是，太多的困難和瑣事纏身，無法一氣呵成，這是非常違反我一向寫作習慣的，而且閱讀書籍、搜尋資料花去了比真正寫作撰文超過三倍以上的時間和心力，更令我無助的是竟然沒有任何一本與「靈魂學」相關的書籍可以供我參考比對和互相驗證？？？就一如往昔，我總是在混沌不明的曠野中孤寂的摸索獨行：：：

資料如海，篩選和存檔也很花工夫，但是，受限於書本篇幅，以及有些並不適合以紙本形式呈現，所以，其他所有相關的參考資料，我將之還是維持數位化，儲存並發表於「天地自然人」網站的專門頻道之中，敬請閱讀本書的網友，如果有興趣更深入研究探索，請務必前往網站瀏覽所有相關的數位資料。相信必將對本書的主題會有更深入的認知和了解。

瀏覽網址：http://www.cwnp.net/forum.php

「靈魂源始」一書全部參考資料圖文瀏覽區

《物種源始》（On The Orgin of Species）查爾斯・羅伯特・達爾文，FRS（英語：Charles Robert Darwin，1809年2月12日－1882年4月19日）

《人種源始》（Masters of the Planet）伊恩・泰德薩（英語：Ian Tattersall，1945年10月5日——）

《靈魂源始》（Origin of Soul）張開基（英語：Chang Kai-Chi，1951年12月5日——）

地球上所有的物種，所有的人類，所有的靈魂，都是由最初「源始」狀態逐步進化而來。

本書西元２０１８年１０月２９日凌晨完成定稿于　花蓮沙堡書房

國家圖書館出版品預行編目(CIP)資料

靈魂源始 : 靈魂紀元四萬年 / 張開基著. -- 第一版. -- 臺北市 : 宇河文化出版 : 紅螞蟻圖書發行, 2018.11
面 ; 公分. --(新理性時代系列 ; 6)
ISBN 978-986-456-306-7(精裝)

1.靈魂

216.9 107019816

國家圖書館出版品預行編目(CIP)資料

靈魂源始 : 靈魂紀元四萬年 / 張開基著. -- 第一版. -- 臺北市 : 宇河文化出版 : 紅螞蟻圖書發行, 2018.11 面 ; 公分. -- (新理性時代系列 ; 6)ISBN 978-986-456-306-7(精裝)

1.靈魂

216.9 107019816

新理性時代系列 6

靈魂源始：靈魂紀元四萬年

作　　者／張開基

出　　版／宇河文化出版有限公司

發　　行／紅螞蟻圖書有限公司

地　　址／台北市內湖區舊宗路二段 121 巷 19 號(紅螞蟻資訊大樓)

網　　站／www.e-redant.com

郵撥帳號／1604621-1　紅螞蟻圖書有限公司

電　　話／(02)2795-3656（代表號）

傳　　真／(02)2795-4100

登 記 證／局版北市業字第 1446 號

法律顧問／許晏賓律師

印 刷 廠／福霖印刷有限公司

電　　話／(02)2221-6760

出版日期／2018 年 11 月　第一版第一刷

定價 450 元　　港幣 150 元

ISBN 978-986-456-306-7　　**Printed in Taiwan**